L'EST DE BALI
Pages 100-123

LOMBOK

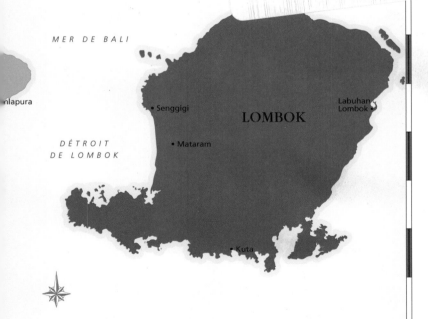

MER DE BALI

nlapura

• Senggigi

LOMBOK

Labuhan
Lombok

*DÉTROIT
DE LOMBOK*

• Mataram

• Kuta

GUIDES VOIR

BALI
ET LOMBOK

GUIDES ◉ VOIR

BALI
ET LOMBOK

Libre 🔥 Expression
QUEBECOR MEDIA

Libre Expression
QUEBECOR MEDIA

CE GUIDE VOIR A ÉTÉ ÉTABLI PAR
Andy Barski, Bruce Carpenter, John Cooke, Jean Couteau,
Diana Darling, Sarah Dougherty, Tim Stuart, Tony Tilford

DIRECTION
Cécile Boyer-Runge

DIRECTION ÉDITORIALE
Catherine Marquet

ÉDITION
Catherine Laussucq

TRADUIT ET ADAPTÉ DE L'ANGLAIS PAR
Dominique Brotot

AVEC LA COLLABORATION DE
Isabelle de Jaham

MISE EN PAGES (PAO)
Anne-Marie Le Fur

Publié pour la première fois en Grande-Bretagne en 2001,
sous le titre : *Eyewitness Travel Guides : Bali & Lombok*
© Dorling Kindersley Limited, London 2001
© Hachette Livre (Hachette Tourisme) 2002
pour la traduction et l'édition française
Cartographie © Dorling Kindersley 2001

© Éditions Libre Expression, 2004,
pour l'édition française au Canada.

Aussi soigneusement qu'il ait été établi, ce guide
n'est pas à l'abri des changements de dernière heure.
Faites-nous part de vos remarques, informez-nous
de vos découvertes personnelles : nous accordons
la plus grande attention au courrier de nos lecteurs.

Imprimé et relié en Chine par
South China Printing Co. Ltd (Hong-Kong)

Éditions Libre Expression
division de Éditions Quebecor Média inc.
7, chemin Bates
Outremont (Québec) H2V 4V7

DÉPÔT LÉGAL : 3ᵉ trimestre 2004
ISBN : 2-7648-0087-8

◁ **Le Pura Bukit Sari de la forêt de singes de Sangeh, dans l'ouest de Bali**

Pavillon du parc du Puri Agung Karangasem à Amlapura

Le Gunung Agung, le volcan le plus sacré de Bali

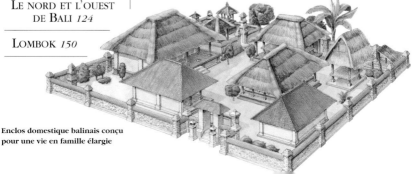

Enclos domestique balinais conçu pour une vie en famille élargie

COMMENT UTILISER CE GUIDE ?

Ce guide a pour but de vous aider à profiter au mieux de vos séjours à Bali et Lombok. L'introduction, *Présentation de Bali et Lombok,* situe les deux îles dans leur contexte géographique, historique et culturel. Les sujets couverts vont des fêtes et de la musique à la faune et à la plongée sous-marine.

Dans les cinq chapitres de *Bali et Lombok région par région,* plans, textes et illustrations présentent en détail les principaux sites et monuments. Les *Bonnes adresses* proposent une sélection d'hôtels et de restaurants. Les informations des *Renseignements pratiques* vous simplifieront la vie quotidienne.

BALI ET LOMBOK RÉGION PAR RÉGION

Ce guide divise Bali en quatre régions. Les chapitres consacrés à chaque région, ainsi que celui qui décrit Lombok, comportent au début une *carte illustrée* où sont recensés les localités et les sites les plus intéressants.

Un repère de couleur correspond à chaque région.

1 Introduction
Elle présente les principaux attraits touristiques de chacune des régions du guide et décrit ses paysages et sa personnalité en montrant l'empreinte de l'histoire.

Une carte de situation montre l'emplacement et l'étendue de la région.

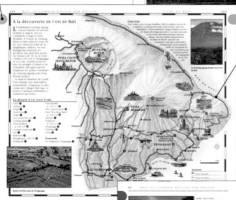

2 La carte illustrée
Elle offre une vue de toute la région et de son réseau routier. Des numéros situent les principaux centres d'intérêt. Des informations sur les modes de transport sont fournies.

Des encadrés approfondissent des sujets spécifiques.

3 Renseignements détaillés
Les localités et sites importants sont décrits individuellement dans l'ordre de la numérotation de la carte illustrée. Les notices fournissent aussi des informations pratiques telles que références cartographiques, adresses, numéros de téléphone et heures d'ouverture.

4 Les grandes villes
Une introduction présente l'histoire et la personnalité de la localité. Un plan de la ville situe les principaux monuments. Ceux-ci possèdent chacun leur rubrique.

Un mode d'emploi vous renseigne sur les transports publics et les manifestations les plus marquantes.

Le plan de la ville montre les rues principales et situe les grandes stations de transports publics et les bureaux d'information.

5 Plans pas à pas
Ils offrent une vue aérienne et détaillée de quartiers particulièrement intéressants. Des photos présentent les principaux sites et édifices.

Le meilleur itinéraire de promenade apparaît en rouge.

Un mode d'emploi vous aide à organiser votre visite. La légende des symboles figure sur le dernier rabat de couverture.

6 Les principaux sites
Deux pleines pages, ou plus, leur sont réservées. La représentation des édifices historiques en dévoile l'intérieur et signale les éléments les plus caractéristiques. Les cartes des parcs nationaux, par exemple, indiquent les sentiers.

« Suivez le guide ! » explique la disposition d'un musée et offre un résumé du contenu de la collection.

Des étoiles signalent les œuvres ou les sites à ne pas manquer.

PRÉSENTATION DE BALI ET LOMBOK

Bali et Lombok dans leur environnement

Bali et Lombok prolongent vers l'est l'arc formé par Sumatra et Java. Situées près de l'équateur, elles possèdent respectivement des superficies de 5 633 km² et 5 435 km² et des populations d'environ trois millions et deux millions d'habitants. Les vols internationaux se posent à l'aéroport Ngurah Rai, près de la capitale provinciale de Bali : Denpasar. Des lignes aériennes intérieures et des liaisons maritimes, depuis Padang Bai et Benoa, permettent de rejoindre Lombok. La nature montagneuse des deux îles détermine l'organisation du réseau routier. Les voies de circulation les plus importantes suivent la côte et les plis du relief.

LÉGENDE

- Aéroport
- Port de passagers
- Route à double voie
- Route principale
- Route secondaire
- Frontière provinciale
- Frontière de régence

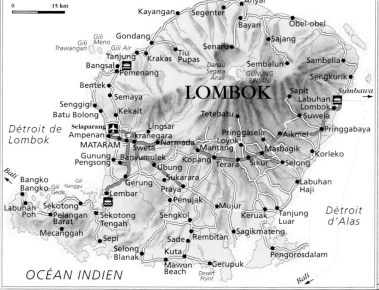

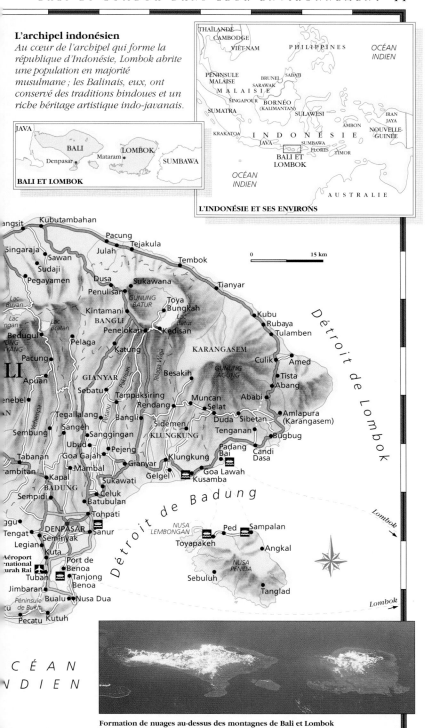

L'archipel indonésien

Au cœur de l'archipel qui forme la république d'Indonésie, Lombok abrite une population en majorité musulmane ; les Balinais, eux, ont conservé des traditions hindoues et un riche héritage artistique indo-javanais.

BALI ET LOMBOK

JAVA
BALI
LOMBOK
Denpasar
Mataram
SUMBAWA

L'INDONÉSIE ET SES ENVIRONS

THAÏLANDE
CAMBODGE
VIÊT-NAM
PHILIPPINES
OCÉAN INDIEN
PÉNINSULE MALAISE
BRUNEI
SABAH
SARAWAK
M A L A I S I E
SINGAPOUR
BORNÉO (KALIMANTAN)
SUMATRA
SULAWESI
IRIAN JAYA
AMBON
NOUVELLE-GUINÉE
KRAKATOA
I N D O N É S I E
JAVA
SUMBAWA
BALI ET LOMBOK
FLORES
TIMOR
OCÉAN INDIEN
AUSTRALIE

angsit
Kubutambahan
Pacung
Singaraja
Julah
Tejakula
Sawan
Sudaji
Dusa
Tembok
Pegayamen
Penulisan
Sukawana
Tianyar
Lac Buyan
Kintamani
GUNUNG BATUR
Toya Bungkah
Kubu
Rubaya
Lac
BANGLI
Lac Batur
Kedisan
Tulamben
Bedugul
Penelokan
BATUKAU
Pelaga
Katung
KARANGASEM
Culik
Amed
Pacung
Apuan
GIANYAR
Besakih
GUNUNG AGUNG
Tista
Abang
Sebatu
Tampaksiring
Muncan
Ababi
enebel
Rendang
Selat
Amlapura
(Karangasem)
Tegallalang
Bangli
Duda
Sibetan
Sembung
Sangeh
Sanggingan
Sidemen
Tenganan
Bugbug
Ubud
Pejeng
KLUNGKUNG
Tenganan
Tabanan
Goa Gajah
Klungkung
Padang
Candi Dasa
ambitan
Mambal
Gianyar
Bai
Kapal
Sukawati
Gelgel
Goa Lawah
BADUNG
Celuk
Kusamba
Sempidi
Batubulan
Tohpati
ggu
DENPASAR
NUSA LEMBONGAN
Ped
Sampalan
Tengat
Sanur
Toyapakeh
Angkal
Legian
Seminyak
Kuta
Aéroport international Ngurah Rai
Port de Benoa
NUSA PENIDA
Tuban
Tanjong Benoa
Sebuluh
Jimbaran
Bualu
Nusa Dua
Tanglad
Péninsule de Bukit
cu
Pecatu
Kutuh

Détroit de Lombok
Lombok
Détroit de Badung
Lombok

O C É A N
I N D I E N

0   15 km

Formation de nuages au-dessus des montagnes de Bali et Lombok

UNE IMAGE DE BALI
ET LOMBOK

*S*uffisamment proches pour être à portée de vue l'une de l'autre, les îles de Bali et de Lombok ont toutes deux une nature volcanique et une taille similaire. Elles offrent toutefois aux visiteurs des expériences différentes. Bruyante, colorée et raffinée, Bali est une des destinations touristiques les plus prisées du monde. La discrète Lombok fut longtemps connue uniquement des grands voyageurs.

Bali et Lombok occupent le centre de l'archipel indonésien, longue chaîne d'îles qui s'étend de l'océan Indien au Pacifique. Ces îles étant situées à un carrefour des anciennes routes commerciales entre l'Europe, le Moyen-Orient, l'Inde et la Chine, leurs habitants ont subi les influences de nombreuses civilisations. Bali constitue une province de la république d'Indonésie, devenue une démocratie en 1999 après une longue période de dictature, et a pour capitale Denpasar. Lombok fait partie de la province de Nusa Tenggara Barat et abrite la capitale provinciale : Mataram. Les habitants des deux îles forment des sociétés principalement

Statue de pierre de Klungkung

rurales malgré l'urbanisation que connaît le sud de Bali depuis les années 80. L'électricité et la télévision n'ont atteint beaucoup d'endroits qu'au cours du dernier quart du XXᵉ siècle, ce qui n'empêche pas l'Internet d'être déjà très utilisé.

Les Balinais hindouistes, les Sasak musulmans de Lombok et les diverses minorités avec lesquelles ils cohabitent attachent une grande importance aux questions communautaires, en particulier à l'harmonie sociale. Chaque culture tire fierté de son identité tout en restant très tolérante. Les Balinais partagent plus volontiers leur tradition artistique et religieuse que les habitants de Lombok.

Le Puri Mayura de Mataram, souvenir de la domination balinaise de Lombok *(p. 155)*

◁ Une villageoise porte son offrande à un *odalan* (fête de temple)

Groupe familial balinais portant de l'eau sacrée au temple domestique

LE MODE DE VIE BALINAIS

Structure de base de la société balinaise, le village constitue une communauté religieuse soudée, organisée autour d'un groupe de temples où chacun est tenu de participer aux cérémonies. La pratique religieuse s'appuie au quotidien sur un art sophistiqué de l'offrande et intègre musique et théâtre. Le haut degré d'organisation sociale qui permet d'assumer les nombreuses tâches requises par les rituels se reflète dans l'aménagement de l'espace : un plan régulier définit la disposition des enclos domestiques, de taille égale, autour du centre qui regroupe temple, marché, pavillons publics et, souvent, habitations de la noblesse *(puri)*.

À Lombok, peuplée en majorité de Sasak musulmans *(p. 23)*, la vie sociale a pour pôles la famille et la mosquée.

Rizières en terrasses

LE DÉVELOPPEMENT ÉCONOMIQUE

Bali et Lombok vivaient principalement de la culture du riz jusqu'à ce que les terres se fassent rares à partir du milieu du XXᵉ siècle. Depuis, le gouvernement a encouragé la diversification et la production de biens d'exportation comme le café, la vanille, le clou de girofle, le tabac et les agrumes. Le tourisme apporte des devises, mais commence à empiéter sur les espaces agricoles. Les autres ressources maritimes et côtières n'ont jamais été pleinement exploitées, sans doute parce que le littoral possède un climat moins salubre. Pendant longtemps, il n'a guère été mis en valeur que pour la noix de coco et le sel. La pêche demeure en général une activité réservée aux pauvres.

Bali et Lombok n'ont pas connu de véritable industrialisation, bien que quelques petites entreprises se soient développées dans le sud de Bali, en particulier dans le secteur de la confection près de Kuta. Elles emploient une main-d'œuvre locale, mais attirent aussi des immigrants prêts à accepter des salaires inférieurs, ce qui crée des tensions sociales alors que sévit le chômage. Plus répandu, le travail à domicile a réduit la dépendance envers l'agriculture sans provoquer de grand exode rural.

Échoppe en bord de route près de Candi Dasa

ART ET ARTISANAT

L'artisanat et la fabrication d'objets d'art pour un usage profane entretiennent à Bali une activité dynamique et tournée vers l'exportation. L'adaptation à une clientèle étrangère de styles traditionnels de peinture, de sculpture sur bois, de joaillerie et de tissage *(p. 36-37)* a ouvert un espace de créativité.

Les artistes occidentaux qui fréquentent Kuta, Sanur et Ubud depuis le début du siècle ont joué un rôle décisif dans le développement de ce secteur, et les entrepreneurs locaux ont su profiter de cet apport. Bali est aussi devenue un marché important d'artisanat, d'antiquités et de mobilier en provenance d'autres îles de l'archipel.

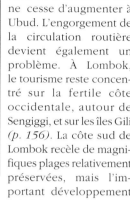

Plage du sud de Bali, la région touristique de l'île

Il existe à Lombok une très ancienne tradition de poteries domestiques cuites à basse température *(p. 154)*. Ce sont les femmes qui les façonnent et leurs maris les assistent pour les tâches les plus dures et la vente. Les Sasak produisent également une belle vannerie et des tissages d'une grande variété.

LE TOURISME

Le tourisme est un phénomène plus récent à Lombok qu'à Bali *(p. 51)*, mais sur les deux îles la population a pris conscience de son intérêt économique. Toutefois ses conséquences ne sont pas toutes bénéfiques. À Bali, la densité des constructions est presque urbaine à Kuta et à Sanur et elle ne cesse d'augmenter à Ubud. L'engorgement de la circulation routière devient également un problème. À Lombok, le tourisme reste concentré sur la fertile côte occidentale, autour de Sengiggi, et sur les îles Gili *(p. 156)*. La côte sud de Lombok recèle de magnifiques plages relativement préservées, mais l'important développement balnéaire prévu autour du village de Kuta *(p. 162)* devrait modifier la situation. La majorité des visiteurs passent par Bali pour rejoindre Lombok.

Malgré les soubresauts qui secouent actuellement l'Indonésie, les habitants des deux îles attachent une grande importance à l'harmonie dans les relations sociales et accueillent les voyageurs comme des hôtes.

Paysage rural au centre de Bali

Les volcans de Bali et Lombok

Sur le grand « anneau de feu » de la ceinture pacifique, une région du monde à l'activité géologique particulièrement intense, Bali et Lombok appartiennent à l'arc d'îles volcaniques qui, de Sumatra à Flores, s'élèvent sur près de 3 500 km à l'endroit où la plaque tectonique australienne s'enfonce sous la plaque eurasienne à la vitesse moyenne de 6 cm par an. Les volcans de Bali et Lombok ont influencé l'évolution des sociétés humaines qui se sont développées à leur pied, et ils continuent de jouer un grand rôle dans les cultures locales.

Le Gunung Agung (p. 114), *le volcan le plus haut et le plus sacré de Bali, culmine à 3 142 m.*

Le sommet du Gunung Batur et le lac Batur voisin s'inscrivent dans une magnifique caldeira qui s'est formée il y a un peu moins de 30 000 ans, quand la pression exercée par le magma fit exploser le sommet de la montagne.

Le Taman Nasional Bali Barat *(p. 136-137) est une réserve naturelle dominée par d'anciens volcans érodés.*

BALI

Péninsule de Bukit

D'abrupts plissements courent du nord au sud et rendent difficiles les trajets d'est en ouest. La population se concentre principalement dans les vallées et les plaines côtières.

Le lac Tamblingan (p. 140-141) *s'étend dans une ancienne caldeira. L'apparition de nouveaux volcans, dont le Gunung Lesong, a effacé toute trace de sa crête sud.*

ÉRUPTIONS VOLCANIQUES

L'activité volcanique peut très rapidement bouleverser un paysage. Ces dessins montrent les transformations subies par les monts du Gunung Batur lors de la grande éruption de 1926. Le volcan reste actif aujourd'hui, et des projections de roche en fusion et de cendre surviennent régulièrement, de jour comme de nuit. D'autres éruptions dévastatrices ont eu lieu au cours du dernier siècle, dont celle du Gunung Rinjani en 1901. En 1963, les coulées de lave vomies par le Gunung Agung ont détruit plusieurs villages *(p. 115)*.

Ce dessin montre, à son commencement, l'éruption du Gunung Batur survenue en 1926.

Quelques jours plus tard, coulées de lave et projections avaient apporté des changements significatifs au paysage.

LE PAYSAGE VOLCANIQUE

La chaîne montagneuse qui traverse Bali et Lombok donne à ces îles leur caractéristique physique la plus remarquable. Où que vous vous trouviez, il y a presque toujours au moins un sommet visible. La fertilité des sols volcaniques, irrigués par des pluies abondantes, favorise l'agriculture.

Le Gunung Rinjani (p. 158-159), *deuxième montagne d'Indonésie par la hauteur, culmine à 3 726 m. Sa caldeira renferme le petit Gunung Baru, toujours actif, et un superbe lac de cratère , le Danau Segara Anak.*

LOMBOK

La côte sud de Nusa Penida (p. 75) *est formée d'anciens récifs coralliens soulevés par l'activité tellurique.*

Les rizières fertiles *irriguées par les cours d'eau dévalant le Gunung Rinjani ont un sol riche en téphrite et en silice.*

Paysages et nature à Bali et Lombok

Bien que l'agriculture et, depuis quelques années, le tourisme aient réduit la diversité des habitats, Bali et Lombok conservent une faune et une flore d'une grande richesse. Les deux îles comportent de vastes espaces restés sauvages et certains jouissent d'une protection officielle. Les amoureux de la nature et de la randonnée pourront partir à la découverte de paysages très variés, qu'il s'agisse d'arides flancs de montagne, de forêts luxuriantes ou de biotopes aquatiques.

Grenouille d'arbre de Lombok

Épeire fasciée, une araignée répandue à basse altitude

FORÊTS

À Bali comme à Lombok, le ramassage de bois de chauffage et l'extension des cultures de café et de noix de coco ont fait reculer en plaine la forêt pluviale de basse altitude. De la forêt humide subsiste sur les pentes sud et ouest des montagnes de Bali, tandis que des arbres à feuilles caduques poussent sur les flancs nord moins arrosés.

PAYSAGES VOLCANIQUES

Les cendres déposées par une éruption volcanique mettent des siècles à se transformer en un sol capable de soutenir une riche vie végétale, mais mousses, graminées et fougères s'implantent très vite, permettant la venue d'oiseaux. Des palmiers lontar se dressent souvent parmi les herbes qui s'accrochent sur les arides pentes nord et est.

Les macaques de Java peuplent les forêts et fréquentent les bords de routes et les environs des temples.

Les zostérops montagnards, au cri aigu, se rassemblent au sommet des arbres.

L'étourneau à ailes noires est une espèce menacée qui vit dans les forêts de feuillus du nord-ouest de Bali, ainsi que dans des zones de prairie.

Le polochion masqué habite les régions de montagne arides de Lombok.

La senduduk, jolie fleur exotique, pare les broussailles en montagne.

LA LIGNE DE WALLACE

Le naturaliste britannique Alfred Russel Wallace (1823-1913) mit en évidence la répartition des espèces animales par zones géographiques et définit une ligne imaginaire, qui passait entre Bali et Lombok, séparant les faunes d'Asie et d'Australie.

Grive de Péron Le groupe australien comprend des oiseaux de paradis et la grive de Péron, qui ne vit qu'à Lombok. Dans le groupe asiatique figurent des singes et le tigre, disparu de Bali dans les années 30.
Il existe également des espèces de transition comme le pic de Macé, présent à Lombok, mais plus fréquent à Bali.

Ligne de Wallace

RIVIÈRES ET RIZIÈRES

Les quelque 150 rivières qui coulent dans les gorges de Bali et de Lombok permettent l'irrigation des rizières où oiseaux, grenouilles, crapauds et araignées se nourrissent d'insectes dont certains sont nuisibles aux cultures. Les échassiers comprennent des aigrettes et des hérons.

Le padda de Java *prospère près des cours d'eau et des rizières de Bali.*

Les crapauds, *hôtes des biotopes humides comme les rizières, s'y nourrissent d'insectes tels que criquets, sauterelles et scarabées.*

LITTORAL

Les récifs de corail et les eaux peu profondes qui prolongent les plages abritent une faune et une flore d'une immense variété, même dans des sites touristiques comme Sanur. Les rares mangroves qui subsistent réduisent l'érosion côtière.

Le poisson-scorpion, *au contact venimeux, vit au large des petites îles entourant Bali.*

La tortue verte *est menacée de disparition. Sa chair est utilisée dans certains rituels balinais.*

La culture du riz

« **Padi Bali** » est le nom générique de plusieurs variétés traditionnelles d'un haut riz rustique au cycle de croissance de 210 jours.

Déesse du riz

Avec des précipitations abondantes, un climat tempéré et des sols volcaniques fertiles, Bali et Lombok se prêtent admirablement à la culture du riz *(Oryza sativa)*, et les rizières en terrasses restent le trait dominant des paysages ruraux, même si elles commencent à reculer devant d'autres usages du sol. Le relief rend la mécanisation difficile et les techniques agricoles, ainsi que les rites qui y sont attachés, n'ont guère changé dans les villages depuis le néolithique.

L'ingénieux et complexe réseau d'irrigation balinais a des origines très anciennes qui remontent au IXᵉ siècle apr. J.-C. Des communautés appelées *subak* entretiennent les canaux, les tunnels et les aqueducs. Elles réunissent des cultivateurs dépendant d'un même cours d'eau et se chargent aussi des rituels destinés à s'attacher les faveurs de la déesse du riz.

La rizière est un bassin de terre tassée renforcée par un réseau de racines. De petites brèches, ouvertes ou bouchées à la houe dans les murs de soutien, permettent de laisser entrer ou sortir l'eau d'irrigation qui emprunte ensuite des canaux pour rejoindre le cours de la rivière.

Épis de riz proches de la maturation

LE CULTE DE LA DÉESSE DU RIZ

Les paysans balinais et les paysans de Lombok, restés proches des traditions animistes en vigueur sur l'île avant l'arrivée de l'islam, font des offrandes dans les rizières à certains stades décisifs du cycle de croissance de la plante dont dépend leur survie. Le plus élaboré de ces rituels a lieu quand les grains commencent à se former sur la tige. Les agriculteurs élèvent dans un angle de leur propriété un petit autel dédié à Dewi Sri, la déesse du riz *(p. 25)*, et ils le décorent de guirlandes de feuille de palmier tressée.

Autels de bambou érigés en l'honneur de la déesse du riz

Le grenier à riz, plus rare aujourd'hui mais jadis très répandu, sert à entreposer les épis des variétés traditionnelles. Ils sont égrenés à la main au fur et à mesure des besoins.

Des cocotiers, des bananiers et des bambous poussent le long de la crête et dissimulent les villages.

RIZIÈRES EN TERRASSES

Les rizières en terrasses protègent de l'érosion les sols pentus qu'elles ouvrent à l'agriculture et forment un écosystème où l'intervention de l'homme est en parfaite harmonie avec l'œuvre de la nature. Pour en assurer l'irrigation, un réseau complexe de canaux et de petits barrages tire parti des cours d'eau coulant des montagnes.

Des gorges s'ouvrent souvent au-dessous des rizières.

LE CYCLE DE CROISSANCE DU RIZ

1. Les semences germent en pépinière, tandis que les hommes préparent les champs.

2. Avant la transplantation, il faut inonder, labourer et niveler le terrain.

3. Les plants, repiqués à la main, poussent dans des rizières régulièrement désherbées et alternativement inondées et drainées selon les stades de croissance.

4. La récolte est effectuée par des femmes à l'aide d'un petit couteau caché dans la main pour ne pas effrayer la déesse du riz.

5. Les variétés à haut rendement sont battues sur place pour mettre le grain en sac. Réunis en gerbes et conservés dans les greniers, les épis des variétés traditionnelles seront égrenés au gré des besoins.

6. Les chaumes, mis à feu après la récolte, enrichissent le sol de leurs cendres.

Les religions des îles

Les Balinais sont en majorité hindous, tandis que les Sasak, qui représentent 90 % de la population de Lombok, pratiquent un islam orthodoxe. D'anciennes traditions animistes restent cependant vivaces *(p. 24)* et des cultes millénaires continuent d'influencer l'architecture des temples et des villages, ainsi que la vie rituelle des campagnes. Il existe de petites communautés musulmanes, chrétiennes et bouddhistes dans les villes et les régions côtières de Bali.

Les offrandes jouent un grand rôle dans la pratique religieuse balinaise *(p. 38-39).*

LES TRACES DES ANCIENS CULTES

Des croyances datant des sociétés préhistoriques indonésiennes continuent de marquer la pratique religieuse des Balinais d'aujourd'hui, ainsi que les traditions rurales de Lombok.

Maison des esprits

Les temples en forme de pyramide à étages s'élèvent souvent sur des sites pré-hindous.

Image en feuille de palmier de la déesse du riz

Le tombeau du héros populaire Jayaprana, près de Labuhan Lalang *(p. 138)*, attire des pèlerins en quête de faveurs surnaturelles.

L'HINDOUISME

L'hindouisme balinais est d'un grand syncrétisme et intègre des éléments animistes et bouddhiques. Les fidèles croient que les divinités visitent le monde des hommes lors de cérémonies comme les *odalan,* où offrandes, musique et danse leur rendent hommage *(p. 38-39).*

Offrande

Aspersoir en herbe

Grains de riz consacrés

De l'eau sacrée, médium des dieux, sert à asperger les offrandes. Après les prières, eau et grains de riz sont distribués aux dévots.

Villageois portant en procession une « maison des esprits ancestraux » lors d'une fête de temple

L'ISLAM

Musulmans pour la plupart, les habitants de Lombok, comme la majorité des Indonésiens, pratiquent une forme traditionnelle de l'islam souvent teintée de croyances plus anciennes. Dans certaines des régions les plus isolées de l'île, des Sasak restent fidèles au syncrétisme Wetu Telu qui associe islam modéré, influence indienne et culte des ancêtres. Comme l'hindouisme balinais, le Wetu Telu attribue de grands pouvoirs aux esprits de la nature.

Beaucoup de **musulmans** *portent la toque traditionnelle, ou* peci, *notamment le vendredi, jour réservé à la prière.*

Mosquée d'un village de Lombok

LE BOUDDHISME

Le bouddhisme a eu des adeptes à Bali vers l'an 1 000, comme l'ont montré les fouilles archéologiques. Cependant, l'île ne compta pas de véritable communauté bouddhiste avant la fin du XXᵉ siècle et celle-ci reste très minoritaire aujourd'hui.

Un bouddha doré *domine l'intérieur du Brahma Vihara Ashrama de Banjar (p. 139).*

LE CHRISTIANISME

De petites communautés catholiques et protestantes se sont installées dans l'ouest de Bali après leur conversion par des missionnaires au début du XXᵉ siècle. Beaucoup de Balinais d'ascendance chinoise sont également chrétiens.

La cathédrale catholique *de Palasari évoque, par son architecture, les temples balinais.*

RELIGION ET RITUELS COMMUNAUTAIRES

La religion joue évidemment un grand rôle dans les cérémonies comme les mariages, les funérailles et les rites de passage qui exigent la participation de tout un village *(p. 28-29)*. Chez les musulmans de Lombok, la circoncision des jeunes garçons, vers l'âge de onze ans, donne lieu aux fêtes les plus spectaculaires.

Le palanquin peint de couleurs vives a la forme d'un lion.

Un bol à offrandes contient des objets rituels.

Des prêtres hindous *dirigent une cérémonie précédant une crémation royale.*

Un jeune Sasak *musulman est porté en procession pour un rite de circoncision.*

Les croyances traditionnelles

L e culte des ancêtres et des esprits de la nature reste partout pratiqué à Bali, même dans le cadre de l'hindouisme. Pour les habitants de l'île, les mondes physique et surnaturel s'interpénètrent, ce que résume la formule *sekala niskala,* qui veut dire visible-invisible. Des offrandes élaborées aident à se concilier les esprits, qu'il s'agisse des puissances néfastes ou des divinités bienveillantes souvent liées aux montagnes et au ciel. Un rituel complexe, dans des sanctuaires domestiques ou de clan *(p. 26),* rend hommage aux ancêtres divinisés.

Statue de temple

Image de Rangda au Puri Saren, le palais royal d'Ubud *(p. 90)*

L'ANIMISME

Un autel ou un petit temple dressé près d'un objet naturel remarquable comme un rocher ou un grand arbre indique qu'un être invisible y a élu domicile. Les *buta kala* (esprits de la terre) sont des forces démoniaques qui hantent les carrefours, les cimetières, les rivières et certains arbres. Des événements comme une naissance, une mort ou un accident les attirent. Les offrandes destinées à les apaiser contiennent de la viande ou une boisson forte.

Kriss

Le parasol indique que la déité est présente.

L'effigie du dieu reçoit des offrandes.

Des esprits gardiens résident dans des statues à l'aspect démoniaque.

Des objets comme des kriss ou des masques consacrés sont investis d'une grande puissance spirituelle et peuvent faciliter l'entrée en transe.

L'autel installé au pied d'un arbre sacré reçoit des offrandes pendant les jours favorables au rituel

LA MAGIE

La croyance en des puissances surnaturelles entretient la crainte de la sorcellerie. Ceux qui pratiquent la magie « blanche » ou « noire » se servent d'êtres comme les *buta kala* pour guérir ou nuire. Des offrandes aux esprits sont faites chaque jour dans les maisons.

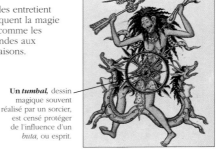

Un *tumbal,* dessin magique souvent réalisé par un sorcier, est censé protéger de l'influence d'un *buta,* ou esprit.

Le *canang* est une offrande florale quotidienne

***Tumbal (amulette magique)* [1938] par Anak Agung Gede Sobrat, Ubud**

LA DÉESSE DU RIZ

Le syncrétisme balinais a identifié la déesse hindoue de la prospérité, Dewi Sri, à la divinité du riz des croyances animistes. Les cultivateurs lui rendent hommage dans les champs et les greniers, et de petites parts lui sont réservées chaque fois que l'on cuit du riz. Le terme *cili* désigne son image dans les offrandes et sur les tissus.

Objet orné du motif *cili* à l'image de la déesse du riz

Des autels de bambou dressés dans les champs servent à honorer la déesse du riz.

De l'eau consacre les offrandes.

BARONG ET RANGDA

L'esprit gardien Barong à l'aspect de dragon représente l'ordre, l'harmonie et la santé et s'oppose à la sorcière Rangda associée au chaos et à la maladie. Tous deux sont périodiquement « réveillés » pour restaurer l'équilibre spirituel d'un village lors d'une bataille rituelle qui culmine par une transe : les partisans de Barong attaquent Rangda avec leurs *kriss,* mais celle-ci retourne leurs armes contre eux. Le pouvoir de Barong empêche les lames de percer leur peau nue.

Rangda se reconnaît à ses crocs, sa poitrine rayée et son collier d'entrailles

La barbe de Barong est faite de cheveux humains.

Les masques *de Barong et Rangda, imprégnés de leur puissance magique, reçoivent des offrandes dans le temple du village.*

LES ESPRITS « HAUTS » ET « BAS »

Les Balinais croient que les êtres humains peuvent maintenir l'équilibre entre esprits « hauts » et « bas » en leur faisant des offrandes. Deux pôles s'opposent en effet dans l'univers et c'est le rituel qui permet d'entretenir l'harmonie, une vision symbolisée par le tissu à carreaux noir et blanc appelé *poleng* dont ils drapent des statues et d'autres objets investis d'un pouvoir magique.

Tissu appelé *poleng*

Des coupons de *poleng* drapent souvent les statues dans les temples

L'architecture des temples balinais

Un *pura* (temple public) balinais est une enceinte sacrée où des divinités hindoues sont périodiquement invitées à descendre dans des *patrima* (effigies). Il s'anime pour la célébration de l'*odalan*, l'anniversaire de sa consécration qui donne lieu à des spectacles rituels *(p. 38)*. Il existe toutes sortes de temples en dehors du *kahyangan tiga*, le triple sanctuaire villageois *(p. 28-29)*, dont des temples « d'État » jadis liés aux cours d'anciens royaumes. Tous sont généralement ouverts aux visiteurs pendant la journée.

Le padmasana *(trône au lotus), dans l'angle le plus sacré du temple, dresse vers le ciel un siège vide symbolisant le dieu suprême.*

Le **jeroan** *(cour intérieure) reste souvent fermé aux visiteurs. Ceux-ci peuvent tenter de voir de l'extérieur les autels dédiés aux principales divinités hindoues et déités de la nature vénérées dans le temple.*

Le *bale gong* abrite les joueurs de gamelan *(p. 32)*.

Le *bale agung* accueille le conseil du village.

Les **pelinggih**, « *trônes* » *des dieux, possèdent des toits faits d'une fibre de palmier qui évoque des cheveux humains.*

Le kori agung *est un portail d'apparat réservé, sauf exception, aux dieux et aux prêtres.*

DISPOSITION

Orientés selon un axe mer-montagne, les temples balinais possèdent presque tous la même organisation, les édifices les plus sacrés se trouvant du côté de la montagne considéré comme le plus pur.

***Le* meru,** *haut de 3, 5, 7, 9 ou 11 étages selon l'importance de la divinité, symbolise le mont sacré des hindous ou une autre montagne vénérée.*

Les principaux temples de Bali

Bali renferme des dizaines de milliers de temples, peut-être 200 000 si l'on compte les sanctuaires domestiques. Cette carte situe les plus importants.

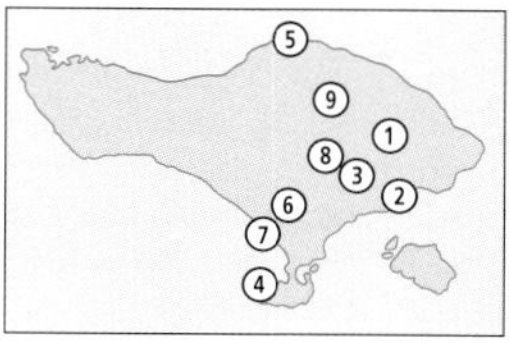

Où trouver les principaux temples ?

1. *Pura Besakih (p. 116-117)*
2. *Pura Goa Lawah (p. 108)*
3. *Pura Kehen (p. 104)*
4. *Pura Luhur Uluwatu (p. 76-77)*
5. *Pura Meduwe Karang (p. 148-149)*
6. *Pura Taman Ayun (p. 130-131)*
7. *Pura Tanah Lot (p. 128)*
8. *Pura Tirta Empul (p.99)*
9. *Pura Ulun Danu Batur (p. 122-123)*

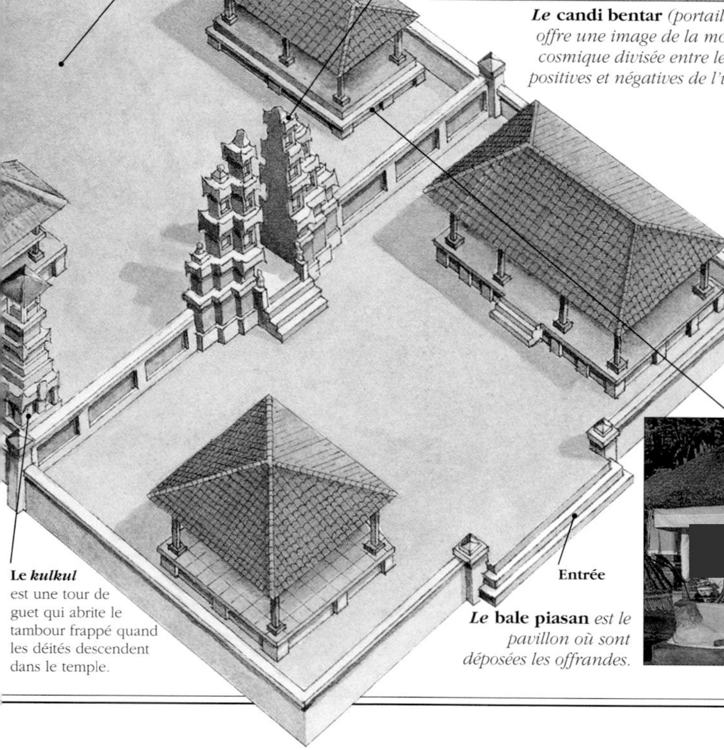

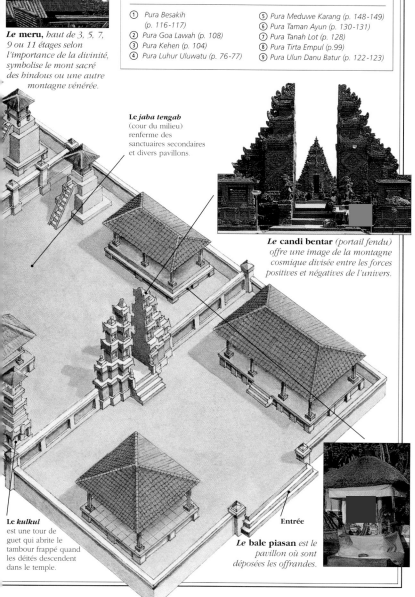

Le *jaba tengah* (cour du milieu) renferme des sanctuaires secondaires et divers pavillons.

***Le* candi bentar** *(portail fendu) offre une image de la montagne cosmique divisée entre les forces positives et négatives de l'univers.*

Le *kulkul* est une tour de guet qui abrite le tambour frappé quand les déités descendent dans le temple.

Entrée

***Le* bale piasan** *est le pavillon où sont déposées les offrandes.*

Le village balinais

Fondement de l'organisation sociale balinaise, le village est avant tout une communauté religieuse organisée autour de ses temples. Ses habitants considèrent la terre dont ils tirent leur subsistance comme un héritage des ancêtres fondateurs qu'ils vénèrent à l'égal des divinités locales. Tout couple marié appartient à une association de voisinage, le *banjar,* qui veille à l'application de l'*adat,* la loi coutumière régissant la vie privée, et se charge des rites funéraires. Ceux qui sont exclus du *banjar* en subissent les conséquences ici-bas mais aussi dans l'au-delà.

Les rites funéraires *réunissent tous les villageois dans l'esprit de* banjar suka duka *(ensemble dans le malheur comme dans le bonheur).*

Les rues *s'organisent selon un axe montagne-mer, une disposition que les Balinais appellent* kajakelod *(vers la montagne-vers la mer).*

PLAN D'UN VILLAGE

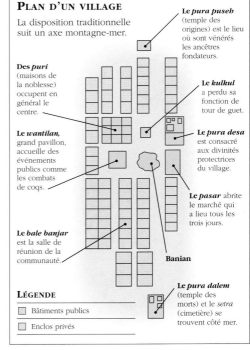

La disposition traditionnelle suit un axe montagne-mer.

Le *pura puseh* (temple des origines) est le lieu où sont vénérés les ancêtres fondateurs.

Des *puri* (maisons de la noblesse) occupent en général le centre.

Le *kulkul* a perdu sa fonction de tour de guet.

Le *wantilan,* grand pavillon, accueille des événements publics comme les combats de coqs.

Le *pura desa* est consacré aux divinités protectrices du village.

Le *pasar* abrite le marché qui a lieu tous les trois jours.

Le *bale banjar* est la salle de réunion de la communauté.

Banian

LÉGENDE

▢ Bâtiments publics

▢ Enclos privés

Le *pura dalem* (temple des morts) et le *setra* (cimetière) se trouvent côté mer.

Le tambour en bois *du* kulkul, *qui jadis était utilisé pour sonner l'alarme, sert à convoquer les membres du* banjar *ou à annoncer un décès.*

***Le* warung,** *une sorte de café-épicerie, joue un rôle primordial dans la vie sociale du village mais ne possède pas d'emplacement particulier.*

UN ENCLOS DOMESTIQUE

L'espace résidentiel d'un village balinais est divisé en lots uniformes entourés d'un mur d'argile ou de brique. À l'intérieur se dressent plusieurs pavillons. Certains, fermés, servent de quartiers d'habitation et de réserves, d'autres, ouverts, abritent la vie sociale et les travaux domestiques, artisanaux ou agricoles. Destinés à une famille élargie, les fils restant traditionnellement avec leurs parents et les filles s'installant chez ceux de leur mari, ces enclos ne peuvent être vendus et leur propriété revient à la communauté en cas de décès sans héritier.

Mur d'enceinte en pisé protégé par une couverture en bambou

Le ***sanggah*** ou ***merajan*** (temple domestique) est dédié au culte des ancêtres.

Le ***natab*** (cour) est le centre symbolique du microcosme familial.

Le ***bale dangin*** ou ***bale sakenam,*** pavillon cérémoniel ouvert, accueille les rites de passage *(p. 38).*

Le ***bale meten*** est un pavillon fermé où résident les maîtres de maison ou de jeunes mariés.

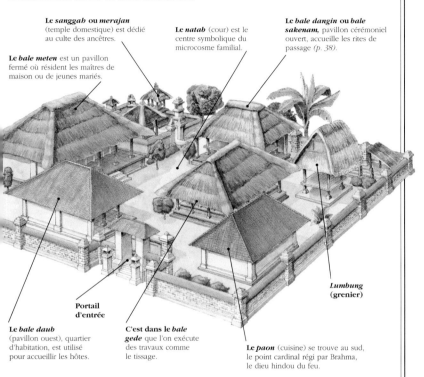

Portail d'entrée

Le ***bale daub*** (pavillon ouest), quartier d'habitation, est utilisé pour accueillir les hôtes.

C'est dans le ***bale gede*** que l'on exécute des travaux comme le tissage.

Le ***paon*** (cuisine) se trouve au sud, le point cardinal régi par Brahma, le dieu hindou du feu.

Lumbung (grenier)

PORTAILS

Le cachet des villages balinais doit beaucoup aux rangs de portails bordants leurs ruelles. L'entrée d'un enclos domestique s'ouvre normalement dans le mur situé au *kelod,* le côté de la mer ou de l'aval. Son degré de sophistication architecturale reflète le statut matériel de la famille qui l'occupe.

Couverture simple en herbe *alang alang*

Toiture en brique, mais décoration modeste

Toiture en brique et décoration élaborée

Danse et théâtre traditionnels

Marionnette du *wayang kulit*

La danse et le théâtre balinais tirent leurs origines de deux grandes sources, les rituels de transe et les formes d'art dramatique javanaises appelées *wayang*. Lorsqu'ils gardent leur fonction cérémonielle, dans le cadre de fêtes religieuses, les spectacles ont en général lieu tard la nuit et durent plusieurs heures. Il en existe toutefois des déclinaisons plus accessibles aux visiteurs. Les Sasak de Lombok ont une tradition moins riche. Leurs danses rituelles mettent souvent en scène des hommes mimant des combats.

***L'arja**, une forme d'opéra dansé, met en scène douze personnages principaux et conte une tumultueuse histoire d'amour.*

REPRÉSENTATION THÉÂTRALE
Les spectacles de théâtre et de danse présentés au Festival des arts de Bali *(p. 41)* ne s'appuient pas tous sur une histoire. Des styles nouveaux comme le *sendrarati* ont enrichi le répertoire traditionnel.

Clowns-serviteurs   Entrée

Offrandes

***L'oleg tambulilingam**, une danse créée en 1952, mime le jeu de séduction d'un couple au son d'un gamelan gong kebyar* (p. 32).

Héros

Le sendratari, *dont le nom est une contraction des mots « art », « théâtre » et « danse », date des années 60 et n'a pas de fonction rituelle.*

RITUEL ET TRANSE
Les spectacles rituels peuvent être de simples danses en l'honneur d'une déité ou des œuvres beaucoup plus complexes. Les interprètes entrent parfois en transe *(p. 24)*.

***Dans le** **baris gede,** une vieille danse rituelle, des soldats protègent les divinités.*

Le kecak *dérive d'un* sanghyang *(danse de transe) jadis exécuté en cas d'épidémie.*

THÉÂTRE MASQUÉ ET THÉÂTRE D'OMBRES

Bali possède ses propres formes de *wayang kulit* et de *wayang yong*, le théâtre d'ombres et le théâtre masqué javanais inspirés du *Mahabharata* et du *Ramayana*. Les acteurs de *topeng* portent aussi des masques qui leur permettent d'incarner plusieurs personnages.

Les masques sont souvent sculptés par l'acteur lui-même.

Au **wayang kulit,** *une lanterne projette sur un écran les ombres de marionnettes articulées découpées dans de la peau de buffle et manipulées avec des baguettes.*

Des clowns-serviteurs traduisent le kawi (vieux javanais) parlé par les héros.

Le **topeng** *évoque les histoires d'anciennes dynasties. Les acteurs se produisent seuls ou en troupes d'au moins trois personnes.*

Les **clowns** *du topeng amusent le public et font des commentaires moraux.*

Les personnages du wayang kulit, *ici le « prince » et le « démon », se distinguent par leurs coiffures et leurs façons de parler.*

Les acteurs du wayang wong *portent des masques et bougent comme des marionnettes.*

LES DANSES SASAK

À Lombok, les arts de la scène découlent de rites indigènes sasak et de traditions balinaises. Des tambours rythment les danses. Celles-ci alternent souvent des passages d'une grande énergie, des épisodes plus lents et des poses gracieuses. De nombreuses fêtes comprennent des spectacles de *peresehan*, une représentation rituelle d'un duel entre deux guerriers sasak.

Les danseurs de *peresehan* **manient bâtons et boucliers**

Le **puspawresti** *est une création moderne inspirée du* rejang, *une danse en l'honneur des dieux qu'interprètent des jeunes filles ou des femmes n'ayant plus l'âge d'enfanter.*

Les instruments de musique de Bali et Lombok

À Bali et dans certaines régions de Lombok, les orchestres qui interprètent la musique traditionnelle portent le nom de gamelans et se composent principalement des métallophones aux lamelles de bronze accordées, de gongs et de tambours. Comme la musique est avant tout une offrande aux dieux, presque tous les villages possèdent au moins un jeu d'instruments pour les occasions rituelles. Beaucoup d'orchestres jouent volontiers pour les visiteurs, mais certains gamelans, considérés comme sacrés, ne servent qu'aux cérémonies.

Cymbales cengceng

Le **tingklik** *aux lames de bambou accompagne les danses traditionnelles.*

LES INSTRUMENTS DU GAMELAN

Un gamelan comprend principalement des paires de métallophones et il doit sa teinte sonore à leur très légère et très précise dissonance volontaire. Chaque ensemble a son propre accord interne et les orchestres ne peuvent s'échanger leurs instruments.

Des résonateurs en bambou amplifient le son des lames de bronze.

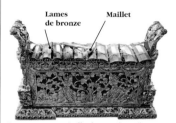

Lames de bronze   **Maillet**

Les **gangsa**, *métallophones de tailles diverses, créent une texture mélodique complexe grâce à une frappe syncopée.*

Une paire *de* kendang *(tambours) « mâle » et « femelle » conduit l'orchestre.*

Le bronze des vieux gongs sert à en fabriquer de nouveaux.

Les *pelawab* (supports d'instruments) sculptés sor construits sur mesure pour chaque orchestre.

LES GONGS

Frappés avec des baguettes ou des maillets à la tête enveloppée de tissu, des gongs de bronze, de formes et de dimensions variées, ponctuent les cycles rythmiques et mélodiques des morceaux musicaux.

Cadre en bois sculpté

Gong couché

Kemong   **Kempur**   **Kempli**   **Gong gede**

*Le **belaganjur**, fanfare de cymbales et de tambours, joue très fort pour effrayer les mauvais esprits sur son chemin.*

Le *terompong* est composé de gongs couchés dont joue un seul musicien.

Le *reyong* forme un rang de petits gongs frappés par deux, trois ou quatre musiciens.

LES TAMBOURS DE LOMBOK

Les tambours tiennent une place primordiale dans la musique de Lombok. Les principales traditions musicales de l'île sont marquées par les influences indo-javanaises et balinaises et les traditions issues de cultures islamiques.

Kendang beleq ou « grand tambour » lors d'une fête à Lombok

Des joueurs de tambour participent à de nombreuses célébrations

Tambours et tenues d'apparat à l'occasion d'un mariage

GAMELAN

Le gong *kebyar* est la forme de gamelan la plus récente et la plus populaire à Bali. Il produit, selon un admirateur, « une cascade d'or éclatant ».

De grands instruments de bambou
caractérisent le gamelan jegog, une forme d'orchestre surtout rencontrée dans l'ouest de Bali.

*Les **suling** sont des flûtes de bambou de longueur et de diamètre variés. Grâce à une technique de respiration particulière, les musiciens en tirent des sons continus.*

La peinture balinaise

Nourri d'une très ancienne tradition, l'art pictural balinais montre un grand dynamisme, en particulier dans la région d'Ubud, de Mas et de Batuan, au centre de l'île. L'apport de peintres occidentaux *(p. 88)* lui a permis de se renouveler, mais thèmes et traitements restent marqués par un héritage indien antérieur à l'arrivée de l'islam à Java *(p. 45)*. L'influence de l'art dit « moderne » a commencé à se manifester à la fin du XXᵉ siècle, période où s'est développé l'enseignement académique.

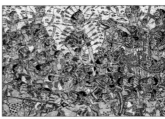

Le style **wayang** *dominait à l'époque précoloniale. Cette peinture anonyme de Kamasan date du XIXᵉ siècle.*

I Gusti Nyoman Lempad s'affirma comme un des artistes balinais les plus doués du milieu du XXᵉ siècle. Les Histoires de Tantri (1939) offrent un bon exemple de son style expressif et épuré.

L'IDIOT BELOG QUI DEVINT ROI

Riche en scènes de la vie quotidienne, ce tableau, peint par Ida Bagus Made Togo en 1932, illustre une histoire aujourd'hui inconnue. Il est caractéristique du style de Batuan resté proche de la tradition par son remplissage de la toile, l'accumulation de détails et une gamme réduite de couleurs. Les peintres balinais aiment raconter une histoire en montrant des scènes de la vie quotidienne.

Garuda, l'oiseau mythique

Scène de marché

LES STYLES RÉGIONAUX

L'association Pita Maha a permis l'apparition du « style d'Ubud », qui a lui-même stimulé l'émergence d'autres écoles locales, telle celle de Sanur dans le sud. Bien que proches d'Ubud, les villages de Pengosekan et de Penestanan se sont forgé des identités picturales distinctes.

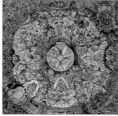

Les artistes de Pengosekan *jouent d'une palette subtile. Le cercle cosmique d'I Dewa Nyoman Batuan date de 1975.*

L'école de Sanur *s'est imposée dans les années 30. I Gusti Ketut Rundu, avec* Chevaux se battant *(non daté), a réalisé une œuvre essentiellement décorative.*

L'ART MODERNE À BALI

L'enseignement académique de l'art a ouvert la voie à une approche plus analytique de la peinture balinaise. Certains artistes ont opté pour un réalisme classique, d'autres, tels Made Wianta et Nyoman Erawan, suivent des voies plus modernes sans renoncer à leur identité. I Nyoman Gunarsa reste fidèle à des thèmes balinais comme les danses traditionnelles ou les personnages de *wayang,* mais les aborde avec la liberté de traitement de l'expressionnisme américain.

Trois danseuses (1981) par I Nyoman Gunarsa

Une scène de bataille offre un contraste frappant avec la description d'une vie quotidienne paisible.

Pita Maha, *association fondée en 1936 par Cokorda Gede Agung Sukawati et les peintres européens Walter Spies et Rudolf Bonnet, encouragea les artistes locaux à puiser dans leur imagination pour créer des œuvres profanes.*

La rivière au centre du tableau structure sa composition.

Les paysans travaillent aux champs avec leur bétail.

Le style d'Ubud, *illustré ici par* Sculpteurs balinais au travail (1957) d'I Nyoman Madia, *se distingue par une manière de représenter l'anatomie influencée par Rudolf Bonnet.*

L'école des Jeunes Artistes, *fondée par le Néerlandais Arie Smit à Penestanan, use de couleurs vives, comme dans* Cérémonie Jayaprana (1972) d'I Nyoman Kerip.

Artisanats et textiles

Les traditions balinaises de tissage, de sculpture sur pierre et sur bois et du travail de l'or et de l'argent remontent à l'époque où d'opulents royaumes se partageaient l'île. Les artisans d'aujourd'hui appartiennent en général à des villages spécialisés et vivent principalement du tourisme et de l'exportation. Bali est aussi devenue un important marché pour des objets fabriqués sur d'autres îles. Lombok produit une belle poterie rustique et des tissus colorés *(p. 161)*.

Ces garudas (oiseaux mythiques) en bois peint proviennent de la région d'Ubud

ÉLÉMENTS ARCHITECTURAUX SCULPTÉS

La distinction entre artisan et artiste devient floue quand il s'agit de l'appliquer aux virtuoses sculpteurs balinais dont le travail pare de nombreux temples, palais et maisons de l'île. La décoration intérieure a ouvert de nouveaux débouchés à ces créateurs.

Ce décor mural en tuf volcanique (paras) orne un bâtiment du Pura Tirta Empul (p. 99).

Des artisans chinois sculptèrent au XIXᵉ siècle cette porte du Puri Agung (p. 112) aux motifs caractéristiques.

Maillet et ciseau de fabrication locale

La sculpture sur pierre, à Bali, profite de la forte demande créée par la restauration des temples.

POTERIE DE LOMBOK

À Lombok, les femmes sasak continuent d'utiliser des techniques ancestrales, probablement introduites sur l'île au XIVᵉ siècle par des immigrants mojopahit, pour fabriquer des poteries simples et élégantes cuites à l'extérieur dans de la paille. Penujak *(p. 161)*, Banyumulek *(p. 154)* et Masbagik Timur comptent parmi les villages les plus réputés pour leur production.

Des objets en poterie, comme cette jarre à eau, sont toujours très utilisés dans les maisons de Lombok.

La pièce est montée en colombins.

L'argile provient de gisements locaux.

La gamme de couleurs, de la terre cuite au noir, comprend un riche brun-rouge

ARTISANAT DE BOUTIQUE

L'habileté manuelle d'une part importante de la population balinaise se révèle étonnante et le travail à domicile fournit un revenu à des milliers de familles rurales qui ne peuvent plus tirer leur subsistance de l'agriculture. Certains artisans ont ouvert une « boutique » chez eux.

Bibelots en bois peint

Paniers laqués fabriqués à Bali

La vannerie tire parti à Lombok de fibres comme le rotin, le jonc et le bambou. Les formes diffèrent selon les villages. Des feuilles de palmier servent parfois à la confection de boîtes plus petites.

L'or et l'argent *importés d'autres îles sont façonnés par des membres d'un clan de forgerons : les Pande.*

TISSAGES TRADITIONNELS

Les tissus artisanaux les plus répandus, l'*endek* et l'*ikat*, doivent leurs motifs à l'utilisation de fils teints au préalable de couleurs différentes. Beaucoup plus coûteux, le *songket* associe soie et fils d'or et d'argent. Bali abrite les seuls tisserands d'Asie du Sud-Est à maîtriser le double *ikat*, sous la forme du *geringsing* fabriqué dans le village de Tenganan *(p. 110-111)*.

Le métier à tisser traditionnel exige de l'artisan qu'il assure la tension de la chaîne en se penchant en arrière. Les pièces les plus complexes demandent des années de travail.

Ce sarong en soie du nord de Bali date du XIXᵉ siècle et illustre une histoire mythologique du théâtre d'ombres

Détail d'un *geringsing*, une spécialité de Tenganan

Le *prada* est un tissu doré fabriqué à Bali

Des fils d'or et d'argent dessinent le motif de ce *songket* raffiné.

Fêtes et jours saints

D'exubérantes célébrations ponctuent les jours saints déterminés en fonction soit d'un calendrier lunaire soit du cycle de 210 jours du calendrier balinais. C'est ce dernier qui rythme la périodicité de l'*odalan* (anniversaire) de chaque temple, prétexte à de nombreuses réjouissances. Les rites de passage et les autres fêtes religieuses donnent surtout lieu à des réunions familiales autour du sanctuaire domestique. Les étrangers assistant aux cérémonies publiques doivent se montrer respectueux des usages.

Les offrandes *intègrent divers éléments, dont des fleurs et des fruits.*

Les femmes se parent, pour l'occasion, de fleurs et d'une ceinture cérémonielle.

L'art de la confection des offrandes se transmet de mère en fille. Les femmes âgées jouissent d'un grand respect en tant que tukang banten *(expertes en offrandes).*

LES FÊTES DE TEMPLE

Les lieux de culte balinais apparaissent souvent comme des endroits très calmes, mais ils s'animent lors de fêtes comme l'*odalan*, l'anniversaire de la consécration d'un temple. Celui-ci dure en général trois jours dans une atmosphère de kermesse et permet à tout le village de rendre hommage aux divinités par des offrandes, des prières et des spectacles.

Les hommes, ici en prière, revêtent un costume et un turban blancs.

Lors d'une crémation, *le corps repose dans un sarcophage en forme d'animal.*

LES RITES DE PASSAGE BALINAIS

De nombreuses cérémonies rythment l'existence d'un Balinais depuis sa conception jusqu'après sa mort. L'*oton*, son anniversaire selon le calendrier local, se produit tous les 210 jours. De somptueuses célébrations fêtent en général le premier et le troisième *oton* d'un enfant. Le limage des dents, qui met au même niveau les incisives et les canines supérieures, marque l'entrée dans l'âge adulte. Lors d'un mariage, un bain rituel précède le festin. Souvent collective car elle demande d'importants préparatifs à la communauté, la crémation permet à l'âme de se réincarner.

Cette statue de gardien a reçu sa riche décoration dans le cadre des préparatifs d'une fête de temple.

Les offrandes apportées par les dévots occupent une plate-forme spéciale.

Une image appropriée illustre chaque jour du calendrier balinais

LE CALENDRIER BALINAIS

C'est le complexe calendrier *pawukon* de 210 jours qui règle une grande part de la vie balinaise. Divisé en 30 *wuku* de sept jours, il est aussi régi par neuf autres cycles *(wewaran)* de longueurs différentes. Le plus commun des *wewaran* détermine la périodicité des marchés : tous les trois jours. De nombreuses fêtes se déroulent à des dates où ces cycles se recoupent.

Saraswati et le recommencement du cycle : le dernier des 210 jours du calendrier est consacré à Saraswati, déesse de la connaissance. On rend hommage aux livres, entre autres par des aspersions d'eau, et les enfants apportent des offrandes à l'école. Les adultes font des cadeaux aux enseignants et aux guérisseurs traditionnels.

Banyu Penaruh : le nouveau cycle calendaire commence par un bain rituel de purification, généralement dans une source sacrée ou à la maison d'un prêtre.

Pagerwesi : comme Galungan, le jour de renforcement spirituel appelé « barrière de fer » donne lieu, dans le nord de Bali, à l'érection de *penjor* et à un festin.

Tumpek : tous les 35 jours, les Balinais font des offrandes à des biens précieux comme certains outils métalliques, des arbres, des livres, des instruments de musique, du bétail ou des marionnettes de *wayang*. Motos, voitures, ordinateurs et réfrigérateurs sont venus s'ajouter à la liste.

Symbole de pureté, l'eau joue un grand rôle dans les rites.

Des perches de bambou appelées penjor *ornent les rues d'un village pour Galungan.*

GALUNGAN ET KUNINGAN

Tous les 210 jours, à la onzième semaine du cycle, Galungan célèbre la création de l'univers. Les réjouissances culminent dix jours plus tard pour Kulingan, la « Toussaint » balinaise.

BALI ET LOMBOK
AU JOUR LE JOUR

Les climats du sud et du nord de Bali et de Lombok diffèrent légèrement : les régions en altitude sont plus humides que les zones côtières. Le même jour, il peut ainsi faire des temps très dissemblables à Ubud et à Sanur. Les offices de tourisme vous donneront les dates des manifestations religieuses et culturelles, mais les informations fournies peuvent être contradictoires. Les fêtes de nombreux

Char à buffles du Mekepung de Negara (juillet-octobre)

temples se déroulent à la pleine lune (*purnama*). Nous en signalons quelques-unes dans ces pages. Les périodes d'affluence touristique comprennent les mois de juillet et d'août et les longs week-ends proches du nouvel an chinois, de Pâques, de Noël et du nouvel an occidental. Les prix des hébergements augmentent ; il vaut donc mieux réserver tôt sa chambre comme ses titres de transport.

Défilé d'*ogoh-ogoh* la veille de Nyepi en avril

SAISON SÈCHE

Des pluies occasionnelles n'ont rien d'anormal pendant les mois les plus secs, d'avril à octobre. Il fait relativement frais en juillet et en août, et même parfois froid, la nuit, en altitude.

AVRIL

Nyepi (*mars-avr.*). Le jour de la neuvième nouvelle lune, veille de la fête, tous les principaux carrefours reçoivent à midi de grandes offrandes supposées exorciser les esprits malins. Le soir, de bruyantes processions promènent aux flambeaux d'immenses effigies démoniaques, les *ogoh-ogoh*, qui finiront brûlées. Les groupes de jeunes villageois

qui chaque année fabriquent ces mannequins s'efforcent de les rendre les plus effrayants, les plus drôles ou les plus extravagants possible.

Nyepi est le jour du silence. Personne n'a le droit de sortir dans la rue ou d'allumer de lumière jusqu'à six heures le lendemain. L'impact grandissant du tourisme et du mode de vie moderne sur la pratique religieuse a conduit certains Balinais à exiger un respect plus scrupuleux de ces contraintes. Il est attendu des visiteurs qu'ils se plient à ces restrictions et demeurent dans leurs hôtels. Des dispositions spéciales permettent au personnel de s'occuper des clients et associent même parfois les étrangers aux festivités de la veille. Il arrive

que certaines liaisons aériennes soient suspendues à l'occasion de Nyepi.
Purnama Kedasa (*deux semaines après Nyepi*). La pleine lune du dixième mois donne lieu à de grandes fêtes dans des temples importants comme celui de Besakih (*p. 116-117*), le Pura Ulun Danu Batur (*p. 122-123*) et le Pura Samuan Tiga (*p. 87*). Elles offrent l'occasion d'assister à des spectacles de musique et de danse sacrées dans leur véritable contexte culturel.

MAI

Waisak (*avr.-mai*). Le jour de la pleine lune, en mai s'il n'y a pas de décalage de calendrier, la petite communauté bouddhiste de

Fête de temple au Pura Taman Ayun

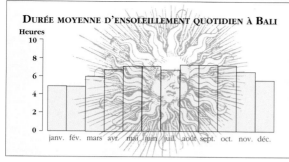

DURÉE MOYENNE D'ENSOLEILLEMENT QUOTIDIEN À BALI
Heures

janv. fév. mars avr. mai juin juil. août sept. oct. nov. déc.

Ensoleillement
Lombok jouit en moyenne chaque jour d'une heure d'ensoleillement de moins que Bali. Les deux îles se trouvant près de l'équateur, les périodes diurnes et nocturnes ne connaissent pas de variations saisonnières et restent à peu près égales toute l'année.

Fête du cerf-volant dans le sud de Bali

Bali célèbre dans ses temples l'anniversaire de la naissance, de l'illumination et de la mort du Bouddha.
Purnama Desta *(pleine lune).* Cette fête de temple hindoue se déroule au Pura Maospahit de Denpasar *(p. 61)* et au Pura Segara proche d'Ampenan à Lombok.

JUIN

Pesta Kesenian Bali [Festival des arts de Bali] *(de mi-juin à mi-juil.),* Denpasar. Le fleuron du calendrier culturel profane de Bali dure de deux à quatre semaines à des dates qui varient un peu d'une année à l'autre. Le centre culturel Taman Werdhi Budaya *(p. 61)* accueille des spectacles principalement balinais, mais aussi, de plus en plus, internationaux. Tous les groupes de musique, de danse ou de théâtre contribuent à la parade d'ouverture, une spectaculaire procession à travers la ville où certains participants entrent en transe.

JUILLET ET AOÛT

Les vacanciers affluent. Les Balinais considèrent cette

période comme propice aux crémations.
Fête du cerf-volant *(date variable),* sud de Bali. Cette manifestation internationale qui attire des participants de toute l'Asie du Sud-Est et du Japon a lieu chaque année au moment où les vents se montrent les plus favorables. Elle inspire les enfants : au-dessus des rizières et des villages, les cerfs-volants qu'ils ont construits avec les matériaux à leur disposition, des sacs en plastique notamment, s'élèvent dans le ciel.
Fête de l'Indépendance de l'Indonésie *(17 août).* La fête de l'Indépendance donne lieu à des cérémonies d'inspiration militaire dans les capitales provinciales. À Bali, les files d'écoliers qui s'entraînent à défiler au bord des routes perturbent la circulation.
Mekepung *(juil.-oct., dates variables).* Courses de chars à buffles à Negara

(p. 134). Des courses plus modestes sont également organisées toute l'année.

SEPTEMBRE

Des fleurs s'épanouissent à profusion pendant ce mois chaud et sec.
Purnama Katiga *(pleine lune).* Fête de temple aux Monuments royaux de Gunung Kawi à Tampaksiring dans le centre de Bali *(p. 99).*

OCTOBRE

Purnama Kapat *(pleine lune).* Des fêtes se déroulent dans beaucoup de grands temples, dont celui de Besakih *(p. 116-117),* le Pura Ulun Danu Batur *(p. 122-123),* le Pura Tirta Empul *(p. 99),* le Pura Pulaki *(p. 138)* et le Pura Tegeh Koripan *(p. 115).*
Hari Raya Sumpah Pemuda *(28 oct.).* Ce jour travaillé commémore le mouvement d'indépendance et est aujourd'hui associé aux réformes politiques en Indonésie.

Plage de Kuta en haute saison (juillet-août)

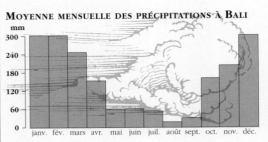

MOYENNE MENSUELLE DES PRÉCIPITATIONS À BALI

mm

300	
240	
180	
120	
60	
0	

janv. fév. mars avr. mai juin juil. août sept. oct. nov. déc.

Précipitations
Bali et Lombok connaissent les mêmes saisons sèches et pluvieuses, mais avec des écarts de précipitations plus importants à Bali. Le phénomène climatique appelé El Niño a quelque peu perturbé ce schéma au cours des dernières années.

Gouttes de pluie sur une rizière inondée

SAISONS PLUVIEUSES

Bali et Lombok sont soumises au régime des moussons et, de la mi-octobre à la mi-mars, le vent de nord-est pousse des nuages chargés de pluie, en particulier pendant les mois de décembre et janvier. Il pleut normalement de midi à la fin de l'après-midi, mais une semaine de beau temps peut succéder à plusieurs jours d'averses ininterrompues. L'humidité de l'air rend la chaleur plus difficile à supporter. Les deux îles ne subissent pas de typhons, mais connaissent souvent en février une ou deux semaines où le vent de nord-est forcit avant que l'alizé de sud-ouest apporte un climat plus sec.

NOVEMBRE ET DÉCEMBRE

Purnama Kalima *(nov.)*. La fête du Pura Kehen de Bangli *(p. 104)* coïncide avec la pleine lune du cinquième mois du calendrier hindou.
   La saison pluvieuse atteint son apogée en décembre et janvier. Cette période étant

considérée comme favorable aux maladies, de nombreuses processions *melasti* sont organisées au cours desquelles les statues de divinités sont portées jusqu'à la mer ou auprès de sources sacrées.

Purnama Kenam *(déc.)*. Pour la pleine lune du sixième mois, la minorité balinaise de Lombok célèbre une fête de temple au Pura Lingsar.

Siwa Latri *(déc.)*. Le «rite de Shiva» se déroule la veille de la septième nuit sans lune (Tilem Kapitu), deux semaines après Purnama Kenam. Il comprend une veillée de 24 h, généralement dans un temple.

Procession lors d'une fête musulmane

FÉVRIER ET MARS

Nouvel an chinois *(janv.-fév.)*. Des Chinois de Singapour et de Jakarta affluent à Bali pour cette fête familiale. Comme lors de la veille de Nyepi *(p. 40)*, les réjouissances comprennent des défilés en fanfare, en particulier à Denpasar.

Bau Nyale *(fév.)*. Chaque année, le ver marin appelé *nyale*, très apprécié pour sa chair et symbole de fertilité, vient se reproduire au large de Kuta *(p. 162)*, au sud de Lombok. Sa pêche s'accompagne de festivités sur la plage. Elles offrent aux jeunes gens l'occasion de se courtiser.

Purnama Kesanga *(fév.-mars)*. Réputé pour son gong haut de près de 2 m, le Pura Penataran Sasih de Pejeng *(p. 97)*, près d'Ubud, célèbre son *odalan* à la pleine lune.

Prière lors d'une fête de temple au Pura Taman Pule de Mas

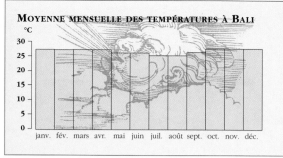

MOYENNE MENSUELLE DES TEMPÉRATURES À BALI

°C
30
25
20
15
10
5
0

janv. fév. mars avr. mai juin juil. août sept. oct. nov. déc.

Températures
Les températures moyennes de Bali excèdent celles de Lombok d'environ un degré Celsius. Sur les deux îles, elles ne varient que très faiblement au cours de l'année. Il fait généralement plus frais dans les collines que près des côtes.

Préparatifs de la célébration de Galungan à Ubud

autres fêtes. La plus importante, Galungan, a lieu la onzième semaine et commémore la défaite légendaire du roi démon Maya Denawa. Toute l'île se pare de décorations et ses habitants revêtent leurs plus beaux atours. Dix jours plus tard, un samedi, Kuningan marque la fin des vacances. Le lendemain, pour Manis Kuningan, de grandes fêtes se déroulent au Pura Sakenan de Pulau Serangan et au Pura Taman Pule de Mas.

LES JOURS SAINTS BALINAIS

Un certain nombre de cérémonies rituelles et de pratiques religieuses suivent le calendrier lunaire de douze mois. Des offrandes spéciales, au sein du domicile familial comme dans le temple public local, marquent ainsi chaque *tilem* (nouvelle lune) et *purnama* (pleine lune). Ponctuée par des représentations de théâtre d'ombres et des récitations de poésie sacrée, la célébration de *purnama* est particulièrement animée dans certains temples « d'État » comme le Pura Jagatnatha de Denpasar, le Pura Kehen de Bangli et les sanctuaires d'autres capitales régionales.

Le calendrier balinais de 210 jours *(p. 39)* règle les

LE RAMADAN

Pendant le neuvième mois du calendrier islamique, le ramadan interdit aux musulmans de manger, de boire et de fumer depuis l'aube jusqu'au coucher du soleil. Les étrangers en visite à Lombok doivent éviter de se livrer en public à ces activités pendant la journée.
L'**Idul Fitri**, fête de deux jours, conclut la période de jeûne. Les citadins retournent dans leur village et les transports publics sont bondés.

Cartes de vœux pour la fête musulmane d'Idul Fitri

JOURS FÉRIÉS

Nouvel an (1er janv.)

Nyepi (nouvel an hindou : 14 avril en 2002)

Hari Paskah (vendredi saint-Pâques : 29-31 mars en 2002)

Hari Waisak (fête du Bouddha)

Ascension (9 mai en 2002)

Hari Proklamasi Kemerdekaan (fête de l'Indépendance : 17 août)

Noël (25 déc.)

Fêtes hindoues basées sur le calendrier balinais de 210 jours :

Galungan (24 avr. et 20 nov. en 2002)

Kuningan (10 jours plus tard)

Saraswati (9 fév. et 7 sept. en 2002)

Fêtes musulmanes basées sur le calendrier islamique de 354 ou 355 jours :

Idul Adha (23 fév. en 2002)

Hijriyah (15 mars en 2002)

Mauli Nabi Muhammed (25 mai en 2002)

Isra Miraj Nabi Muhammed (5 oct. en 2002)

Idul Fitri (6-7 déc. en 2002)

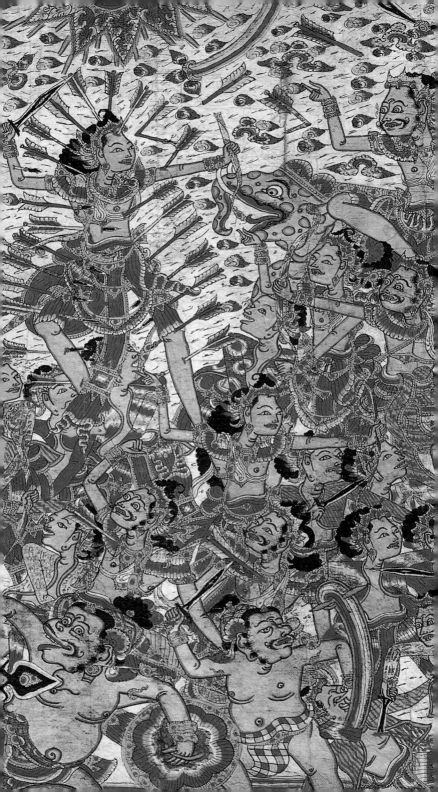

HISTOIRE DE BALI ET LOMBOK

L es dieux des collines et des montagnes tiennent une grande place dans les légendes balinaises, et les paysages ont profondément influencé la vie culturelle, politique et économique des deux îles. Les vieilles traditions sont restées florissantes malgré le colonialisme, les luttes politiques et le déferlement de visiteurs étrangers.

Selon les historiens, les Balinais et les Sasak de Lombok tireraient leurs origines de la rencontre entre une population indigène de chasseurs-cueilleurs de l'âge de la pierre et des immigrants venus du sud de la Chine vers 2000 av. J.-C. Ces derniers auraient laissé en héritage à leurs descendants le travail du métal, la prédominance de cultes montagnards et un mode de vie basé sur la culture du riz. Ces traits toujours observables dans les campagnes rapprochent les habitants des deux îles d'autres peuples de l'Asie du Sud-Est et de l'océan Pacifique.

Poignée de kriss

LES PREMIERS ROYAUMES

Il existe peu de témoignages écrits de l'histoire des deux îles antérieurs au XXe siècle. Le témoignage le plus vieux concernant Lombok ne remonte qu'à 1365. Des découvertes archéologiques révèlent cependant une très ancienne influence indienne. Les inscriptions gravées en 914 sur un pilier du Pura Belanjong de Sanur (p. 65) indiquent que des relations existaient déjà à cette époque entre Bali et les Sanjaya, une dynastie bouddhiste du centre de Java. À Bali subsistent des vestiges d'un royaume qui s'est maintenu du Xe au XIIIe siècle et qui avait son siège près des actuels Pejeng et Bedulu. Les Monuments royaux de Gunung Kawi (p. 99), construits au XIe siècle, rendaient hommage au roi Anak Wungsu et à la reine Betari Mandul. Ce souverain dirigeait probablement toute l'île. Il est possible que le Pura Tegeh Korigan (p. 115) ait été construit pour le vénérer. Anak Wungsu, qui monta sur le trône vers 1025, avait pour parents une princesse javanaise et le roi balinais Udayana. Son frère aîné, le grand Airlangga, régna sur l'est de Java.

C'est un contemporain d'Anak Wungsu, Mpu Kuturan, qui aurait établi le système de triple sanctuaire qui associe dans les villages balinais le *pura puseh* (temple des origines), le *pura desa* (temple du village) et le *pura dalem* (temple des morts).

Une influence chinoise s'exerça aussi très tôt et elle expliquerait le fait que l'esprit gardien Barong (p. 25) a l'apparence d'un dragon. Des *kepeng* (pièces de monnaie chinoises) circulèrent à partir du VIIe siècle et le roi Jayapangus de Bali épousa une princesse chinoise au XIIe siècle.

CHRONOLOGIE

250000-10000 av. J.-C. Pléistocène supérieur	*Pilier gravé du Pura Belanjong de Sanur*	**914 apr. J.-C.** Plus vieille inscription, sur un pilier du Pura Belanjong, d'un nom royal balinais

250000 av. J.-C.	10000 av. J.-C.	2000 av. J.-C.	1000 av. J.-C.	1 apr. J.-C.	1000

2000 av. J.-C. Arrivée de migrants venus de Chine

960 apr. J.-C. Construction du temple de la Source sacrée, le Pura Tirta Empul

Pointes de lance préhistoriques

◁ **La Mort d'Abhimayu,** d'après le *Mahabharata*, fin du XIXe siècle, style de Kamasan (détail, artiste inconnu)

Autel du Pura Maospahit de Denpasar, un temple fondé à l'époque mojopahit *(p. 61)*

LA BALI DES MOJOPAHIT

Bali réussit à rester indépendante des royaumes de l'est de Java jusqu'à l'expédition victorieuse lancée en 1284 par le roi Kertanegara de la dynastie des Singarasi. L'île entre alors dans la sphère politique javanaise, mais parvient à obtenir une relative autonomie.

Le successeur de Kertanegara, Raden Wijaya, fonde le royaume de Mojopahit, qui au cours des deux siècles suivants deviendra le plus puissant empire de l'histoire de l'Asie du Sud-Est. En 1343, le Premier ministre Gajah Mada bat le roi de Bali à Bedulu et met un de ses fidèles sur le trône pour imposer son contrôle.

Le nouveau pouvoir installe sa capitale à Gelgel, d'où le roi gouverne au nom du souverain mojopahit avec l'aide de chefs locaux. Les habitants de certains villages refusent cependant d'adopter les coutumes et les pratiques religieuses des nouveaux maîtres de l'île. Isolés, ils donneront naissance à une

Coupe cérémonielle sculptée vers le xvᵉ siècle

minorité culturelle connue sous le nom de Bali Aga ou «Balinais originels» *(p. 121)*. La culture balinaise actuelle doit beaucoup à l'influence indo-javanaise des Mojopahit, en particulier dans les domaines de l'architecture, des arts de la scène et de la littérature. La peinture et la sculpture se sont abondamment inspirées du théâtre de marionnettes *wayang (p. 31)*.

Les Mojopahit imposèrent aussi leur tutelle à Lombok. Une chronique javanaise de 1365 mentionne l'île comme une dépendance. Les archives de Lombok parlent de princes mojopahit envoyés à Bali, Lombok et Bima (l'actuelle Sumbawa). Bien que les Sasak soient aujourd'hui islamisés, ils conservent des traditions hindoues dont l'origine remonte à cette période.

L'ÂGE D'OR DE BALI

Bali recouvre son indépendance à la fin du xvᵉ siècle, alors que l'islam gagne du terrain à Java et que l'Empire mojopahit commence à s'effondrer. Le royaume balinais de Gelgel connaît son apogée au milieu du xviᵉ siècle, pendant le règne de Waturenggong, qui étend son pouvoir à l'ouest sur la puissante île voisine et prend le contrôle de Lombok et de Bima. De nombreux artistes, prêtres et membres de la noblesse javanaise choisissent l'exil pour conserver leurs traditions hindoues et émigrent à Bali, qui connaît alors un véritable âge d'or culturel.

Deux nouveaux courants de pensée religieux se diffusent vers l'est depuis Java : l'islam, qui ne rencontrera jamais de large écho à Bali, et un mouvement de réforme hindoue animé par un prêtre de Waturenggong,

CHRONOLOGIE

1050-1078 Règne d'Anak Wungsu

1284 Conquête de Bali par le roi Kertanegara de Kediri

Monnaie de l'Empire mojopahit frappée au xivᵉ siècle

1100	1200	1300	1400

1294 Raden Wijaya fonde le royaume de Mojopahit dans l'est de Java

1343 Invasion de Bali par les Mojopahit

Édit écrit en balinais ancien, xᵉ ou xiᵉ siècle

Dang Hyang Nirartha. Poète, architecte et enseignant, ce brahmane javanais introduit, entre autres, l'autel *padmasana (p. 26)* dédié au dieu suprême. Il fonde ou rénove de nombreux temples, dont le Pura Tanah Lot *(p. 128)*. Il est considéré comme l'ancêtre du clan Brahmana Siwa, le plus important de la caste sacerdotale balinaise.

Kulkul **du Pura Taman Ayun construit à Mengwi vers 1740**

Nirartha prêche aussi à Lombok, mais c'est vers l'islam que se tournent les Sasak peuplant l'île. Deux personnages jouent un rôle particulièrement important dans leur conversion : Sunan Prapen, un disciple du saint Sunan Giri, et le prince javanais Pangeran Sangupati. Ce dernier pourrait n'avoir qu'une existence mythique, mais on lui attribue la création de la secte syncrétique des Wetu Telu *(p. 23)*.

L'ÉPARPILLEMENT DU POUVOIR

En 1597, quand le marchand hollandais Cornelis de Houtman découvre Bali, le souverain de Gelgel, le Dewa Agung, « grand dieu », vit dans un faste décadent.

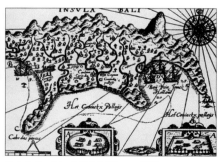

Carte hollandaise de Bali établie vers 1597

Une nouvelle branche de la dynastie s'installe à Klungkung vers 1650, mais le royaume se morcelle bientôt en plusieurs principautés. Leurs conflits et le jeu des mariages et des alliances créent pendant 250 ans une situation politique complexe et instable.

Les XVIIIe et XIXe siècles voient l'émergence des États à l'origine des régences de la Bali moderne. Il s'agit de Klungkung, Karangasem, Buleleng, Jembrana, Bangli, Badung, Gianyar, Tabanan et Mengwi. Buleleng devient une puissance majeure pendant le règne de Panji Sakti entre 1660 et 1704, mais subit au XVIIe siècle la concurrence de Karangasem et de Mengwi. Ses ennemis se partageront en 1891 les territoires controlés par Mengwi ; le complexe sacré du Pura Aman Ayun *(p. 130-131)* est l'unique témoignage de sa grandeur passée. Même s'il est entouré de voisins plus étendus, le royaume de Klungkung des Dewa Agung conserve son prestige grâce au temple de Besakih *(p. 116-117)*. Le royaume de Karangasem, l'actuelle Amlapura *(p. 112)*, occupe Lombok en 1740. Des colons balinais s'installent dans la partie occidentale de l'île, mais la noblesse sasak et des immigrants bugis *(p. 135)* résistent au centre et à l'est. Les contacts avec l'islam augmentent aussi à Bali même. À la fin du XVIIIe siècle, tous les rajas emploient des mercenaires musulmans, ce qui explique qu'il existe de nombreux villages « balino-musulmans » près des anciennes capitales princières.

	v. 1550-1570 Règne de Waturenggong à Gelgel. Âge d'or de Bali	**1619** Fondation de Batavia dans l'ouest de Java		*Le Puri Agung, palais de la dynastie de Karangasem construit au XVIIIe siècle*	
…e missionnaire …usulman Sunan …n est envoyé à Bali et Lombok			**v. 1650** Établissement de la dynastie de Klungkung	**1740** Karangasem conquiert Lombok	
1500	**1600**		**1700**		**1800**
v. 1540 Le réformateur hindou Nirartha arrive à Bali	**1597** Première visite documentée d'un Européen	**1602** Création de la Compagnie des Indes orientales [VOC] *(p. 48)*		**v. 1700** Essor de Mengwi	**1800** Dissolution de la VOC et établissement d'un gouvernement colonial néerlandais
			v. 1680 Essor de Karangasem		
			v. 1660-1704 Essor de Buleleng		

L'ARRIVÉE DES EUROPÉENS

Un nouvel acteur entre en scène au XVIIe siècle : la Compagnie hollandaise des Indes orientales (VOC) créée en 1602 pour défendre les intérêts des Pays-Bas dans le commerce des épices. En 1800, elle cède la place à une administration coloniale.

Les Néerlandais concentrent tout d'abord leur attention sur Batavia, l'actuelle Jakarta. Les premières relations avec Bali se résument à l'échange d'opium contre des esclaves : prisonniers de guerre et sujets endettés auprès des rois balinais.

Le raja de Buleleng au milieu du XIXe siècle

UN SIÈCLE TUMULTUEUX

Le XIXe siècle commence pour Bali sous le signe de la prospérité, mais s'achève par une longue période de guerre et de souffrance.

Entre 1811 et 1816, les Britanniques prennent le contrôle de Java pour contrer Napoléon, devenu le maître des Pays-Bas. Ils nomment gouverneur Thomas Stamford Raffles, le futur fondateur de Singapour. Celui-ci montre un réel intérêt pour la culture balinaise. Lorsqu'ils reviennent au pouvoir, les Néerlandais doivent affronter plusieurs révoltes, dont la guerre de Java menée contre eux par le prince Diponegoro entre 1825 et 1830. Ils entreprennent ensuite la conquête de l'ensemble de l'archipel indonésien. Prenant prétexte du pillage d'une épave par le roi de Buleleng en 1845, ils lancent une première expédition militaire contre Bali en 1846. Trois expéditions militaires seront nécessaires pour vaincre, en 1849, à Jagaraga, le brillant tacticien Gusti Jelantik. Une partie de Bali tombe sous le contrôle de Lombok. Les rivalités entre souverains locaux et les querelles intestines au sein des dynasties vont longtemps faciliter la tâche des colonisateurs. Réfugié à Karangasem, Gusti Jelantik est victime d'une intrigue de palais.

Vue du port d'Ampenan, Lombok, vers 1850

CHRONOLOGIE

1808-1816 Interrègne français et britannique

1815 Éruption du Gunung Tambora à Sumbawa

Avènement de Raja Ratu Ketut Ngurah Karangasem à Lombok en 1855

| 1810 | 1820 | 1830 | 1840 | 1850 |

1811-1816
T.S. Raffles gouverneur de Java

1825-1830 Guerre de Java

Palais d'eau bâti à Mataram par la dynastie balinaise qui dirigea Lombok jusqu'en 1843

1846-1849 Expéd. de Buleleng ; *pup* à Jagaraga

1843 Lombok accepte la souveraineté hollandaise

Cavalerie hollandaise à Lombok en 1894

LA CHUTE DES ANCIENS ROYAUMES DE BALI

Prétendant soutenir une révolte des Sasak musulmans contre leurs rois balinais, les Hollandais débarquent à Lombok en 1894 et s'emparent de la totalité de l'île. À Bali, Karangasem accepte de se soumettre à l'autorité des envahisseurs, un exemple suivi en 1900 par Gianyar, tandis que Bangli poursuit une politique hésitante. Toutefois, les trois royaumes de Badung, de Tabanan et de Klungkung défendent farouchement leur indépendance.

En 1906, les Européens prennent une fois encore prétexte du pillage d'une épave – celle d'un petit navire ayant fait naufrage près de Sanur – pour envoyer une grande flotte. Les troupes débarquent et marchent sur Denpasar. Dans la ville, les princes, les nobles et les brahmanes, vêtus de blanc, font bénir leurs armes rituelles. Les soldats hollandais voient sortir du palais des centaines d'hommes, de femmes et

d'enfants. C'est le *puputan,* le combat à mort. Les Balinais se précipitent en brandissant leurs *kriss* sans se soucier des canons et des fusils qui les fauchent. Plutôt que se rendre, les survivants s'enfoncent la lame du *kriss* dans le cœur. Le même après-midi, une tragédie similaire se déroule au palais voisin de Pemecutan. Le roi de Tabanan se rend avec son fils, mais ils se donnent la mort deux jours plus tard dans leur cellule. À Klungkung, en 1908, le Dewa Agung entraîne lui aussi sa cour dans un *puputan.* Bali est désormais totalement intégrée aux Indes orientales néerlandaises.

LE GOUVERNEMENT COLONIAL

Instruits par les révoltes précédentes, souvent conduites par des princes insatisfaits, les Hollandais réservent aux rajas – qu'ils dépouillent de leurs biens et de tout pouvoir réel – une place suffisamment élevée dans l'administration pour qu'ils restent dociles. À Lombok et Bali, le pouvoir colonial utilise le travail forcé, une ancienne prérogative royale, pour développer l'irrigation et construire un réseau de routes. Les deux îles connaissent des sorts différents. Lombok subit une exploitation impitoyable et les nouvelles taxes accablent les paysans.

Intérieur du palais royal de Karangasem bâti vers 1900

Un *modus vivendi* s'installe à Bali, que les Hollandais préservent comme une sorte de « musée vivant » de la civilisation indo-javanaise et une vitrine de leur colonialisme éclairé. En rétablissant les rajas dans leur rôle de gardiens des rites et des traditions, ils donnent l'apparence d'une continuité culturelle.

Le roi et un visiteur à l'entrée du Puri Gianyar en 1910

La pression économique et démographique et le bouleversement des structures sociales nourrissent cependant des tensions qui s'expriment dans le cadre du mouvement nationaliste et resurgiront quand les pouvoirs post-coloniaux échoueront à répondre aux attentes populaires.

Photo colorisée de femmes balinaises prise par G.P. Lewis dans les années 20

LE DERNIER PARADIS

Au début du XXe siècle, les images de Bali de l'illustrateur néerlandais W.O.J. Nieuwenkamp et du photographe allemand Gregor Krause attirent des visiteurs étrangers érudits et fortunés pour qui l'île représente un véritable paradis. Certains décident de s'y installer, principalement à Ubud et à Sanur. Ils entretiennent le mythe d'une « île des dieux » où « tout le monde est un artiste », et l'autorité coloniale encourage prudemment le tourisme.

La bureaucratie moderne qui se développe fournit, avec les marchands chinois, arabes et musulmans, le noyau d'une intelligentsia urbaine. Entre les îles de l'archipel se tissent des réseaux politiques qui facilitent l'émergence d'un nationalisme indonésien. En 1928, des étudiants réunis à Medan décident de donner une langue commune, le *bahasa indonesia,* à la nation dont ils espèrent la création. Ils choisissent le malais qui sert aux échanges commerciaux dans toute l'Asie du Sud-Est.

GUERRE ET INDÉPENDANCE

Les Japonais envahissent les Indes orientales néerlandaises en 1942. Ils réquisitionnent les récoltes et emprisonnent ou déportent tous les étrangers. Les exactions renforcent encore le sentiment nationaliste. Le 17 août 1945, deux jours après la reddition des envahisseurs, le leader javanais Sukarno proclame l'indépendance de l'Indonésie.

Mais les Néerlandais décident de reprendre le contrôle de leur colonie.

CHRONOLOGIE

1908 *Puputan* de Klungkung et fin de la conquête de Bali

Dewa Agung Semarahhawa, roi de Klungkung, en 1908

1928 Ouverture du Natour Bali Hotel à Denpasar

1936 Fondation du mouvement artistique Pita Maha *(p. 35)*

1942 Invasion japonaise. Les Hollandais se retirent

1945 Proclamation de l'indépendance. Sukar devient Président

| 1910 | 1920 | 1930 | 1940 | 1950 |

1917 Séisme ; éruption du Gunung Batur

1914 Ouverture de Bali au tourisme

Couverture d'Island of Bali

ISLAND OF BALI

1946 Retour des Hollandais. *Puputan* de Marga

1937 Publication d'*Island of Bali,* ouvrage de Miguel Covarrubias

1949 Trans la souverair à la républi d'Indonésie

Juges balinais du régime colonial, 1935

Ils font face à une résistance acharnée, mais ils jouissent à Bali du soutien de l'ancienne noblesse. La guérilla menée par de jeunes indépendantistes prend fin le 20 novembre 1946 avec le *puputan* de Marga *(p. 132).* La position des Pays-Bas devient toutefois intenable sur la scène internationale et ils acceptent de transférer la souveraineté à la jeune république le 27 décembre 1949.

Les années qui suivent l'indépendance sont celles des espoirs déçus. La situation économique reste très difficile. Des bandes d'hommes armés rôdent dans les îles de l'archipel. Les gouvernements qui se succèdent, impuissants ou d'un nationalisme exacerbé, effraient les investisseurs étrangers. Le plus haut volcan de Bali, le Gunung Agung, entre en éruption en 1963, faisant des milliers de victimes.

Suharto à Bali, 1979

AUTOCRATIE ET RÉFORMES

À la suite d'un prétendu coup d'État organisé à Jakarta le 30 septembre 1965, une campagne d'épuration entraîne la mort de centaines de milliers de personnes accusées de sympathies pour le parti communiste. Un général peu connu, Suharto, évince Sukarno du pouvoir et règle brutalement d'innombrables conflits internes. Son « Ordre nouveau » rassure les investisseurs étrangers. L'économie entre dans une longue phase de croissance.

Les premiers touristes modernes de Bali sont des « hippies » qui « font la route » dans les années 60 et 70, puis viennent les Australiens. À Kuta, boutiques et petits hôtels remplacent peu à peu les plantations de cocotiers. Le sud de l'île connaît une frénésie de construction dans les années 80 et 90. Alors qu'il n'existait que quelques centaines de chambres d'hôtel en 1965, on en compte plus de 30 000 en 1999.

Bannière électorale, 1999

L'accession à la prospérité compense l'absence de liberté politique imposée par Suharto et la corruption qui règne à tous les niveaux de l'État. La crise financière de 1997 met un terme à cet équilibre et oblige le dictateur à démissionner l'année suivante. Des tensions sociales et religieuses longtemps réprimées s'expriment. Des émeutiers ont incendié des bâtiments publics de Bali après les élections de 1999. Ces violences épargnent les visiteurs étrangers et le tourisme reste l'un des moteurs d'un retour de la croissance.

1965 Putsch raté du 30 septembre.
Début de la purge anticommuniste

1966 Ouverture du Bali Beach Hotel

1983 Ouverture du Nusa
Dua Beach Hotel intégré à
un complexe cinq-étoiles

Nusa Dua Beach Hotel

| 960 | 1970 | 1980 | 1990 | 2000 |

1967-1998 Ordre nouveau
de Suharto et essor du tourisme

1963 Éruption du Gunung Agung

1999 Le PDI-P, dirigé par Megawati
Sukarnoputri, remporte 80 % des voix à
Bali. Abdurrahman Wahid devient
président d'Indonésie

Bali et Lombok région par région

Bali et Lombok d'un coup d'œil

Hauts volcans se reflétant dans des lacs, collines parées de rizières en terrasses ou superbes côtes souvent restées sauvages, Bali et Lombok présentent partout de splendides paysages. Les deux îles offrent aux visiteurs des plaisirs variés : du surf à la découverte d'une riche tradition culturelle. Le sud de Bali abrite des stations balnéaires à la vie nocturne animée, tandis que le centre et l'est possèdent un grand intérêt historique et artistique. Moins paradisiaque que Bali, Lombok demeure moins touchée par le tourisme.

Le Pura Meduwe Karang (p. 148-149) *est un temple réputé pour la richesse de sa décoration sculptée.*

Le parc ornithologique (p. 84-85) *abrite dans un beau jardin tropical plus de 250 espèces d'oiseaux.*

Ubud *(p. 88-95)* et les villages des environs sont au cœur de la vie culturelle de l'île.

Singaraja *(p. 146-147)* a gardé l'atmosphère d'une ancienne capitale coloniale.

Le Taman Nasional Bali Barat *(p. 136-137),* vaste réserve naturelle, protège les derniers étourneaux de Bali et les récifs de l'île de Menjangan.

NORD ET OUEST DE BALI *(p. 124-149)*

CENTRE DE BALI *(p. 78-99)*

0   20 km

Le Pura Taman Ayun (p. 130-131), *sanctuaire royal, a conservé ses douves.*

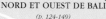

Le musée de Bali (p. 62-63) *mérite une visite pour sa collection et son architecture.*

SUD DE BALI *(p. 56-77)*

Denpasar *(p. 60-61)* est capitale admini et commercia

Le Pura Luhur Uluwatu (p. 76-77) *domine l'océan depuis une haute falaise à la pointe de la péninsule de Bukit.*

Kuta *(p. 66-69),* la station balnéaire la plus développée de Bali, compte de nombreux hôtels, boutiques et restaurants.

Le Taman Nasional Gunung Rinjani (p. 158-159), *très apprécié des randonneurs, renferme le plus haut volcan de Lombok et le lac de cratère Danau Segara Anak.*

Le Gunung Batur (p. 120-121), *volcan en activité, domine le lac Batur dans une caldeira qui abrite plusieurs temples historiques et des sentiers pédestres.*

Le Pura Besakih *(p. 116-117),* le « temple mère » de Bali, se compose de vingt-deux sanctuaires au pied du Gunung Agung, le volcan sacré.

EST DE BALI
(p. 100-123)

À Tenganan *(p. 110-111),* la minorité Bali Aga entretient de très anciennes traditions.

Sengiggi *(p. 156)* est une station balnéaire qui s'étend dans une baie sablonneuse.

LOMBOK
(p. 150-163)

Le Pura Lingsar (p. 154) *de Sweta, temple vieux de trois siècles, abrite des bassins aux nénuphars dans lesquels les enfants s'amusent beaucoup.*

Le Taman Gili (p. 106-107), *ancien palais royal, conserve de beaux plafonds peints dans ses deux principaux pavillons.*

LE SUD DE BALI

La région la plus touristique de Bali offre des visages contrastés. Ses plages ont d'abord attiré des voyageurs à petits budgets et des surfeurs, bientôt rejoints par la clientèle des complexes hôteliers de grand luxe. Malgré les changements apportés par la modernité et l'afflux de visiteurs, les communautés villageoises conservent leurs rites et leurs traditions culturelles et artistiques.

Denpasar, la capitale provinciale de Bali depuis 1958, se trouve au centre de la région et au nord du triangle formé par les stations balnéaires de Kuta, Sanur et Nusa Dua. C'est une ville bruyante et animée qui se modernise sans grande cohérence. Ancienne capitale du royaume de Badung qui contrôla le sud de l'île de la fin du XVIIIe siècle jusqu'à sa conquête par les Néerlandais en 1906, elle a conservé peu de bâtiments anciens, mais abrite deux centres culturels importants : le musée de Bali *(p. 62-63)* et le Taman Werdhi Budaya *(p. 61)*.

Sur la côte ouest, Kuta forme avec les localités périphériques de Legian et Seminyak le pôle touristique le plus actif, apprécié pour sa plage, les activités nautiques disponibles et une intense vie nocturne. Les vacanciers trouvent ici des hôtels, des restaurants et des boutiques pour tous les budgets.

À quelques kilomètres, Canggu permet de jouir d'un cadre de séjour plus paisible. Sur la côte est, Sanur offre les mêmes prestations que Kuta, mais dans un style plus familial et moins tapageur. Nusa Dua, au sud, avec ses complexes hôteliers de luxe et un golf de dix-huit trous, est une enclave créée de toutes pièces pour les étrangers aisés.

Par son aridité, la péninsule de Bukit présente un contraste frappant avec les rizières en terrasses et les jardins luxuriants qui ont assis la richesse des rajas de jadis. À sa pointe sud-ouest, l'un des temples les plus sacrés de Bali, le Pura Luhur Uluwatu, domine un panorama spectaculaire depuis un promontoire battu par les flots.

Dans le sud de Bali, l'océan offre des plaisirs variés : surf sur de puissantes déferlantes, découverte de splendides fonds coralliens ou *farniente* sur des plages frangées de cocotiers.

Pêcheurs dans une pirogue traditionnelle à balancier

◁ **Sculpture sur bois de Garuda, oiseau mythique et monture de Vishnou**

À la découverte du sud de Bali

Les visiteurs étrangers arrivent en majorité par avion et se posent à l'aéroport international de Denpasar, d'où les principales stations balnéaires sont aisément accessibles en taxi. Certains vacanciers n'éprouvent pas le besoin de s'aventurer plus loin. Pourtant, le sud de Bali, qui possède l'infrastructure d'accueil la plus développée et compte de nombreuses agences touristiques, constitue une bonne base pour découvrir le reste de l'île et sa voisine Lombok. Jardins et rizières donnent à la plaine côtière un visage luxuriant. La péninsule de Bukit a un aspect plus austère. Aisément accessibles depuis Pelabuhan Benoa, les îles de Nusa Lembongan et Nusa Penida recèlent de splendides sites de promenade et de baignade.

LA RÉGION D'UN COUP D'ŒIL

De nombreuses activités nautiques, dont le surf, peuvent se pratiquer sur la plage de Kuta

Statue de pierre du Puri Pemecutan, un palais de Denpasar

Mengwi et Tabanan

Tanab Lot

KEROBOKAN

2 *CANGGU*

PETI TENGET

SEMINYAK 5

KUTA ET LEGIAN 4

TUBAN 6

BAIE DE JIMBARAN

JIMBARAN 11

PADANG PADANG

SULUBAN

PURA LUHUR 12 ULUWATU

MONUMENT DE GARUDA KENCANA VISHNU

NYANG-NYANG

GREEN BALL

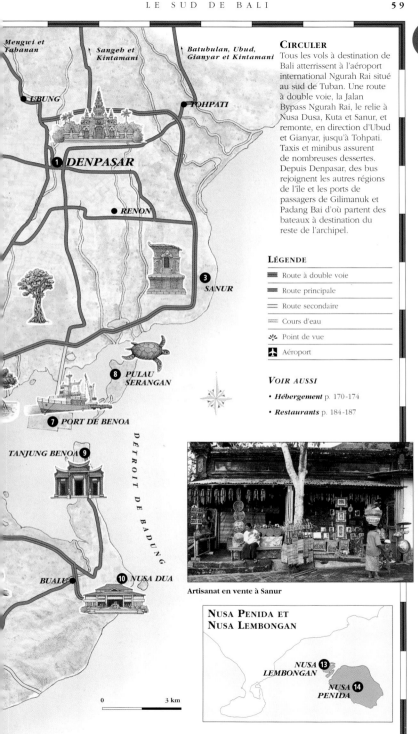

CIRCULER

Tous les vols à destination de Bali atterrissent à l'aéroport international Ngurah Rai situé au sud de Tuban. Une route à double voie, la Jalan Bypass Ngurah Rai, le relie à Nusa Dusa, Kuta et Sanur, et remonte, en direction d'Ubud et Gianyar, jusqu'à Tohpati. Taxis et minibus assurent de nombreuses dessertes. Depuis Denpasar, des bus rejoignent les autres régions de l'île et les ports de passagers de Gilimanuk et Padang Bai d'où partent des bateaux à destination du reste de l'archipel.

LÉGENDE

▬ Route à double voie

▬ Route principale

═ Route secondaire

═ Cours d'eau

☼ Point de vue

✈ Aéroport

VOIR AUSSI

• *Hébergement* p. 170-174

• *Restaurants* p. 184-187

Artisanat en vente à Sanur

NUSA PENIDA ET NUSA LEMBONGAN

Denpasar ❶

Cité affairée et bruyante à la croissance mal maîtrisée, la capitale provinciale de Bali conserve quelques vieux édifices datant d'avant la conquête de la ville par les Néerlandais en 1906 *(p. 49)*, ainsi que des bâtiments construits pendant la période coloniale. Le long des rues, des statues rendent hommage à des héros de la lutte

Détail d'un relief mural

pour l'indépendance de l'Indonésie. Le quartier traversé par l'artère principale, Jalan Gajah Mada, abrite les magasins de gros tenus par des négociants chinois, arabes et indiens.

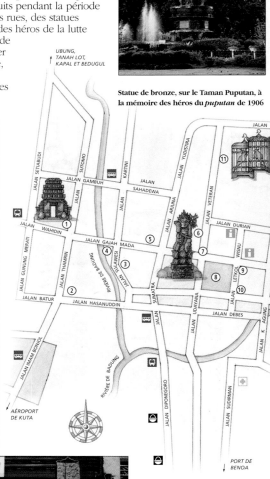

Statue de bronze, sur le Taman Puputan, à la mémoire des héros du *puputan* de 1906

🔲 Pasar Badung
Jalan Gajah Mada. ⬜ *t.l.j.*
Très coloré, le plus grand marché de la ville comprend une vaste section embaumée par les fleurs exotiques vendues pour la confection des offrandes *(p. 38)*. Fruits, légumes, viande et poisson s'entassent sur les étals du rez-de-chaussée. Les marchands de tissus, de vannerie et de vêtements, sarongs et costumes de danse traditionnels, entre autres, occupent le dernier étage.

🔲 Jalan Sulawesi
Cette rue commerçante abrite de nombreuses bijouteries travaillant à façon. Les clients y achètent l'or au gramme ; le prix dépend de sa pureté et du travail demandé. Les bijouteries vendent aussi un vaste choix de bijoux de style balinais ou occidental. Les boutiques de tissus proposent un large éventail, allant du batik à la dentelle parant le *kebaya,* corsage ajusté.

Éventaires de tissus sur Jalan Sulawesi

🔲 Jalan Gajah Mada
Plusieurs pittoresques herboristeries chinoises bordent cette artère animée à la chaussée encombrée. Toko Saudara compte parmi les mieux achalandées. Les autres magasins proposent aussi bien des appareils électroniques et des articles de sport que de l'artisanat ou des tissus traditionnels comme l'*ikat*.

✈ Taman Puputan

Jalan Udayana et Jalan Surapati.
Cette vaste place occupe l'emplacement où se dressait le palais des princes de Badung et une statue y commémore le *puputan* de 1906 (p. 49).

♤ Catur Muka

Angle nord-ouest du Taman Puputan.
Haute de 20 m, une statue du dieu hindou Vishnou veille sur le carrefour. Elle date des années 70 et son nom signifie « quatre visages ».

♤ Natour Bali Hotel

Jalan Veteran 3. ☎ (0361) 225 681.
Construit en 1928, le premier hôtel de luxe de Bali a accueilli des visiteurs célèbres comme Charlie Chaplin. Les plus grands artistes de l'île se sont produits devant ses hôtes dans le pavillon ouvert qui se trouve de l'autre côté de Jalan Veteran. Ces spectacles ont contribué au renom de la danse balinaise dans le monde entier.

Statue de Ngurah Rai (p. 51)

MODE D'EMPLOI

Carte routière C4. 🚌 depuis Kuta, Sanur et Nusa Dua.
🛈 Jalan Surapati 7, (0361) 223 602. 🎭 Festival des Arts de Bali : Taman Werdhi Budaya, juin-juillet (p. 41). 🍴 🏬 🏧 ♿

♤ Puri Pemecutan

Jalan Thamrin 2. ☎ (0361) 423 491.
◯ t.l.j.
Bâti après la destruction de son prédécesseur en 1906, ce palais incorpore un hôtel ouvert dans les années 80 et tenu par les descendants de la famille princière.

🎭 Taman Werdhi Budaya

Jalan Nusa Indah. ☎ (0361) 227 176.
◯ t.l.j. ● jours fériés.
Ce centre culturel comprend, au sein d'un vaste jardin, un musée proposant des expositions d'art contemporain, plusieurs salles de spectacle et un théâtre de verdure. Les représentations, nombreuses, ne suivent pas un programme régulier. Consultez le *Bali Post* et les brochures touristiques.

Le Pura Maospahit, l'un des plus vieux temples de Bali

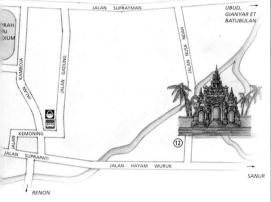

JALAN SUPRATMAN — UBUD, GIANYAR ET BATUBULAN

JALAN GADUNG — JALAN NUSA INDAH

KAMBOJA

KEMONING

SUPRAPATI

JALAN HAYAM WURUK — SANUR

RENON

0   500 m

DENPASAR

LÉGENDE

🛈   Information touristique

🚌   Terminus d'autobus

🚐   Station de *bemo*

➕   Hôpital

🏪   Marché

⛩ Pura Jagatnatha

Taman Puputan, Jalan Letkol Wisnu.
◯ t.l.j. 📷 contribution.
Ce temple des années 70 consacré à Sang Hyang Widhi Wasa, le dieu suprême, renferme un très haut *padmasana (p. 26)* de corail blanc. Il s'emplit de dévots à la pleine et à la nouvelle lune et, tous les quinze jours, pour Kajeng Kliwon, fête qui suit le calendrier balinais *(p. 39)*.

🏛 Musée de Bali

Jalan Letkol Wisnu. Voir p. 62-63.

🏪 Pasar Burung

Près de Jalan Veteran. ◯ t.l.j.
Le marché aux oiseaux retentit des trilles poussés par des chanteurs qui peuvent atteindre des prix très élevés tant les Balinais apprécient leurs vocalises. Les vendeurs proposent aussi de superbes cages, des poissons tropicaux et des coqs de combat.

⛩ Pura Maospahit

Jalan Sutomo, Grenceng.
● au public.
Les origines de ce temple, à la décoration élégante et mesurée, remontent à l'époque où les Mojopahit régnaient sur Bali entre le XIIIᵉ et le XVᵉ siècle *(p. 46)*. Les visiteurs n'ont pas accès à l'intérieur du sanctuaire, mais peuvent apprécier son architecture depuis la rue.

Denpasar : le musée de Bali

Hache rituelle de l'âge du bronze

Le Museum Negeri Propensi Bali occupe des bâtiments achevés en 1931 par l'architecte P.J. Moojen. La disposition des cours et l'ornementation des murs et des portails s'inspirent de celles d'un palais royal du Denpasar de jadis. Les pavillons *(gedung)* de Tabanan, de Karangasem et de Buleleng respectent le style des régions dont ils portent le nom. Ils abritent une collection qui offre un large aperçu des arts balinais et comprend des objets utilisés au quotidien pour les rituels et la vie domestique.

Portail cérémoniel
Des reliefs en pierre volcanique parent une structure en brique.

Portes sculptées
Ces portes dorées du XIXᵉ siècle ornaient un palais.

★ Les sculptures sur pierre
Les statues dressées sous le porche du pavillon, telle cette image de la maternité, datent des XVIᵉ-XIXᵉ siècles.

Masques
Ce masque rituel du sud de Bali fait partie d'une exposition qui compte également des marionnettes et des instruments de musique.

Canons de bronze
Un prince de Denpasar commanda au XVIIᵉ siècle ce canon à gueule de monstre et son jumeau.

D'élégants reliefs
décorent la base du belvédère.

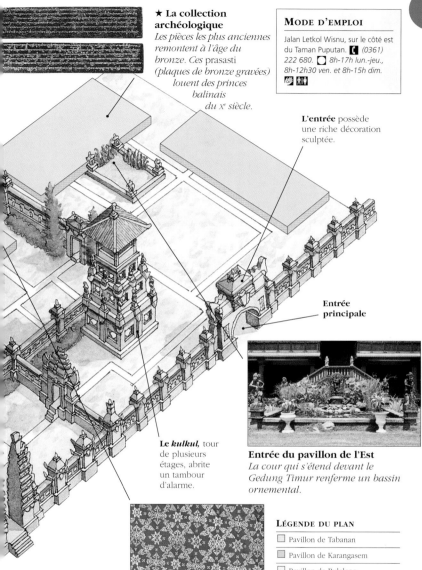

★ **La collection archéologique**
Les pièces les plus anciennes remontent à l'âge du bronze. Ces prasasti *(plaques de bronze gravées) louent des princes balinais du Xe siècle.*

MODE D'EMPLOI

Jalan Letkol Wisnu, sur le côté est du Taman Puputan. (0361) 222 680. 8h-17h lun.-jeu., 8h-12h30 ven. et 8h-15h dim.

L'entrée possède une riche décoration sculptée.

Entrée principale

Le *kulkul,* tour de plusieurs étages, abrite un tambour d'alarme.

Entrée du pavillon de l'Est
La cour qui s'étend devant le Gedung Timur renferme un bassin ornemental.

SUIVEZ LE GUIDE !
Le pavillon de Tabanan est réputé pour ses masques de théâtre et ses instruments de musique, celui de Karangasem abrite des peintures et des sculptures. Le pavillon de Buleleng présente une collection d'étoffes. Le Gedung Timur renferme des objets préhistoriques et, à l'étage, des sculptures sur bois.

★ **Les textiles**
La collection comprend des étoffes tissées dans les villages de Bali Aga (p. 10-11), comme ce brocard du nord de Bali, et des exemples de geringsing, *le double* ikat *de Tenganan.*

LÉGENDE DU PLAN

- Pavillon de Tabanan
- Pavillon de Karangasem
- Pavillon de Buleleng
- Pavillon de l'Est
- Bibliothèque

À NE PAS MANQUER

★ **Sculptures**

★ **Collection archéologique**

★ **Textiles**

Canggu ➋

Carte routière C4. **H** *Denpasar*
(0361) 223 602. **H 🖵 ⌇**

L'absence de restaurants et de vie nocturne donne à Canggu une atmosphère paisible qui offre un contraste reposant avec Kuta *(p. 68-69)*. Les surfeurs fréquentent l'endroit depuis les années 70, mais les vagues déferlent avec trop de force pour permettre une baignade agréable. Pratiquement déserte, la plage balayée par le vent se prête en revanche admirablement à une promenade à pied jusqu'à Seminyak. En arrière-plan s'étendent cocoteraies et rizières.

Les visiteurs qui s'intéressent à l'intégration d'éléments traditionnels dans l'architecture apprécieront les bungalows associant esthétique balinaise et confort moderne.

Récolte du riz et accueil touristique à Canggu

Il existe aussi plusieurs hôtels-boutiques *(p. 166)*, dont le Tugu *(p. 170)*, un « hôtel-musée » décoré d'antiquités : portes ornées de dragons sculptés par des Dayak de Bornéo et mobilier Arts déco de l'époque coloniale. Adrien Le Mayeur *(p. 50)*, qui épousa une Balinaise, a inspiré la décoration de la suite destinée aux jeunes mariés en lune de miel. Un pavillon rend hommage à Walter Spies. Le temple chinois en bois qui abrite le restaurant date du XVIIIᵉ siècle et provient du nord de Bali.

Sanur ➌

Statue du dieu hindou Ganesh au Pura Segara

U n ancien village de pêcheurs, l'un des plus gros villages traditionnels de Bali, constitue toujours le cœur de la plus ancienne station de villégiature de l'île. Il existe peu d'hôtels bon marché à Sanur. Le calme qui y règne séduit une clientèle familiale et tous ceux qui veulent profiter du confort et des équipements d'une ville balnéaire sans l'effervescence de Kuta. Dans le réseau de rues qui s'étend derrière une longue plage aux eaux paisibles, les boutiques proposent objets balinais et articles provenant d'autres îles indonésiennes. Étrangers et Balinais se côtoient dans les bars et les discothèques.

À la découverte de Sanur

Bordée de restaurants et de boutiques, Jalan Danau Tamblingan, la rue principale, court parallèlement à la mer. Longue de 5 km, elle relie le vieux village de Sanur à Blanjong et Mertasari, qui formaient jadis des localités distinctes. Le centre communautaire du Bale Banjar Batu Jimbar se trouve à mi-chemin. Des musiciens viennent y répéter et les femmes y préparer des offrandes. Le marché du Pasar Sindhu commence tôt le matin et permet d'acquérir à bas prix des articles comme des sarongs.

🅰 Pura Desa

Jalan Hang Tuah. **◯** *t.l.j.*
Dans le centre ancien, ce beau sanctuaire de village réputé pour la puissance spirituelle de ses prêtres date probablement du début du siècle dernier.

🏠 Musée Le Mayeur

Jalan Hang Tuah, via le Grand Bali Beach Hotel. **C** *(0361) 286 164.* **◯** *dim.-ven.* 🗲 📷
La maison construite dans les années 30 par le peintre belge Adrien Jean Le Mayeur, l'un des premiers résidents européens de Sanur, a été transformée en musée après la mort de sa femme en 1985. Elle abrite de nombreuses œuvres de l'artiste. Mayeur avait pour sujets préférés les scènes de la vie

La grand-rue de Sanur bordée de boutiques et de restaurants

quotidienne et les Balinaises, dont sa propre épouse, la talentueuse et célèbre danseuse Ni Polok.

🏨 Grand Bali Beach Hotel

Jalan Hang Tuah. **C** *(0361) 288 511.*
Le seul hôtel-tour de Bali a été rénové après un incendie en 1992 et d'immenses statues de style local l'ornent désormais. Après son achèvement en 1964, les autorités religieuses décidèrent d'interdire toute construction dont la hauteur dépasserait celle des cocotiers de l'île, arbres investis par les Balinais d'une grande valeur spirituelle.

Vue du Grand Bali Beach Hotel

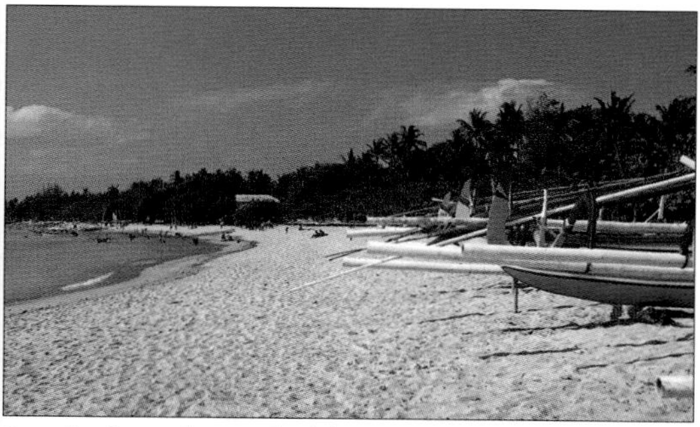

Sanur Beach et ses barques de pêche tirées sur le sable

⛱ Sanur Beach

La promenade pavée qui court le long de la majeure partie du front de mer a par endroits subi les affronts des tempêtes et des marées. Au large, d'énormes vagues déferlent sur une barrière de corail et des courants rendent la baignade dangereuse. Entre le récif et le sable blanc de la plage, l'eau est calme, mais si peu profonde qu'il est impossible d'y nager à marée basse. Le lagon se prête surtout à la découverte, avec masque et tuba, de créatures marines telles que coraux, bernard-l'hermite, oursins, étoiles et concombres de mer. On peut aussi faire des promenades en *jukung*, la barque balinaise traditionnelle à balancier.

⛩ Pura Segara

Jalan Segara Ayu, ou depuis Sanur Beach. *t.l.j.* 💰 *contribution.*

Bâti dans le parc du Segara Village Hotel, mais accessible au public, ce temple de plage construit en corail possède un pavillon des offrandes à la forme pyramidale sans équivalent à Sanur. Son architecture prouverait l'origine préhistorique du sanctuaire.

Mode d'emploi

Carte routière C5. ℹ *Denpasar (0361) 223 602.* 🚌 🚐 ⛴ *pour Nusa Penida et Nusa Lembongan.* 🎭 *danse traditionnelle dans certains restaurants.* 🍴 ☕ 🛍 🛏

✱ Bali Hyatt Hotel

Jalan Danau Tamblingan.

☎ *(0361) 281 234.*

Le Bali Hyatt *(p. 173)* mérite qu'on vienne au moins y prendre un verre ou un repas pour découvrir le jardin dessiné par l'Australien Made Wijaya, un architecte-paysagiste réputé.

⛩ Pura Belanjong

Jalan Danau Poso. 🕐 *t.l.j.*

Ce sanctuaire d'aspect assez anodin renferme une colonne très ancienne connue sous le nom de Prasasti Blanjong. Un édit daté de l'an 914, le plus ancien jamais retrouvé à Bali, est inscrit sur celle-ci. Il révèle que Sanur était un port de commerce animé il y a plus de mille ans mais le texte, bien qu'il a été écrit dans une forme de sanscrit, n'a pu être entièrement déchiffré.

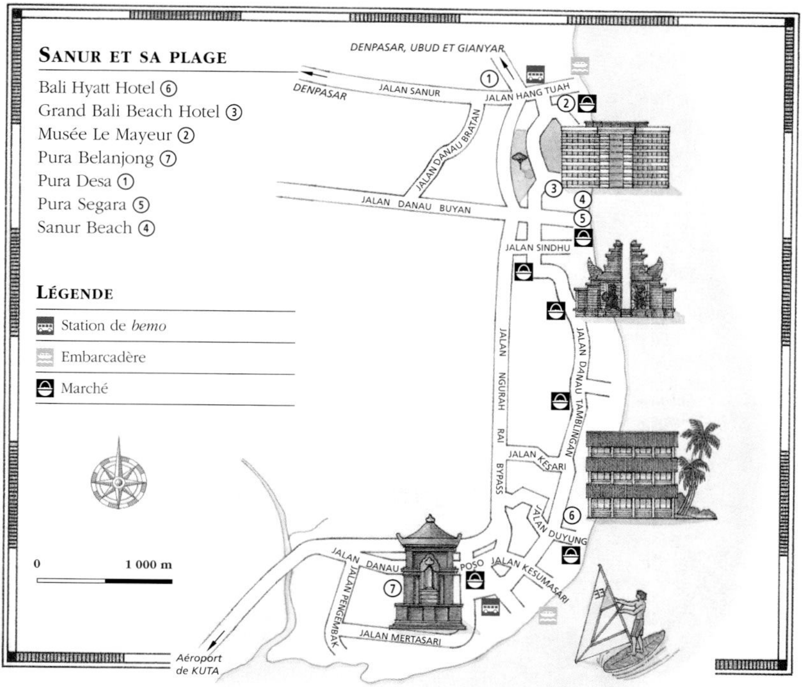
SANUR ET SA PLAGE
Bali Hyatt Hotel ⑥
Grand Bali Beach Hotel ③
Musée Le Mayeur ②
Pura Belanjong ⑦
Pura Desa ①
Pura Segara ⑤
Sanur Beach ④
LÉGENDE
Station de *bemo*
Embarcadère
Marché
0 1 000 m
DENPASAR, UBUD ET GIANYAR
DENPASAR
JALAN SANUR
JALAN HANG TUAH
JALAN DANAU BRATAN
JALAN DANAU BUYAN
JALAN SINDHU
JALAN NGURAH RAI BYPASS
JALAN DANAU TAMBLINGAN
JALAN KESARI
JALAN DUYUNG
JALAN DANAU POSO
JALAN KESUMASARI
JALAN PENGEMBAK
JALAN MERTASARI
Aéroport de KUTA

Kuta et Legian 4

Kuta possède toujours sa longue plage de sable, mais les *losmen* à un dollar la nuit où logeaient routards et surfeurs dans les années 70 ont disparu. La station balnéaire est aujourd'hui fréquentée en permanence par des milliers de vacanciers *(voir le plan pas à pas p. 68-69)*. Ses bars de nuit et ses innombrables boutiques comptent parmi ses principales attractions. L'agglomération s'est tellement étendue qu'elle a absorbé Legian et se déploie maintenant jusqu'à Tuban au sud et Seminyak au nord.

À la découverte de Kuta et Legian

Le principal pôle touristique de Bali constitue une bonne base pour partir à la découverte d'autres parties de l'île. Il ne présente toutefois pas d'intérêt culturel ou historique et offre peu d'activités hormis la fréquentation des boutiques, des bars et des discothèques. Le restaurant Made's Warung *(p. 184)* offre un cadre agréable et informel où se détendre. Le dédale de ruelles de Legian renferme de nombreux hébergements bon marché.

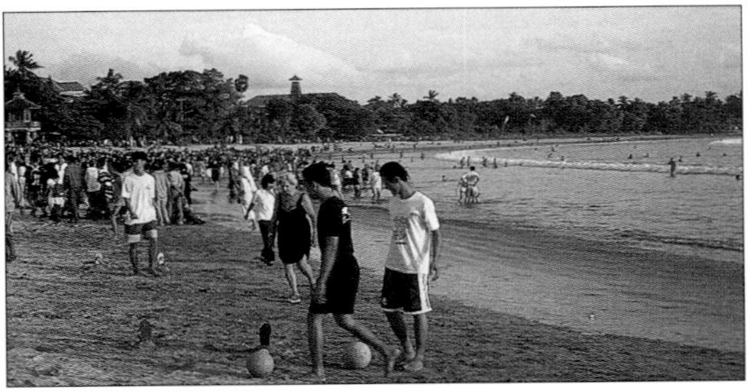

Moment de détente partagé par visiteurs et Balinais sur la plage de Kuta

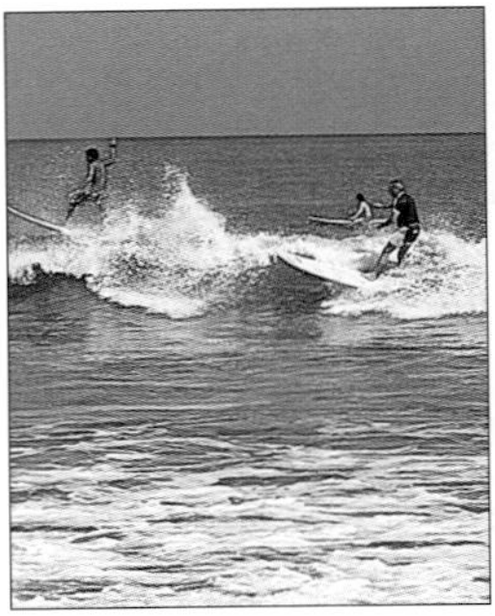

Les vagues de Kuta conviennent à des surfeurs de tous niveaux

⛱ Kuta Beach

Longue de plus de 3 km, et prolongée par Legian Beach au nord de Jalan Melasti, la plage de Kuta se prête bien au surf, y compris pour des débutants, et il est possible d'y louer des planches. La force des courants et la violence des vagues rendent toutefois la baignade dangereuse hors des zones de sécurité signalées par des drapeaux. Les vendeurs ambulants peuvent se révéler importuns, mais ils permettent à tout moment de prendre une boisson fraîche ou de bénéficier d'un massage.

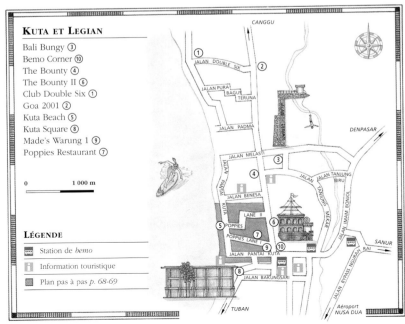

Kuta et Legian

Bali Bungy 3
Bemo Corner 10
The Bounty 4
The Bounty II 6
Club Double Six 1
Goa 2001 2
Kuta Beach 5
Kuta Square 8
Made's Warung 1 9
Poppies Restaurant 7

0 — 1 000 m

Légende

Station de *bemo*
Information touristique
Plan pas à pas *p. 68-69*

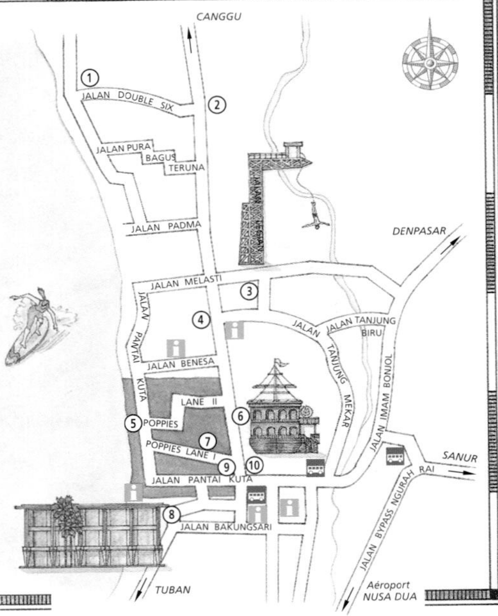
CANGGU
JALAN DOUBLE SIX
JALAN PURA
BAGUS
TERUNA
JALAN LEGIAN
JALAN PADMA
DENPASAR
JALAN MELASTI
JALAN PANTAI KUTA
JALAN TANJUNG BIRU
JALAN BENESA
TANJUNG MEKAR
JALAN IMAM BONJOL
LANE II
POPPIES
POPPIES LANE I
SANUR
JALAN PANTAI KUTA
JALAN BYPASS NGURAH RAI
JALAN BAKUNGSARI
TUBAN
Aéroport
NUSA DUA

■ Poppies Lanes I & II

Dans une partie de la ville à l'atmosphère détendue, à l'écart du bruit et de la circulation des artères principales, ces deux ruelles abritent de nombreux hôtels, des bars, des petites boutiques et des éventaires. Elles doivent leur nom au réputé Poppies Restaurant *(p. 185)*.

■ Jalan Legian

L'artère commerciale de Kuta court parallèlement à la mer depuis le Bemo Corner, au sud, un carrefour très fréquenté. La rue regroupe de nombreux établissements de services, entre autres des banques et des agences de voyages et de location de voiture.

Bars et night-clubs abondent, et certains sont devenus de véritables curiosités, tels le Bounty et le Bounty II.
Les amateurs de sensations fortes pourront faire le grand saut au Bali Bungy *(p. 207)* voisin. L'élégant Goa 2001 occupe un bâtiment en forme de pavillon balinais.

e de Bhima
alan Bypass

AUX ENVIRONS

Les autorités ont récemment orné la ville de plusieurs monuments. L'un d'eux, une statue moderne de Bhima, un des héros du *Mahabharata*, s'élève à la sortie de Kuta sur Jalan Bypass Ngurah Rai.

Boutique d'artisanat, de Bali et
d'ailleurs, sur Jalan Legian

Partie de volley-ball dans une piscine du Waterbom à Tuban

Seminyak ❺

Carte routière C5. 🚌 *depuis Kuta.*
🛈 *Kuta, (0361) 756 176.* 🍽 🛒 🏨 🌊

La localité de Seminyak, qui s'étend dans le prolongement de Legian, est elle aussi devenue un important centre touristique. Quelques bonnes boutiques de mode proposent du prêt-à-porter bon marché, mais élégant, fabriqué dans la région. L'**Oberoi Hotel** *(p. 173)* possède un jardin très agréable qui domine la mer.

Plus on se dirige vers le nord et plus la nature reprend ses droits au bord de la plage. Des pandanus, qui poussaient jadis sur tout le littoral, remplacent peu à peu les constructions humaines.

Écharpe en vente
à Seminyak

AUX ENVIRONS

Une courte promenade sur la plage au nord de Seminyak conduit au **Pura Peti Tenget,** le temple du « coffre magique » qui s'élève à huit mètres au-dessus de la chaussée. Sa fondation, par Dang Hyang Nirartha *(p. 46-47)*, remonte au XVIᵉ siècle.

Toujours plus au nord, entre Seminyak et Kerobokan, la route traverse une zone de fabrication de meubles *(p. 194)* où abondent les magasins.

▲ Pura Peti Tenget

Jalan Kayu Aya. ⭘ *t.l.j.* 💳 *contribution.*

Tuban ❻

Carte routière C5. 🚌 *depuis Kuta.*
🛈 *Kuta, (0361) 756 176.* 🍽 🛒 🏨 🌊

Il est difficile de savoir où s'arrête Kuta et où commence Tuban, bien que les rues de cette dernière localité obéissent à un quadrillage plus large qu'à Kuta. De grands hôtels de luxe aux jardins spacieux bordent la plage. Le grand magasin Matahari marque la limite nord de Tuban. Il propose un large éventail d'objets usuels, de T-shirts et d'artisanat. Près du Matahari, les visiteurs peuvent effectuer une promenade en *dokar.* Ces voitures peintes de couleurs vives et tirées par de petits chevaux rustiques sont un mode de transport traditionnel de l'île de Sumba.

Une autre attraction très populaire, le **Waterbom Park and Spa** *(p. 201)*, renferme plusieurs bassins agrémentés de toboggans et offre un cadre agréable pour se détendre ou prendre un repas.

Tuban sert aussi de point de départ aux surfeurs expérimentés qui se risquent sur les déferlantes de Kuta Reef, au large de Jimbaran *(p. 74)*. Des pêcheurs louent leurs services et permettent de rejoindre ces vagues impressionnantes dans des pirogues à balancier motorisées.

Kuta pas à pas

Cerf-volant coloré

La magnifique plage qui a valu à Kuta de devenir le pôle touristique le plus développé de Bali s'étendait jadis devant des plantations de cocotiers et de bananiers. Des rues bordées d'hôtels, de bars, de restaurants, de boîtes de nuit, de loueurs de voitures et de magasins, petits et grands, les ont remplacées. Dans les ruelles transversales abondent des éventaires chargés d'articles destinés aux visiteurs du monde entier, ainsi que des *losmen (p. 166)* offrant un hébergement bon marché. Sur la plage, de nombreuses masseuses proposent leurs agréables services pour une somme modique. Chacun peut séjourner à Kuta selon ses moyens.

Panneaux publicitaires sur Jalan Legian *(p. 67)*

★ Poppies Lane II
Boutiques, éventaires, restaurants et hébergements bon marché bordent cette ruelle.

★ Kuta Beach
On vient bronzer, se baigner et faire du surf sur la longue plage de sable qui s'étend au nord jusqu'au-delà de Seminyak.

Vers Legian ← JALAN PANTAI KUTA

À NE PAS MANQUER
★ Poppies Lanes
★ Kuta Beach
★ Kuta Square

★ Poppies Lane I
Cette ruelle reliant l'artère principale et le front de mer doit son nom à l'un des plus vieux restaurants de Kuta.

Mode d'emploi

Carte routière C5. 🚌 🚍
ℹ️ *Jalan Bunesari 36B,
(0361) 765 242 ; Jalan Bakung
Sari 1, (0361) 251 419 ; Jalan
Raya Kuta 2, (0361) 756 176.*
🍴 🖥️ 🏧 ❧

Bemo Corner
Le « coin des bemo *» se trouve au croisement de deux rues
commerçantes animées.*

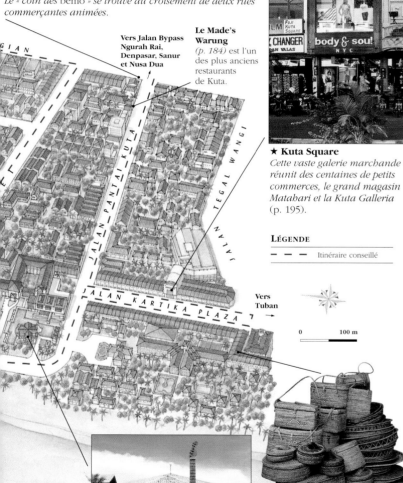

**Vers Jalan Bypass
Ngurah Rai,
Denpasar, Sanur
et Nusa Dua**

**Le Made's
Warung**
(p. 184) est l'un
des plus anciens
restaurants
de Kuta.

★ **Kuta Square**
*Cette vaste galerie marchande
réunit des centaines de petits
commerces, le grand magasin
Matahari et la Kuta Galleria
(p. 195).*

Légende

– – – Itinéraire conseillé

**Vers
Tuban**

0   100 m

Hard Rock Café
*Cet hôtel, le seul
de la chaîne en
Asie, possède la
plus grande
piscine de Bali.*

Kuta Art Market
*Ce marché offre un large choix
d'objets artisanaux fabriqués à
Bali et dans d'autres îles de
l'archipel indonésien,
notamment de la vannerie.*

Bateaux à quai à Pelabuhan Benoa

Pelabuhan Benoa ❼

Carte routière C5. 🚗 🚌 *depuis Denpasar (des services de navette relient certains hôtels et Benoa).* 🚢 *vers Lembar, sur Lombok.* 📷

L e port de Benoa séduira tous les amateurs de bateaux car il abrite souvent un bel éventail d'embarcations traditionnelles de l'archipel indonésien. *Pinisi,* voiliers à larges baux du sud de Sulawesi utilisés pour le transport de marchandises ou bateaux de pêche peints de couleurs vives de Madura, île située au nord-est de Java, accostent dans ses eaux tranquilles.

Agences et particuliers proposent un immense choix d'excursions et de locations, qu'il s'agisse de passer une journée sur l'île de Nusa Lembongan *(p. 74)* ou de partir en promenade en yacht ou sur une barque bugi. Il existe aussi des croisières jusque dans les petites îles de la Sonde comme Komodo.

Pulau Serangan ❽

Carte routière C5. 📷

S éparée de l'arc sud de la plage de Sanur par une zone de mangrove connue sous le nom de Suwungwas, l'île de Serangan est encore parfois appelée « île des Tortues » en souvenir des tortues de mer qui venaient jadis y déposer leurs œufs. Le drainage entrepris dans le cadre des travaux d'aménagement nécessaires à un projet hôtelier a beaucoup agrandi sa superficie, et un pont la relie désormais au continent. Des Balinais montent une garde officieuse à son entrée et réclament un petit droit de passage. La population de Pulau Serangan comprend des Bugis *(p. 135).* Venus du sud de Sulawesi, leurs ancêtres arrivèrent probablement au XVIIe siècle.

Serangan abrite le **Pura Sakenan,** l'un des six temples les plus sacrés de Bali. Les avis sur sa fondation divergent, certains l'attribuant au moine hindou du XVIe siècle Dang Hyang Nirartha *(p. 46-47),* d'autre à un prêtre errant javanais du XIe siècle : Mpu Kuturan. La pyramide à étage élevée en corail dans la cour intérieure évoque certains sanctuaires polynésiens. L'anniversaire du temple coïncide avec Manis Kuningan *(p. 43)* et donne lieu à une fête animée.

L'île ménage un point de vue dégagé et permet d'admirer les navires qui rentrent à Port Benoa à la fin de la journée. Le panorama s'étend à l'est jusqu'aux îles de l'archipel de Penida *(p. 74-75).* Il devient particulièrement spectaculaire au coucher du soleil.

🅰 Pura Sakenan
Pulau Serangan. ⬤ *t.l.j.* 📷 *contribution.* 📷 *Manis Kuningan.*

Tanjung Benoa ❾

Carte routière C5. 🚗 🚌 *depuis Nusa Dua.* ℹ️ *Denpasar, (0361) 223 602.* 🍴 📷 📷 📷

S éparé de Pelabuhan Benoa par un étroit bras de mer, le cap Benoa est une longue langue de sable qui a donné son nom au petit village de pêcheurs situé sur sa pointe. Ce village était jadis un port de commerce et sa population compte quelques Chinois et des Bugis. Ces derniers se retrouvent à la mosquée pour prier. Des temples en calcaire accueillent les rituels des Balinais de souche. Des pêcheurs de toutes les religions fréquentent un vieux sanctuaire chinois dans l'espoir que l'augure leur donne des indications pour faire de bonnes prises.

Décor mural de la mosquée de Tanjung Benoa

Depuis Nusa Dua, une route récente conduit à la pointe de la péninsule et des hôtels, des établissements de bains et des restaurants spécialisés dans le poisson grillé se sont multipliés des deux côtés.

Le bruit des jet-skis et des bateaux à moteur nuit au calme de la plage. Ses eaux paisibles se prêtent à la baignade, et de nombreuses activités, dont le ski nautique, la pêche au gros et la parapente peuvent s'y pratiquer. Des croisières organisées permettent aux nageurs de découvrir des eaux riches en coraux et en poissons tropicaux.

Vieux temple chinois de Tanjung Benoa

◁ **Les danseurs de** *kecak,* **accompagnés par un chœur masculin, illustrent des épisodes du** *Ramayana*

Le très réputé Bali Golf and Country Club et les hôtels en bord de mer de Nusa Dua

Nusa Dua ⓾

Carte routière C5. 🚗 🚌
📍 Denpasar, (0361) 223 602.
🏨 🍴 🏪 ✈

Le nom de cette enclave chic et fermée signifie « Deux Îles » et fait référence aux deux péninsules que forme la côte. La station balnéaire se compose principalement de complexes hôteliers de luxe donnant sur

Portail fendu à l'entrée du Nusa Dua Beach Hotel

des plages de sable soigneusement entretenues. Bordée de rangs de statues, la route d'accès franchit un grand *candi bentar* (portail fendu). De part et d'autre, des grenouilles sculptées font office de figures protectrices.

Le calme règne à l'intérieur de l'enclave interdite aux marchands ambulants. Les entrées des hôtels rivalisent de splendeur, au point qu'on a qualifié leur style de « baroque balinais ».

Les enfants apprécieront les bassins du Hilton Hotel où des milliers de carpes koï multicolores nagent parmi les nénuphars. Le golf du Bali Golf and Country Club *(p. 204)* s'étend sur trois types de terrains : colline, cocoteraie et littoral. Nusa Dua renferme aussi le Bali International Convention Centre et une galerie marchande, la Galleria, qui regroupe des restaurants, des magasins, un supermarché et un théâtre. Ce dernier accueille régulièrement des spectacles de danse.

AUX ENVIRONS
Un village animé, **Bualu,** s'étend à la sortie de Nusa Dua. Restaurants de poisson et boutiques d'artisanat bordent ses rues. Entre les hôtels Sheraton et Hyatt, un promontoire s'enfonce dans la mer. Celui-ci ménage une belle vue et plusieurs sanctuaires s'y dressent au sein d'une flore indigène. Le Nikko Hotel, proche d'une

plage fréquentée par des surfeurs, propose des safaris à dos de chameau dans les collines arides des environs.

Des plages splendides jalonnent la côte sud. Elles sont souvent difficiles d'accès, mais beaucoup se prêtent au surf. Les débutants doivent cependant se méfier de la force des vagues et des courants. À l'ouest de Nusa Dua, sur la route d'Uluwatu, le centre culturel **GWK** (Garuda Wishnu Kencana, ou « Garuda Vishnou doré ») comportera, à son achèvement en 2003, une effigie de l'oiseau mythique Garuda et du dieu hindou Vishnou dont il est la monture. Sa taille, très controversée, dépassera celle de la statue de la Liberté de New York. Le centre accueille déjà des expositions et des spectacles.

🏛 **GWK**
Jalan Raya Uluwatu, Bukit Ungasan, Jimbaran. 📞 (0361) 703 603.

L'hôtel de luxe l'Amanusa domine le golf de Nusa Dua

Sur la plage de Jimbaran, des paillotes servent d'excellents poissons grillés

Jimbaran ⓫

Carte routière C5. ⬛ *Denpasar, (0361) 223 602.* ⬛⬛⬛⬛

Proche de l'aéroport, le gros village de Jimbaran abrite de nombreux enclos domestiques qui suivent le plan traditionnel balinais *(p. 28-29)*. Ses habitants continuent d'y vivre selon les traditions balinaises. Plusieurs complexes hôteliers parmi les plus luxueux de l'île ont ouvert à proximité, dont le Four Seasons Resort *(p. 170)*. Jimbaran possède une très jolie plage de sable qui s'étire en un long croissant de lune. Une mer relativement calme permet la baignade et la pratique de diverses activités nautiques comme la voile.

Par temps clair, une vue spectaculaire porte à l'est jusqu'aux trois cimes du Gunung Batukau *(p. 133)* et, à l'ouest, jusqu'aux Gunung Batur *(p. 120-121)*, Gunung Agung *(p. 144)*, Gunung Abang *(p. 121)* et Gunung Seraya *(p. 103)*.

Des paillotes spécialisées dans les grillades sur des feux de noix de coco bordent la plage. Les clients choisissent les poissons et les fruits de mer qu'ils désirent, les serveurs les font ensuite griller avant de les apporter à leur table.

Jimbaran conserve une importante communauté de pêcheurs composée en grande partie d'immigrants de Java et de Madura. Leurs cabanes se dressent en front de mer et amarrés au large, leurs bateaux multicolores aux hautes proues et poupes

dansent sur les vagues. Les bateaux aux lanternes allumées offrent un superbe spectacle quand ils lèvent l'ancre au coucher du soleil.

Dans les rouleaux de Kuta Reef, près de Jimbaran

AUX ENVIRONS
Kuta Reef, l'un des plus célèbres spots de surf de Bali, se trouve à peu près à mi-chemin entre l'aéroport international Ngurah Rai et le parc du Four Seasons Resort. Il est accessible en pirogue à balancier depuis Tuban *(p. 69)* ou Jimbaran.

Au sud de Jimbaran, la **péninsule de Bukit** aux paysages arides séduira les amateurs de solitude. Des falaises de calcaire rendent inhospitalière une grande partie du littoral, mais il existe quelques autres spots de surf réputés près du Pura Luhur Uluwatu.

Pura Luhur Uluwatu ⓬

Voir p. 76-77.

Nusa Lembongan ⓭

Carte routière E4. ⬛ *depuis Sanur, Kusamba et Padang Bai.* ⬛ *Klungkung, (0366) 21 448.* ⬛⬛⬛

Cette petite île aux eaux limpides reçoit surtout des visiteurs venus pour la journée prendre le soleil sur ses plages, découvrir les magnifiques fonds coralliens ou glisser sur des vagues réservées aux surfeurs confirmés. Plusieurs compagnies assurent des navettes depuis Bali, dont *Bali Hai Cruises (p. 207)*. Des indépendants relient également Bali à Nusa Lembongan sur des embarcations traditionnelles comme les *pinisi* de l'île de Sulawesi. Tous louent généralement masques et tubas.

Les voyageurs à petit budget trouveront des *losmen (p. 166)* en bord de mer au village de Jungutbatu. Belle et paisible, peuplée de nombreux oiseaux, l'île mérite qu'on en fasse le tour en vélo ou en moto. L'intérieur des terres recèle une vaste habitation troglodyte : la « **Cavehouse** » creusée par un prêtre qui avait reçu en rêve l'ordre de vivre dans le ventre de la Terre. Abandonnée depuis sa mort, elle reste une curiosité. Près du village de Lembongan, une passerelle permet de rejoindre l'îlot voisin de Nusa Ceningan où se trouve un petit village de pêcheurs.

Nusa Lembongan possède des fonds superbes à découvrir au tuba

NUSA LEMBONGAN
Pura Ped
Cavehouse
Toyapakeh
NUSA
CENINGAN
Goa Karangsari
Suana
Batumadeg
Pura Batu Kuring
Semaya
NUSA PENIDA

LÉGENDE

Embarcadère

Spot de surf

Site de plongée

0   10 km

Le Pura Batu Kuning, sur la côte est de Nusa Penida

Nusa Penida ⓮

Carte routière E5 et F5. 🛥 *depuis Sanur, Kusamba et Padang Bai.* 🛈 *Klungkung, (0366) 21 448.* 🏨 🍴 🛍

Ancienne colonie pénitentiaire du raja de Klungkung, cette île peu fréquentée ne possède que quelques *losmen* pour tout équipement hôtelier et attire principalement des baroudeurs. Les arts et la langue balinais y ont subi moins d'influences que sur le continent. Les paysages rappellent par leur aridité les collines calcaires de la péninsule de Bukit. En direction de la côte sud, où de hautes falaises blanches dominent de petites criques en général inaccessibles, quelques collines plus verdoyantes permettent la culture du coton. Celui-ci est utilisé pour tisser le *cepuk,* une forme d'*ikat (p. 37)* censé posséder des pouvoirs magiques et protecteurs. Les algues cultivées partout où les conditions l'autorisent sont employées dans l'industrie des cosmétiques.

Selon la légende, l'île servit de refuge à Ratu Gede Mecaling, le « Roi des Pouvoirs magiques » maître des créatures démoniaques appelées *leyak.* Elle abrite plusieurs temples intéressants, dont le **Pura Ped** bâti au centre d'un grand bassin agrémenté de lotus dans le village de Toyapakeh. Les sculptures du **Pura Batu Kuning,** près de

Sculpture du Pura Ped

Semaya, comprennent des reliefs érotiques. Des créatures marines telles que crabes et coquillages apparaissent dans le décor sculpté du *pura desa,* ou sanctuaire de village, de **Batumadeg.** Un peu au sud de Suana, la grotte sacrée **Goa Karangsari,** peuplée de chauves-souris et longue d'environ 300 m, traverse la montagne ; une lampe de poche est indispensable pour la visiter. Nusa Penida se prête à de belles promenades à pied. Les *bemo* ne la desservent pas en totalité et les motards devront souvent emprunter des pistes ou des routes en mauvais état, mais il est possible de louer une voiture avec chauffeur.

Dans des eaux cristallines réputées pour la force des courants, les plongeurs expérimentés peuvent découvrir de belles formations coralliennes, en particulier au large de la côte sud, une région fréquentée en décembre et en janvier par des poissons-lunes géants *(p. 210-211).* Quelquefois, des pèlerins et des requins-baleines se risquent aussi près du littoral. De nombreux plongeurs apprécient les eaux plus calmes et les fonds moins profonds du nord de l'île, en particulier dans le détroit entre Nusa Penida et Nusa Lembogan. La plupart passent par des agences de Sanur. Des liaisons régulières en bateau permettent de rejoindre Nusa Lembongan depuis le village de Toyapakeh.

En plongée au large de Nusa Penida

Le Pura Luhur Uluwatu ⓬

Le temple qui domine la mer à la pointe occidentale de la péninsule de Bukit n'est pas seulement l'un des sanctuaires les plus sacrés de l'île, mais aussi l'un des plus beaux exemples d'architecture classique balinaise. La tradition attribue sa fondation, au XIe siècle, au Javanais Mpu Kuturan et sa reconstruction,

Singe du temple quelque cinq cents ans plus tard, au réformateur Dang Hyang Nirartha. Ce dernier fut déifié après sa mort sous le nom de Betara Sakti Wawu Rauh *(p. 46-47)*. Jusqu'au début du XXe siècle, seuls les princes de Denpasar avaient le droit de participer au culte. Rafraîchie par la brise, la fin de l'après-midi est idéale pour visiter le temple.

★ **Le *meru* à trois étages**
La pagode est dédiée à Nirartha qui atteignit l'illumination au temple.

Cour
réservée au culte.

Vue du temple
Le Pura Luhur Uluwatu occupe un site superbe au sommet d'un promontoire battu par les vagues. On aperçoit parfois au large des tortues et des dauphins.

Escalier
Le temple domine la mer d'une hauteur de deux cents mètres.

À NE PAS MANQUER

★ *Meru* à trois étages

★ **Portail principal**

★ *Candi bentar*

★ **Le portail principal**
Percé d'une arche inhabituelle, le haut portail de la cour réservée au culte symbolise le Meru, la montagne sacrée. Il porte à son sommet une tête de kala, un démon aux yeux globuleux censé repousser les esprits malins.

MODE D'EMPLOI

Fin de Jalan Uluwatu. **Carte routière** B5. 🚗 🚌 🕐 *8h-19h t.l.j.* ⬤ *pour les fêtes.*
🎭 🎟 *danse Kecak : 18h t.l.j.*
📅 *anniversaire du temple selon le calendrier balinais.*

Statues de Ganesh
Ces effigies du dieu à tête d'éléphant, le fils de Shiva, offrent un magnifique exemple de sculpture balinaise.

Le jero tengah,
la cour centrale, ménage un magnifique panorama.

★ **Le candi bentar**
Le « portail fendu » qui s'ouvre au sommet des marches menant au temple possède une riche décoration.

L'astasari
reçoit les offrandes de fête.

Entrée

Des images de Brahma et de Vishnou ornent cet autel dédié à Dang Hyang Nirartha.

Les bale tajuk sont consacrés aux gardiens spirituels de Nirartha.

LE CENTRE DE BALI

Des centaines de villages se nichent parmi les rizières en terrasses sur les pentes sud qui dominent la plaine côtière. Berceau de la société traditionnelle balinaise, cette région correspond à la régence (et ancien royaume) de Gianyar. Le raffinement des arts – danse, théâtre, musique, peinture, sculpture et orfèvrerie – reflète l'influence des nombreuses familles nobles (puri) qui le composaient.

Parmi les nombreuses rivières qui creusent les flancs du Gunung Batur, la tumultueuse Ayung et la Melangit marquent respectivement les frontières occidentale et orientale de la régence de Gianyar. Entre la Petanu et la Pakrisan subsistent les vestiges d'une des plus anciennes civilisations de Bali : le royaume hindo-bouddhiste qui, du IXᵉ au XIᵉ siècle, étendit son influence sur l'île depuis les actuels Pejeng et Bedulu. Le siège du pouvoir se déplaça à l'est, à Klungkung, après la conquête mojopahit au XIVᵉ siècle, mais la région retrouva son lustre au XVIIIᵉ quand s'imposèrent les principautés de Sukawati et de Gianyar. Les familles nobles rivalisèrent pour affirmer leur prestige en finançant réalisations architecturales et arts rituels.

C'est le maître d'Ubud, sous le titre de Cokorda Gede Sukawati, qui s'imposa à la fin du XIXᵉ siècle. Les Hollandais annexèrent son État en 1906, mais son successeur sut encourager la création artistique et attirer des peintres et des intellectuels étrangers. Plusieurs s'établirent dans la région au cours des années 30, et elle acquit alors un grand prestige culturel. La région est également appréciée pour la qualité de sa cuisine et l'hospitalité de ses habitants. De nombreux agriculteurs se sont tournés vers l'artisanat et le tourisme contribue aujourd'hui à entretenir certaines traditions locales.

Les températures fraîchissent quand on quitte la plaine côtière pour grimper les pentes creusées de vallons et de gorges du centre de Bali.

La vallée de l'Ayung vue de l'hôtel Chedi, près d'Ubud

◁ Portail du *pura desa* (temple de village) de Peliatan

À la découverte du centre de Bali

Plus authentique que le sud balnéaire, le centre de Bali est réputé pour la peinture, l'artisanat, la danse et la musique. Ubud constitue une bonne base pour explorer la région. Beaucoup d'autres villages et monuments dignes d'intérêt bordent les routes qui serpentent sur les contreforts du Gunung Batur depuis la plaine côtière. Entre des pentes verdoyantes où s'accrochent des rizières en terrasses, les rivières ont creusé de splendides gorges. Le parc ornithologique et le parc de reptiles aménagés près de Singapadu offrent un cadre agréable.

Le Pura Pengastulan de Bedulu

CIRCULER

La principale voie de communication dans le centre de Bali passe par les villages d'artisans de Batubulan, Celuk, Sukawati, Batuan, Mas et Ubud. Depuis Batubulan, la route de Singapadu coupe tout droit au nord. Des *bemo* circulent sur les deux, mais les taxis ne sont pas aussi nombreux que dans le sud de Bali. Au nord d'Ubud, trois routes parallèles grimpent vers le Gunung Batur et Kintamani *via*, respectivement, Payangan, Tegallalang et Tampaksiring. Les autobus publics circulant entre Denpasar et Singaraja, la grande ville de la côte nord, desservent la région, mais les complexes hôteliers du sud de Bali proposent des navettes pour Ubud beaucoup plus confortables. La bicyclette et la moto, si plaisantes en zone rurale, se révéleront peu agréables sur les grandes routes encombrées du sud d'Ubud.

Gunung Batur

A TIRTA
UL
NUMENTS ROYAUX
GUNUNG KAWI

Bangli

SIDAN

8 GIANYAR

Klungkung

Boutique de sculpture sur bois dans le village de Mas

LA RÉGION D'UN COUP D'ŒIL

Batuan **6**
Batubulan **1**
Bedulu **10**
Blahbatuh **7**
Celuk **4**
Gianyar **8**
Goa Gajah **11**
Gorge de l'Ayung **15**
Mas **9**
Monuments royaux
  de Gunung Kawi **21**
Parc de reptiles de Bali **3**

Parc ornithologique de Bali
  p. 84-85 **2**
Pejeng **16**
Peliatan **13**
Petulu **17**
Pura Tirta Empul **22**
Sanggingan **14**
Sebatu **19**
Sukawati **5**
Taro **20**
Tegallalang **18**
Ubud p. 88-95 **12**

VOIR AUSSI

• **Hébergement** p. 174-176

• **Restaurants** p. 187-189

0   3 km

LÉGENDE

▬▬ Route principale

══ Route secondaire

═══ Cours d'eau

⚜ Point de vue

Cueillette de noix de coco près d'Ubud

Danse du *kriss* lors du combat mythique entre Barong et Rangda, spectacle présenté tous les jours à Batubulan

Batubulan ❶

Carte routière C4. 🚗 🚌 ℹ️
Denpasar, (0361) 223 602. 🍴 🛍️

Bien que l'agglomération de Denpasar soit en train d'absorber ce gros village et que des boutiques vendant du mobilier « ancien » bordent désormais sa grand-rue, Batubulan reste un centre renommé de sculpture sur pierre. Les artisans à l'œuvre dans d'innombrables ateliers, indifférents au bruit de la circulation, créent aussi bien des formes modernes que des images religieuses ou mythologiques.

Le temple du village, le **Pura Puseh,** offre un bel exemple du *paras,* le tuf volcanique gris utilisé partout à Bali.

Batubulan possède plusieurs troupes de danse, notamment la compagnie **Denjalan** qui interprète tous les matins le combat mythique entre Barong et Rangda *(p. 25).* Elle se produit en alternance une semaine au Pura Puseh et l'autre au *bale banjar,* le pavillon communautaire. Ces représentations quotidiennes gardent une dimension rituelle même si elles ont été organisées depuis les années 30 pour permettre aux visiteurs étrangers de prendre des photographies. Il existe plusieurs autres lieux de spectacle. L'un d'eux propose

le samedi soir des danses *kecak* et *sanghyang* qui sont traditionnellement des danses de transe.

🏛️ Pura Puseh
Route principale, Batubulan. ⭕ *t.l.j.*
🖼️ *contribution.*
🎭 Denjalan
📞 *(0361) 298 038 ou (0361) 298 282. Représentations : 9h30 t.l.j.* 🖼️

Parc ornithologique de Bali ❷

Voir p. 84-85.

Parc de reptiles de Bali ❸

Jalan Serma Cok Ngurah Gambir, Singapadu. Près du parc ornithologique. **Carte routière** D4.
📞 *(0361) 299 344.* ⭕ *t.l.j.*
⭕ *Nyepi.* 🖼️ 🚻 🛍️ ♿

La visite du Rimba Reptil complétera agréablement celle du parc ornithologique voisin. Tous les principaux reptiles d'Indonésie sont représentés dans un environnement luxuriant inspiré de leur habitat d'origine. Des varans de Komodo, des crocodiles de trois espèces différentes et un python décrit comme le plus grand spécimen vivant en captivité comptent parmi les reptiles les plus spectaculaires.

La collection comprend également des caméléons et des tortues. Les visiteurs peuvent caresser des animaux inoffensifs comme l'iguane vert. Des vivariums renferment des serpents venimeux du monde entier, entre autres un cobra royal et une vipère de la mort *(Acanthophis antarcticus).*

Celuk ❹

Carte routière D4. 🚗 🚌 ℹ️
Gianyar, (0361) 943 401. 🍴 🛍️

Presque toutes les familles de Celuk se consacrent au travail de l'or et de l'argent, une tradition transmise de père en fils au sein du clan des Pande Mas spécialisé dans le façonnage des métaux. De grandes bijouteries bordent la rue principale. Les ruelles transversales renferment des boutiques meilleur marché. Les ateliers du village ont une production variée : bijoux, *kriss,* objets religieux. Certains proposent des parures traditionnelles ou modernes. Les acheteurs peuvent commander des pièces sur mesure, mais si c'est un guide qui les emmène dans un magasin, le prix qu'ils paieront sera augmenté de sa commission (40 à 60 % du prix de l'objet).

Boucle d'oreille de Celuk

Sukawati ❺

Carte routière D4. 🚗 🚌 🏠
Gianyar, (0361) 943 401. 🍴 🛍 🏧

Sukawati mérite surtout une visite pour les objets artisanaux vendus au **Pasar Seni**, le « marché de l'art » installé sur la grand-rue en face du marché fermier. Il occupe des bâtiments de deux étages bondés d'étals proposant entre autres tissages et batik. Jusqu'à dix heures, un marché de sculptures sur bois se tient derrière.

Les Balinais connaissent surtout Sukawati pour ses maîtres du théâtre d'ombres *wayang kulit (p. 31)*. Le centre de fabrication de marionnettes se trouve sur la route de Puaya.

Il ne reste que peu de chose du palais de la dynastie princière de Sukawati, puissante au début du XVIIIᵉ siècle. Il se dresse à l'angle nord-est du principal carrefour. Les temples qui bordent la grand-rue plus au nord et des ruelles situées à l'est n'accueillent en général pas les visiteurs.

Statues de personnages mythologiques à Sukawati

Batuan ❻

Carte routière D4. 🚗 🚌 🏠
Gianyar, (0366) 93 401. 🍴 🛍 🏧

L'histoire de Batuan s'étend sur près de mille ans et le village compte dans sa population plus de familles nobles que roturières. Sa renommée repose sur ses écoles de danse, ses artistes et ses bâtisseurs. Il existe même un style de peinture propre à Batuan. Il a pour principales caractéristiques une palette presque monochrome, l'accumulation de détails ornementaux et une représentation réaliste de la vie quotidienne *(p. 34-35)*.

Le splendide **Pura Puseh**, le temple du village, accueille les visiteurs. Il a connu une importante rénovation en 1992 et possède un intéressant décor sculpté. Le premier et le quinze de chaque mois, il offre l'occasion d'assister en nocturne, au son du gamelan, à une représentation de *gambuh* et de *topeng* et de *wayang wong (p. 31)* lors de certaines cérémonies.

🏛 Pura Puseh
🕐 *t.l.j.* 💮 *contribution.* 🎭 gambuh : 19h-21h le 1ᵉʳ et le 15 du mois.

Blahbatuh ❼

Carte routière D4. 🚗 🚌 🏠
Gianyar, (0361) 943 401. 🍴 🛍 🏧

Depuis le début des années 90, ce village abrite un immense bébé de pierre. Celui-ci est censé représenter Kebo Iwo, le géant mythologique qui servit le dernier roi de Bali avant son invasion par des Javanais au XIVᵉ siècle, mais des rumeurs laissent entendre que des femmes d'un village voisin auraient demandé à leurs maris de l'ériger pour calmer un démon qui prenaient la vie de leurs enfants.

Le **Vihara Amurva Bhumi Blahbatuh**, un temple chinois *(klenteng)* où voisinent des éléments bouddhiques et hindous, a connu un important agrandissement en 1999. Il sert de lieu de culte aux bouddhistes chinois de tout le sud de l'île.

Bébé de pierre géant de Blahbatuh

AUX ENVIRONS
Sur le principal axe nord-sud entre Blahbatuh et la route de Bedulu, un grand bâtiment neuf abrite l'atelier et le magasin de la fonderie de gongs **Sidha Karya** créée par I Made Gabeleran, maître mondialement reconnu. Elle propose à la vente un assortiment complet d'instruments de musique et de costumes de danse traditionnels.

À **Kutri,** à 3 km au nord de Blahbatuh, le **Pura Bukit Dharma Kutri** s'étend au pied d'une colline. Le sanctuaire qui s'y dresse renferme un relief érodé qui représente la déesse Dura tuant un taureau.

Le village de sculpteurs sur bois de **Kemenuh** se trouve à 1,5 km de Blahbaduh. Il borde **Sua Bali,** un complexe hôtelier proposant un hébergement à la balinaise et des cours d'indonésien, de cuisine locale et d'artisanat.

🏛 Vihara Amurva Bhumi Blahbatuh
Blahbatuh. 🕐 *t.l.j.* 🚻
🏠 Sidha Karya
Jalan Raya Getas-Buruan, Blahbatuh.
📞 *(0361) 945 512.*
🏛 Pura Bukit Dharma Kutri
Kutri. 🕐 *t.l.j.* 🚻
🏠 Sua Bali
Kemenuh. 📞 *(0361) 941 050.*

Le Pura Bukit Dharma Kutri est un temple proche de Blahbatuh

Le parc ornithologique de Bali ❷

Psittacule d'Edwards

L e Taman Burung aménagé en 1995 à un endroit où ne s'étendaient auparavant que des rizières permet aujourd'hui d'observer de près de nombreuses créatures exotiques. Le parc, superbe, est planté d'arbres et de fleurs tropicales et agrémenté de chutes d'eau. Il abrite plus de mille oiseaux dont beaucoup se trouvent dans de grandes volières ouvertes aux visiteurs. Ces oiseaux appartiennent à des espèces non seulement indonésiennes, comme l'étourneau de Bali *(p. 137)*, mais aussi africaines, australiennes et américaines. Certaines sont en voie de disparition et des programmes de reproduction tentent de les préserver.

★ **Les oiseaux de paradis**
La chasse menace d'extinction le paradisier petit-émeraude.

Volière de la forêt d'Irian Jaya

★ **L'habitat de forêt pluviale**
Cette immense volière renferme une passerelle. Ses habitants comprennent de nombreux oiseaux de paradis, des toucans toco et des perruches soleil.

Calaos
Le calao pie pousse un puissant cri rauque caractéristique.

Pélican à lunettes
Cet oiseau aquatique appartient à la faune australienne.

LES OISEAUX DE NUIT INDONÉSIENS

Il existe trente-huit espèces répertoriées d'oiseaux de nuit indonésiens, mais ils sont difficiles à observer dans la nature et certains restent peu connus. Ils vivent souvent sur de petites îles et dans un habitat inhospitalier et sont d'une nature secrète. Le kétoupa malais et le grand-duc bruyant, deux grands rapaces qui se nourrissent de rongeurs, suscitent donc un grand intérêt de la part des visiteurs du parc ornithologique.

Kétoupa malais

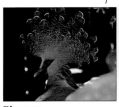

Pigeons
La volière abrite des espèces exotiques comme le goura couronné, le nicobar à camail, le colombar giouanne et le grand argus.

Varans de Komodo
*Carnivores, les plus grands lézards du monde
ne vivent que sur l'île de Komodo.*

MODE D'EMPLOI

Jalan Serma Cok Ngurah Gambir,
Singapadu, Batubulan. **Carte
routière** D4. ☎ *(0361) 299 352.*
◯ *8h-18h t.l.j.* ⬤ *Nyepi.* 🅿 📷
🍴 🛍 📷 🚫 *Chiens et
animaux domestiques interdits.*

LÉGENDE

🅿 Parc de stationnement

🛍 Boutique de souvenirs

🍴 Restaurant

0   50 m

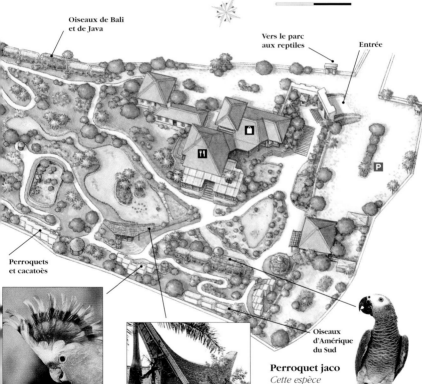

Oiseaux de Bali
et de Java

Vers le parc
aux reptiles

Entrée

**Perroquets
et cacatoès**

Oiseaux
d'Amérique
du Sud

Perroquet jaco
*Cette espèce
fournit de
beaux parleurs.*

**Cacatoès de
Leadbeater**
*Cet oiseau en voie de
disparition originaire
d'Australie se reproduit
dans le parc à l'instar
des perroquets et des
cacatoès de l'archipel
indonésien.*

★ La maison toraja
*Vieille de près d'un siècle,
cette maison de l'île de
Sulawesi a été entièrement
démontée et reconstruite.*

À NE PAS MANQUER

★ Oiseaux de paradis

★ Habitat de forêt
pluviale

★ Maison toraja

Le Puri Gianyar, palais de la famille régnante d'un ancien royaume, a retrouvé sa splendeur d'antan

Gianyar ❽

Carte routière D4. 🚗 🚌 ℹ️ *Jalan Ngurah Rai 21, (0361) 943 401.* 🍴 🏠 🛍️

Cette ville fleurie est un centre administratif et commerçant peu tourné vers le tourisme. Les Balinais viennent s'y fournir en produits agricoles, en articles ménagers et en produits pour faire des offrandes. Un grand marché, où des échoppes servent des plats simples le soir, permet d'acheter bijoux et tissus artisanaux. Le *babi guling* (cochon grillé) vendu pendant la journée dans le centre-ville, près du Bale Banjar Teges, le pavillon où se réunit le conseil communautaire, est particulièrement réputé.

L'imposant **Puri Gianyar** borde au nord la place principale. Les visiteurs n'ont

Échoppe de plats préparés au marché de nuit de Gianyar

pas accès au palais, mais les murs extérieurs et les portails donnent une idée du faste des cours royales de jadis. Après un tremblement de terre en 1912, une restauration à rendu au *puri* l'aspect qu'il avait à sa construction au XVIIᵉ siècle.

AUX ENVIRONS
Au sud-ouest de Gianyar se trouvent plusieurs villages agricoles dont les habitants vivent désormais en grande part de la fabrication d'objets artisanaux destinés à l'exportation ou à la vente dans d'autres parties de l'île. Ils vendent aussi leur production sur place. **Bona**, à 3 km de Gianyar, s'est spécialisé dans le tressage de la feuille du palmier lontar, et **Blega**, 2 km plus loin, dans le mobilier en bambou.

Entrée très ouvragée du Pura Taman Pule, un temple de Mas

Mas ❾

Carte routière D4. 🚗 🚌 ℹ️ *Gianyar, (0361) 943 401.* 🍴 🏠 🛍️

Contrairement à ce que pourraient laisser penser certains des magasins établis le long de la route, le village de Mas ne doit pas sa

réputation aux meubles en teck, mais à la sculpture sur bois et aux masques de *topeng (p. 31)*. Les brahmanes de Mas entretiennent cette tradition depuis des siècles, mais, depuis les années 30, elle a perdu son caractère strictement religieux pour répondre aux attentes des visiteurs étrangers. Les meilleurs ateliers et boutiques sont Siadja & Son, la Njana Tilem Gallery, l'Adil Artshop, la Tantra Gallery et I B Anom. Des brahmanes venus de toute l'île se retrouvent à Mas lors de la fête de Manis Kuningan *(p. 39)* afin de rendre hommage à leur ancêtre, le prêtre hindou Dang Hyang Nirartha (Dwijendra), au **Pura Taman Pule.** Un grand arbre sacré se dresse dans l'enceinte du temple. Selon la légende, il aurait porté jadis une fleur d'or. Les dévots le couvrent de parures cérémonielles pendant la fête. Celle-ci donne lieu le soir à des représentations rituelles de théâtre *wayang wong (p. 31)*.

🅰️ **Pura Taman Pule**
⏰ *t.l.j.* 🚫 ♿ *wayang wong : lors des fêtes.* 📷 *Manis Kuningan (dure trois jours).*

Bedulu ⑩

Carte routière D3. 🚗 🚌 ℹ️
Gianyar, (0361) 943 401. 🍴 💻 🛍️

L'ancien siège du royaume de Pejeng (xᵉ-xɪɪɪᵉ siècles) est devenu un paisible bourg agricole. La grande fresque sculptée sur une paroi rocheuse à **Yeh Pulu,** au sud du village, daterait de la conquête mojopahit au milieu du xɪvᵉ siècle. Un seul artiste pourrait avoir réalisé ces reliefs d'une longueur de 25 m et d'une hauteur moyenne de 2 m. La tradition locale attribue ce travail à Kebo Iwo, géant mythique qui aurait vécu au xɪvᵉ siècle. Les sculptures qui « se lisent » de gauche à droite représentent entre autres des scènes quotidiennes et des combats héroïques contre des créatures démoniaques. On reconnaît une image de Ganesh, le dieu à tête d'éléphant.

Le vaste **Pura Pengastulan** *(p. 80)* possède d'imposants portails construits dans le style mis à la mode par

Le village de Bedulu paré pour la fête de Galungan

Entrée sculptée de la Goa Gajah, la « grotte de l'Éléphant »

I Gusti Nyoman Lempad *(p. 34),* artiste né à Bedulu. Un autre temple, le **Pura Samuan Tiga** voisin, porte sa marque. Selon une légende, il occupe le site où se serait tenue au xɪᵉ siècle une réunion *(sampang)* entre les dieux de trois sectes *(tiga)* religieuses en conflit après leur victoire sur le roi démon Mayadanawa.

Même vide, le sanctuaire dégage une impression de majesté. Œuvre de Lempad, le portail intérieur est particulièrement majestueux. Remarquez également l'arène de combats de coqs du côté est de la première cour. La fête de Purnama Kedasa *(p. 40)* donne lieu à onze jours de célébrations colorées.

🏠 **Yeh Pulu**
⬜ *t.l.j.* 📷 *contribution.*
🏛️ **Pura Pengastulan**
⬜ *t.l.j.* 🚫
🏛️ **Pura Samuan Tiga**
⬜ *t.l.j.* 📷 *contribution.* 🎭 *Perang Sampian : 13h pendant la fête.*
🎉 *Purnama Kedasa : avril, variable.*

Goa Gajah ⑪

Bedulu. **Carte routière** D3. 🚗 🚌
ℹ️ *Gianyar, (0361) 943 401.*
⬜ *t.l.j.* 📷 💻 🛍️ ♿

Connu des Occidentaux depuis 1923, le sanctuaire de la « grotte de l'Éléphant » date probablement du xɪᵉ siècle. Il se trouve à une quinzaine de mètres en dessous de la route et il faut descendre une volée de marches pour l'atteindre. Dégagés en 1954, les bassins, alimentés par des nymphes, servaient probablement à des bains rituels. La caverne a pour entrée la gueule d'une exubérante tête de monstre sculptée dans le rocher. À l'intérieur, des niches renferment des statues shivaïtes et bouddhiques.

À l'extérieur, un pavillon abrite un autel dédié à Hariti, une divinité protectrice des enfants. Elle est représentée sous les traits de la Balinaise Men Brayut, une femme pauvre à la nombreuse famille.

LA LÉGENDE DE BEDAULU

Selon la légende, le village de Bedulu devrait son nom à un roi-sorcier, Bedaulu, qui avait le pouvoir d'ôter sa tête *(hulu)* pour mieux méditer. Surpris un jour où il se retrouvait ainsi décapité, il prit en hâte la première tête disponible, celle d'un porc *(beda* signifie « différente »). Pour protéger son secret, il interdit qu'on posât, à compter de ce jour, les yeux sur lui et régna depuis le sommet d'une tour. Le général mojopahit Gajah Mada profita d'une fête pour lever le regard en renversant la tête pour boire. Connaître la vraie nature du roi lui permit de le vaincre et d'imposer à l'île de Bali la tutelle de l'Empire javanais.

Le Roi de Bedulu dans sa tour **(1934) par I Tomblos**

Ubud pas à pas

L a vocation artistique d'Ubud est visible dans toute la ville. Le début de soirée (la plupart des boutiques restent ouvertes jusqu'aux environs de 21 heures) est le meilleur moment pour se promener. La circulation est moins dense, les conversations bruissent dans les cafés et les restaurants et, dans l'air frais, flotte souvent le tintement d'un gamelan accompagnant un spectacle de danse. Quelques bâtiments à l'architecture intéressante se dressent le long de Jalan Raya Ubud, la grand-rue. Bordées de petits magasins, d'ateliers et de galeries d'art, les voies qui la coupent conduisent au nord et au sud à d'harmonieux quartiers résidentiels.

★ **Le musée Puri Lukisan**
Il propose une belle collection d'art balinais (p. 92-93).

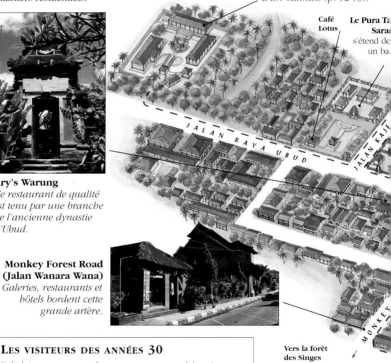

Café Lotus

**Le Pura Ta...
Sara...**
s'étend de...
un ba...

JALAN RAYA UBUD

JALAN KAJE...

Ary's Warung
Ce restaurant de qualité est tenu par une branche de l'ancienne dynastie d'Ubud.

**Monkey Forest Road
(Jalan Wanara Wana)**
Galeries, restaurants et hôtels bordent cette grande artère.

MONKEY...

**Vers la forêt
des Singes**

0   100 m

LES VISITEURS DES ANNÉES 30

Bali doit pour une grande part son renom aux hôtes étrangers reçus par la famille royale d'Ubud au début du siècle. Leurs films, leurs livres et leurs photographies firent connaître l'île et sa culture au reste du monde. Parmi les visiteurs les plus influents, citons le peintre et musicien allemand Walter Spies et le peintre néerlandais Rudolf Bonnet, fondateurs de l'association Pita Maha *(p. 35)*, ainsi que l'artiste mexicain Miguel Covarrubias, auteur, en 1937, d'un livre sur Bali. Les anthropologues Margaret Mead et Gregory Bateson vécurent à Sayan, à la sortie d'Ubud. Ils avaient pour voisins le compositeur Colin McPhee et sa femme, l'ethnographe Janet Belo.

**Walter Spies s'installa
à Ubud en 1927**

LÉGENDE

– – – Itinéraire conseillé

À NE PAS MANQUER

★ **Musée Puri Lukisan**

★ **Puri Saren**

★ **Pasar Ubud**

MODE D'EMPLOI

Carte routière C3.

🚌 depuis Denpasar et Kuta.
ℹ️ Bina Wisata, Jalan Raya
Ubud, (0361) 973 285.
🎭 spectacles balinais : t.l.j.,
détail affiché au Bina Wisata.
🍴 🖭 🏠 🛍️

★ **Le Puri Saren**
*Le palais d'Ubud possède une
avant-cour ombragée qui, le soir,
sert de cadre à des spectacles de
danse traditionnelle.*

**Centre d'information
touristique Bina Wisata**

Le *wantilan* sert
de lieu de réunion
et de spectacle.

★ **Le Pasar Ubud**
*Un marché
fermier a lieu le
matin ; boutiques
et échoppes
vendent toute
la journée de
l'artisanat et
des en-cas.*

JALAN SUWETA

JALAN RAYA UBUD

JALAN SRIWEDARI

JALAN HANOMAN

DEWI SITA

**Vers Peliatan
et Bedulu**

**La maison de
Lempad** est ouverte
au public *(p. 90).*

**Vers Pengosekan,
Batubulan et
Denpasar**

Jalan Dewi Sita traverse
un quartier riche en magasins,
restaurants et galeries d'art.

Jalan Hanoman
*Cette rue abrite temples, boutiques,
ateliers d'art et* losmen.

À la découverte d'Ubud

Masque sacré

Ubud est devenu le « village des peintres » dans les années 30 quand la famille royale *(puri)* a encouragé la venue d'artistes et d'intellectuels étrangers en quête de la « vraie Bali ». Jusqu'à récemment, Ubud était un modeste hameau, mais sa réputation internationale et l'engouement pour le « tourisme culturel » lui ont valu de se transformer en une petite ville. Boutiques d'artisanat, galeries d'art, restaurants, bars et hôtels s'y sont établis en nombre. Mais malgré cette façade mercantile, les habitants gardent leur mode de vie ancestral.

Portail du Puri Saren

✚ Bureau d'information touristique Bina Wisata

Jalan Raya Ubud. ☎ *(0361) 973 285.* ○ *t.l.j.*

Cet organisme dont le nom signifie « culture du tourisme » occupe un modeste bâtiment de la grand-rue et offre une bonne source de renseignements sur les visites guidées, les modes de transport et les manifestations culturelles. Vous y trouverez les dates des cérémonies et on vous indiquera comment respecter règles et tabous religieux *(p. 218)*. À sa fondation, en 1982, le bureau avait pour principal objectif d'encourager les habitants d'Ubud à rendre leur village accueillant aux visiteurs. Désormais, il aide aussi les étrangers à mieux se mêler à la vie locale.

⬥ Pura Taman Saraswati

Jalan Raya Ubud. ○ *t.l.j.*

Dans les années 50, I Gusti Nyoman Lempad édifia pour le prince d'Ubud ce sanctuaire dédié à la déesse de la connaissance et des arts. Le temple conserve de belles

sculptures exécutées par l'artiste : une statue haute de 3 m du démon Jero Gede Mecaling et le trône *padmasana* de l'angle nord-est, symbole du dieu suprême *(p. 26)*. Un vaste bassin agrémenté de lotus s'étend devant l'enceinte. Elle reste normalement fermée, mais vous pourrez y pénétrer en demandant au Café Lotus.

⬥ Musée Puri Lukisan

Voir p. 92-93.

▣ Pasar Ubud

Jalan Raya Ubud. ○ *t.l.j.*

En face du Puri Saren, le marché d'Ubud ne cesse de s'étendre et reste toujours en construction. De nombreux éventaires, à l'intérieur comme dans la rue, proposent vêtements, sandales, tissus, souvenirs et objets artisanaux fabriqués, entre autres, dans les villages spécialisés du centre de Bali. Le grand marché a lieu tous les trois jours et attire des agriculteurs de toute la région qui viennent vendre leurs produits.

⬥ Puri Saren

Jalan Raya Ubud. ☎ *(0361) 975 057.* ▣ *Danses traditionnelles : 19h30 t.l.j.*

La famille royale d'Ubud possède plusieurs hôtels qui lui permettent de continuer à financer de somptueuses cérémonies. Le palais a pris ses dimensions actuelles à la fin du XIXe siècle, à l'époque où la famille étendit son pouvoir sur un vaste territoire, mais il doit une grande part de son aspect, la riche ornementation des portails notamment, à I Gusti Nyoman Lempad *(p. 34)*.

Sculpteurs sur bois au travail près de Lempad House

⬥ Lempad House

Jalan Raya Ubud. ☎ *(0361) 975 052.* ○ *t.l.j.*

L'enclos familial où vécut I Gusti Nyoman Lempad *(p. 34)*, l'artiste balinais sans doute le plus renommé, est ouvert au public. Quelques œuvres du maître décorent la cour et une galerie d'art vend les tableaux de peintres locaux. Lempad était également architecte et il a dessiné, en respectant le style traditionnel, les gracieux pavillons nord et est de la résidence.

Un bassin ornemental sépare le Pura Taman Saraswati du Café Lotus

ϰ Monkey Forest Sanctuary

Monkey Forest Road (Jalan Wana Wanara). ⬤ *t.l.j.* 🖼

Au terme d'une des grandes rues du centre d'Ubud, la réserve naturelle de la forêt des Singes sert de terrain d'aventure à trois bandes de macaques cynomolgus *(Macaca fascicularis)*. Mieux vaut suivre les avertissements qui recommandent de ne pas les nourrir : les singes sont chapardeurs et parfois agressifs. La forêt renferme un grand « temple des morts », le **Pura Dalem Agung,** à la décoration de circonstance. Son cimetière sert de lieu de repos temporaire en attendant que soient réunies les conditions permettant une crémation. Une volée de marches conduit entre les racines de hauts arbres jusqu'à une source sacrée.

Macaque cynomolgus de la forêt des Singes

Cocotiers et rizières dans la vallée à l'ouest d'Ubud

AUX ENVIRONS

En suivant vers l'ouest Jalan Raya, vous arriverez à une vallée qui doit son nom **Campuhan** au confluent *(campuh)* de deux rivières. La maison qu'y construisit Walter Spies *(p. 88)* fait désormais partie de l'hôtel Tjampuhan.

Près du pont moderne, subsiste l'hôtel précédent bâti par les Hollandais à l'époque coloniale. Il donne vue du **Pura Gunung Lebah** (Pura Campuhan) fondé au VIIIᵉ siècle à l'emplacement d'une source sacrée.

Au sud d'Ubud, et à l'est de Jalan Hanoman, le gros village de **Padang Tegal** est réputé pour ses *losmen*. Il abrite les enclos domestiques de familles de toutes les classes sociales balinaises et les demeures d'artistes et d'intellectuels. Au sud de Padang Tegal, **Pengosekan** doit sa réputation à ses peintres et sculpteurs sur bois. À l'est de Padang Tegal, **Tebeyasa** compte quelques bons restaurants et des hôtels. À l'ouest de Pengosekan, **Nyuh Kuning** est un centre de sculpture sur bois.

UBUD

0   1 000 m

LÉGENDE

🚌 Terminus d'autobus

🚐 Station de *bemo*

ℹ Information touristique

⬛ Plan pas à pas *p. 88-89*

(map labels) SANGGINGAN KINTAMANI · TEGALLALANG · PETULU TEGALLALANG KINTAMANI · JALAN RAYA CAMPUHAN · JALAN KAJENG · JALAN SUWETA · JALAN SRIWEDARI · JALAN TIRTA TAWAR · JALAN JERO GADING · JALAN TEGALLALANG · JALAN RAYA · JALAN SANDA · JALAN UBUD · JALAN BISMA · RIVIÈRE DENPASAR AYUNG · JALAN DEWI SITA · MONKEY FOREST ROAD · JALAN SUGRIWA · JALAN HANOMAN · JALAN IDA BAGUS MANIK · JALAN PELIATAN · PELIATAN BEDULU MAS · NYUH KUNING · PENGOSEKAN PELIATAN DENPASAR

Ubud : le musée Puri Lukisan

Le « palais de la Peinture » a vu le jour
en 1953 à l'instigation du prince
Cokorda Gede Agung Sukawati et de
l'artiste néerlandais Rudolf Bonnet *(p. 88)*.
Ces derniers s'inquiétaient de voir les plus
belles œuvres d'art balinais partir à
l'étranger dans des collections privées.
Le musée présente principalement des
tableaux et des sculptures sur bois du
xxᵉ siècle, en particulier des années 30.
Les pavillons d'exposition entourent un
jardin agrémenté de bassins qui forme une
oasis paisible et fraîche au centre d'Ubud.

★ **Pieuvre** *(1955)*
*I Gusti Made Deblog a bâti
sa réputation sur sa
maîtrise du lavis.*

Pavillon I

Dharmaswami
(1935)
*Ida Bagus Gelgel
s'inscrit ici dans
la tradition des
peintures inspirées
de fables et légendes.*

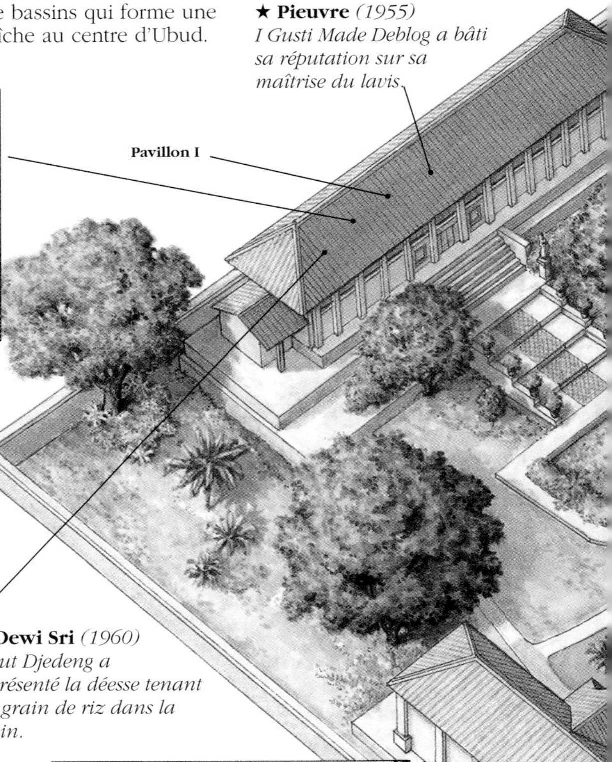

★ **Dewi Sri** *(1960)*
*Ketut Djedeng a
représenté la déesse tenant
un grain de riz dans la
main.*

**Oiseaux dansant le
gambuh** *(1940)*
*Un bas-relief a inspiré
cette peinture par Ida
Bagus Sali.*

Pavillon II

LA PEINTURE À BALI

Pour une île de sa dimension, Bali compte un nombre exceptionnel de talents. Le musée Puri Lukisan permet d'avoir en un seul lieu un large aperçu du foisonnement créateur généré au XXᵉ siècle par la rencontre des traditions de l'île et de l'art occidental. Beaucoup d'œuvres doivent d'abord être contemplées à distance afin de percevoir leur composition, on peut ensuite s'approcher pour découvrir les détails et les scènes parfois minuscules qui donnent leur densité aux toiles.

Tigre et singe (1955), artiste inconnu

MODE D'EMPLOI

Jalan Raya Ubud. 📞 *(0361) 975 136.* 🖷 *(0361) 975 137.* ⬜ *8h-16h t.l.j.* ⬤ *jours fériés.* 🔲 🏠 ♿ Ⓦ *www.mpl-ubud.com*

SUIVEZ LE GUIDE !

Le pavillon I abrite les sculptures sur bois et les peintures précontemporaines, dont les œuvres de Pita Maha et de Lempad (p. 34-35). Le pavillon II présente des œuvres d'art contemporain et le pavillon III accueille des expositions temporaires.

Pavillon III

★ **Marché balinais**
(détail, 1955)
Anak Agung Gede
Sobrat appartient à
l'école d'Ubud.

Billetterie

Escalier d'accès

★ **Kala Rau** *(1974)*
I Ketut Budiana, de Padang Tegal, a illustré l'éclipse de lune des mythes balinais.

À NE PAS MANQUER

★ *Pieuvre*

★ *Dewi Sri*

★ *Marché balinais*

★ *Kala Rau*

Une promenade dans la campagne d'Ubud

Cethosia

Les rizières et les crêtes des alentours d'Ubud offrent un cadre splendide à découvrir à pied. Cette carte propose deux itinéraires qui peuvent être suivis séparément ou l'un dans la foulée de l'autre. La promenade des rizières est longue de 6 km, mais un raccourci permet de la réduire à quatre en évitant la boucle nord. Le trajet des crêtes, entre les rivières Wos Timur et Wos Barat, serpente sur 5 km. Les agriculteurs autorisent la traversée des espaces cultivés à condition que les plantations soient respectées. La faune comprend des oiseaux comme le martin-pêcheur azuré, des papillons multicolores et l'épeire fasciée.

Vue du Pura Ulun Sul

Jalan Raya Sanggingan ⑫
Cette route fréquentée permet de regagner le centre d'Ubud en *bemo*.

Pont ⑪
Près du fond de la gorge, un pont franchit la rivière jusqu'à la route abrupte menant au village de Payogan.

Warung d'une colonie d'artistes ⑩
Une petite communauté de peintres habite ce village qui ménage une vue spectaculaire des gorges de la Wos. Plus au nord, le panorama s'ouvre sur des rizières.

Alang alang ⑨
Après le Pura Campuhan, le sentier traverse une étendue de ces hautes herbes appelées *alang alang* qui servent à couvrir des toits.

Grand banian ⑧
Le sentier des crêtes commence près des Ibah Luxury Villas, passe au pied d'un vieux banian et emprunte une passerelle suspendue au-dessus de la gorge.

Rivière Ajung

⑪

Bangkiang

Payogan

KEDEWATAN

⑫

SANGGINGAN

⑨

CAMPUHAN

LÉGENDE

- - Promenade des rizières
- - Promenade des crêtes
━━ Route principale
═══ Route secondaire
═══ Sentier

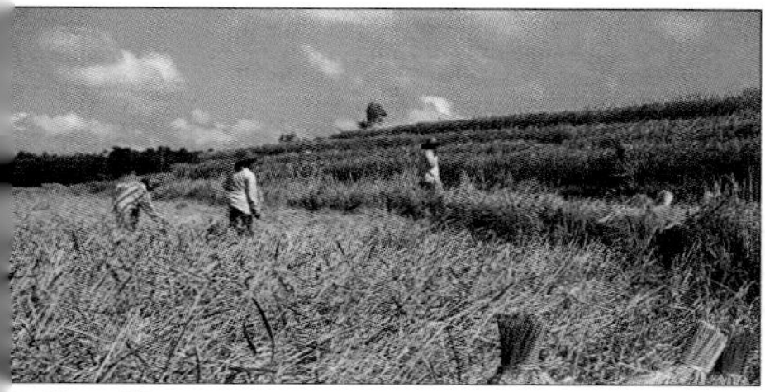

Rizières ⑤
Les travaux qui occupent les paysans aux champs dépendent de la saison. De l'autre côté d'un étroit aqueduc s'élève un joli temple de *subak (p. 20-21)*.

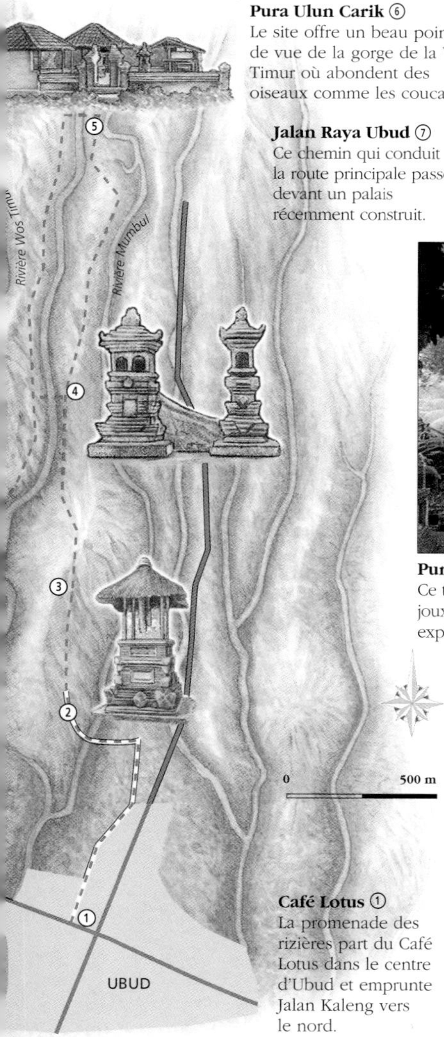

Pura Ulun Carik ⑥
Le site offre un beau point de vue de la gorge de la Wos Timur où abondent des oiseaux comme les coucals.

Jalan Raya Ubud ⑦
Ce chemin qui conduit à la route principale passe devant un palais récemment construit.

Café Lotus ①
La promenade des rizières part du Café Lotus dans le centre d'Ubud et emprunte Jalan Kaleng vers le nord.

Pura Pejenenang ④
Si vous traversez la Wos Timur pour rejoindre ce temple, vous raccourcirez la promenade en évitant la boucle nord.

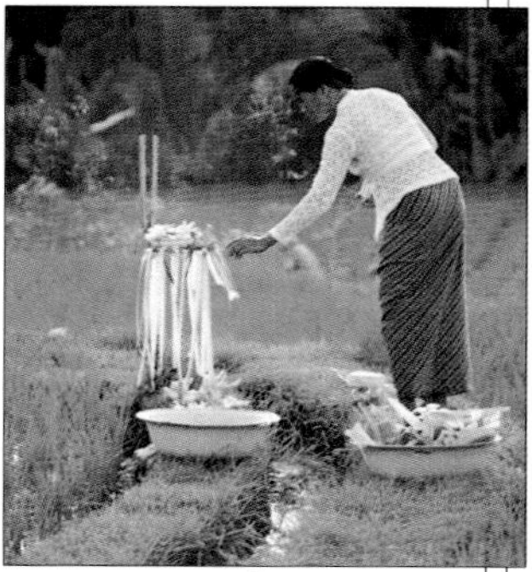

Autels de rizière ③
Les offrandes qu'ils reçoivent sont destinées à la déesse du riz qui veille sur les récoltes.

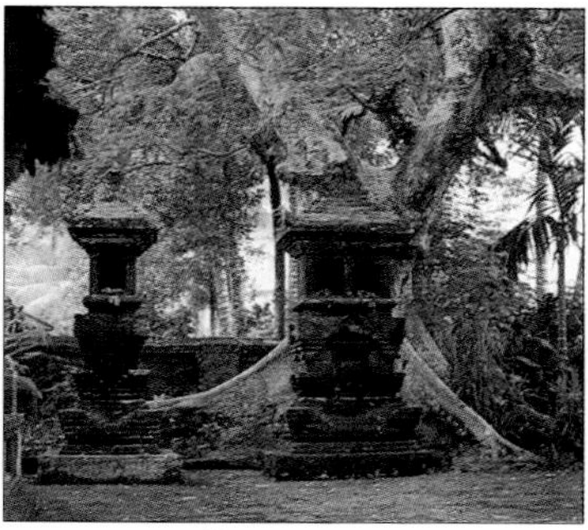

Pura Ulun Sui ②
Ce temple, connu sous le nom de Juwukmanis, jouxte un bureau de *subak* où une carte explique le système d'irrigation de Bali.

MODE D'EMPLOI

Départ : *Café Lotus d'Ubud.*
Arrivée : *Jalan Raya Sanggingan.*
Précautions : *les sentiers peuvent se révéler glissants pendant la saison pluvieuse. Les rivières sont susceptibles de crues subites et mieux vaut toujours franchir les gorges en prenant les ponts. Ne descendez pas au fond des gorges si vous n'êtes pas accompagné par un guide confirmé. Évitez les petits sentiers, instables, qui rejoignent des carrières dans la gorge de la Wos. Des chaussures de sport suffisent. Respectez les plantations dans les zones cultivées.*

Le pavillon sud de l'Agung Rai Museum of Art de Peliatan

Peliatan ⑬

Carte routière D3. 🚗 🚌 *depuis Ubud.* 🛈 *Ubud, (0361) 973 285.* 🎭 *danses* kecak, legong *et de Barong ;* gamelan *de femmes.* 🍴 🖵 📷 ✍

Le village de Peliatan, où s'installa une branche de la famille royale de Sukawati, doit son renom aux activités artistiques de ses habitants. Elles ont attiré l'attention des étrangers avant même qu'ils ne découvrent Ubud. Un gamelan et une troupe de danse *(p. 30-33)* du village se produisirent à Paris dès 1931. Quand ils ne remplissent pas ce rôle d'ambassadeurs culturels, musiciens et artistes participent aux rituels et jouent devant les visiteurs.

De nombreux ateliers de peinture et de sculpture sur bois bordent l'artère principale et les ruelles transversales. Le collectionneur d'art Agung Rai, après avoir ouvert une galerie prospère, a fondé l'**Agung Rai Museum of Art** (ou ARMA) qui présente, dans trois grands bâtiments, des peintures balinaises et indonésiennes classiques et contemporaines, ainsi que des expositions temporaires.

La partie nord de Peliatan, connue sous le nom d'Agong, abrite des boutiques d'artisanat qui méritent une visite.

🏠 Agung Rai Museum of Art
Jalan Pengosekan. 📞 *(0361) 975 449.* ◯ *t.l.j.* 💰 📷 🚌 *inclut danses et gamelan pour enfants.* 🖵

Sanggingan ⑭

Carte routière C3. 🚌 *depuis Ubud.* 🛈 *Ubud, (0361) 973 285.* 🍴 🖵 📷 ✍

Boutiques, galeries d'art, restaurants et petits hôtels bordent la route qui traverse Sanggingan.

L'excellent **Neka Art Museum,** fondé en 1976 par le collectionneur Sutéja Neka, possède une magnifique collection de peintures balinaises et indonésiennes. Sa présentation, dans sept pavillons bâtis au sein d'un jardin, suit l'ordre chronologique. L'exposition offre un large aperçu de la création picturale à Bali et de la fascination que l'île exerça sur de nombreux étrangers tels qu'Arie Smit, Rudolf Bonnet ou Antonio Blanco. Le premier bâtiment est consacré au style *wayang* et aux écoles d'Ubud et de Batuan, un autre abrite un bel ensemble de dessins de Lempad *(p. 34).*
Le musée accueille aussi des expositions temporaires et permet d'acquérir certaines des œuvres.

🏠 Neka Art Museum
Jalan Raya Campuhan. 📞 *(0361) 975 074.* ◯ *t.l.j.* ● *jours fériés.* 💰 🚫 🖵 📷

***Portrait de Suléja Neka* (1991) par Arie Smit, Neka Art Museum**

Gorge de l'Ayung ⑮

Carte routière C3. 🚌 *depuis Ubud.* 🛈 *Ubud, (0361) 973 285.* 🍴 📷 ✍

Entre Kedewatan et Sayan, la gorge de l'Ayung offre un superbe panorama avec ses rizières en terrasses. Quelques hôtels de luxe discrets se nichent dans la

La gorge de l'Ayung vue du village de Sayan sur la crête

Descente en canot pneumatique des rapides de la gorge de l'Ayung

verdure sur la rive orientale. Plusieurs compagnies, sur les deux rives, permettent de faire du rafting *(p. 203).*

AUX ENVIRONS

À l'est de la gorge de l'Ayung, le village de **Penestanan** abrite des ateliers de batik et de broderie de perles. C'est là que s'est développé dans les années 60, autour du Néerlandais Arie Smit, le mouvement des Jeunes Artistes *(p. 35).*

Pejeng ⑯

Carte routière D3. 🚌 *depuis Ubud et Gianyar.* 🛈 *Ubud, (0361) 973 285.* 🅿 🍴 🛏 🛉 ⛲

Sur la route entre Bedula et Tampaksiring, dans une région peuplée depuis l'âge de bronze, ce petit village se trouvait au cœur du royaume qui contrôlait Bali avant sa conquête par les Mojopahit javanais *(p. 46).* Le **Museum Purbakala** (Musée archéologique) présente une petite collection d'objets en bronze, en pierre et en céramique datant de l'époque préhistorique. Ils comprennent de très anciens sarcophages en forme de tortues.

Non loin, trois temples méritent une visite pour leurs sculptures. Celles du **Pura Arjuna Metapa** (temple d'Arjuna méditant), un petit pavillon isolé au milieu des rizières, proviennent probablement du sanctuaire d'une source sacrée. Conformément à la tradition *wayang,* un relief montre Arjuna, héros du *Mahabharata,* servi par des nymphes envoyées par les dieux pour le tenter.

LA SCULPTURE SUR BOIS

La majeure partie de Bali a lontemps été couverte par des forêts assez denses pour abriter des tigres au début du XX⁰ siècle. Cette abondance est une des raisons de l'importance de la sculpture sur bois à Bali. Les Balinais manifestent d'ailleurs un grand respect aux arbres ; ceux-ci reçoivent des offrandes avant d'être abattus. Les sculpteurs remplissaient jadis deux principaux offices : fabriquer des objets rituels, effigies et masques, et participer à la décoration des édifices. Le contact avec des artistes occidentaux *(p. 34-35)* et le développement du tourisme les ont encouragés à fabriquer des créations plus libres. Les villages spécialisés de la régence de Gianyar comprennent Peliatan, Tegallalang *(p. 98)* et Mas *(p. 86).*

Femme endormie (1956) par Ida Bagus Njana

À environ 100 m au nord, un démon de près de 4 m domine la cour du **Pura Kebo Edan** (temple du Buffle fou). Restaurée en 1952, la statue daterait du XIII⁰ ou du XIV⁰ siècle.

Le **Pura Pusering Jagat** (temple du Nombril du monde), aux proportions très harmonieuses, renferme plusieurs pavillons ornés de sculptures tantriques. Celui qui se dresse dans l'angle sud-est abrite la « coupe de Pejeng », une urne de pierre gravée de symboles cosmologiques.

À environ 2 km au nord de Pejeng, le **Pura Penataran Sasih** doit son renom à la « Lune de Pejeng », un gong de bronze haut de 186 cm. Son origine, très ancienne, est inconnue. Les visiteurs ne peuvent en approcher et le guide les invite parfois à grimper sur le socle d'un autel voisin pour apercevoir les délicates figures géométriques

qui le décorent. Ces motifs rappellent la culture Dongson qui prospéra en Chine du Sud et dans le nord du Vietnam vers 1500 av. J.-C.

🏛 **Museum Purbakala**
Pejeng. 📞 *(0361) 942 347.*
🕐 *lun.-ven.* 💰 *contribution.*
🏛 **Pura Arjuna Metapa**
En face du musée. 🕐 *t.l.j.*
💰 *contribution.*
🏛 **Pura Kebo Edan**
Pejeng. 🕐 *t.l.j.* 💰 *contribution.*
🏛 **Pura Pusering Jagat**
Pejeng. 🕐 *t.l.j.* 💰 *contribution.*
🏛 **Pura Penataran Sasih**
Pejeng. 🕐 *t.l.j.* 💰 *contribution.* 📷

Petulu ⑰

Carte routière D3. 🚌 *depuis Ubud et Pujung.*
🛈 *Ubud, (0361) 973 285.*

Le village de Petulu mérite une visite pour les hérons de diverses espèces, tous appelés *kokokan* en balinais, qui y ont mystérieusement et soudainement élu domicile en 1965. Les oiseaux, qui se comptent par milliers, s'éparpillent pour se nourrir pendant la journée et reviennent en fin d'après-midi nicher dans les arbres. Les vols de hérons sont splendides au coucher du soleil.

Sarcophages préhistoriques en forme de tortue du Museum Purbakala de Pejeng

Sculpteur sur bois à Kenderan, un village proche de Tegallalang

Tegallalang ⓲

Carte routière D3. 🚌 *depuis Ubud.* 🛈 *Ubud, (0361) 973 285.* 🏨 🍴 🏧 🛍

Comme dans beaucoup d'autres villages de la région, les ateliers de sculpture sur bois abondent à Tegallalang. Les artisans, qui fabriquent aussi des « antiquités » et des objets sur commande, ont pour spécialité les imitations, légères et colorées, de fruits et de fleurs.

AUX ENVIRONS

Une route abrupte mène au joli village de **Kebon** à 3 km au nord de Tegallalang. Elle part de la route principale au croisement où le Kampung Kafe *(p. 188)* offre une cuisine de qualité. **Kenderan** se trouve aussi à l'écart des grandes voies. Ancien micro-royaume, il a conservé plusieurs petits *puri* (maisons de la noblesse).

À environ 4 km au nord de Kenderan, le petit village de **Manuaba** abrite un grand temple brahmanique, le **Pura Griya Sakti**, rénové et modernisé à la fin des années 90. Il faut demander l'autorisation au gardien pour voir les grands arbres entrelacés qui s'élèvent derrière la cour intérieure. À 1 km au sud de Kenderan, à Kapitu, se trouve un intéressant sanctuaire de source sacrée : **Telaga Waja.** On y accède par un sentier de 200 m et une longue et raide volée de marches. Des traces de niches de méditation suggèrent que le site a pu servir de lieu de retraite bouddhique. Il aurait plus de mille ans.

🛕 **Pura Griya Sakti**
Manuaba. ⭕ *t.l.j.* 📷 *contribution.*

Sebatu ⓳

Carte routière D3. 🚌 *depuis Ubud.* 🛈 *Ubud, (0361) 973 285.* 🏨 🍴

Les musiciens et danseuses de ce village ont une réputation qui a franchi les frontières. Aisé à découvrir à pied, Sebatu s'organise autour de trois rues orientées nord-sud. Les temples et le *bale banjar* (pavillon communautaire) se trouvent à l'extrémité nord. La rue la plus à l'ouest abrite des ateliers de sculpture sur bois. Les masques de démons constituent une des spécialités locales. Le soir, sauf en période de récolte, les gamelans répètent vers 20 heures.

Au fond d'une petite vallée à l'ouest du village, le charmant **Pura Gunung Kawi** (à ne pas confondre avec les monuments du même nom situés à Tampaksiring) entoure une source sacrée dont l'eau jaillit de bouches de nymphes.

Il est interdit de photographier les bassins d'ablutions quand des gens s'y baignent. Dans l'angle nord-ouest, un bel autel s'élève au milieu d'un plan d'eau peuplé de carpes. La cour centrale renferme des petits pavillons peints de couleurs vives et quelques sculptures intéressantes.

Sculpture du Pura Gunung Kawi

🛕 **Pura Gunung Kawi**
⭕ *t.l.j.* 📷

Le Pura Gunung Kawi de Sebatu, temple d'une source sacrée

Taro ⑳

Carte routière D3. Ubud, (0361) 973 285.

À l'ouest de Pujung, sur une route bien signalisée, mais en mauvais état, Taro serait le plus vieux village hindou de l'île de Bali.

Un grand temple, le **Pura Gunung Raung,** en occupe le centre. On peut, de l'extérieur, admirer par-dessus les murs le long *bale agung* où se réunit le conseil du village, et un *meru* à trois étages. Cette pagode symbolise le Gunung Raung, la montagne de l'est de Java d'où le sage Rsi Markandya et ses disciples partirent au VIIIe siècle, sur l'ordre des dieux, pour fonder une colonie à Bali. Taro est le seul endroit de l'île où sont élevées les vaches albinos qui jouent un rôle essentiel dans

Vache albinos de Taro

certaines cérémonies. Elles ne sont plus sacrifiées comme jadis, mais uniquement empruntées. Le troupeau qui s'est considérablement agrandi se promène librement dans la forêt au sud du village.

L'**Elephant Safari Park** *(p. 206)* propose des promenades à dos d'éléphant. Le complexe renferme un musée et un restaurant. Le droit d'entrée aide à financer un programme de sauvegarde de l'éléphant de Sumatra, espèce menacée de disparition.

Monuments royaux de Gunung Kawi ㉑

Tampaksiring. **Carte routière** D3. depuis Bedulu et Gianyar. Ubud, (0361) 973 285. t.l.j.

À l'est de la petite ville de Tampaksiring, un long escalier descend au fond de la vallée encaissée où coule la Paksiran. Les stands de boissons et de souvenirs qui le jalonnent proposent,

Les Monuments royaux de Gunung Kawi taillés à même le rocher

entre autres, de délicats objets en os sculpté. Les marches conduisent aux monuments en forme de *candi,* temples funéraires javanais, qui se dressent dans des niches hautes de 7 m creusées dans des falaises. Leur origine reste discutée, mais ils seraient associés au roi Anak Wungsu *(p. 45)* et à ses épouses. Ce souverain régna à Bali au XIe siècle. Selon la légende, il se serait retiré dans le petit ermitage, composé de cinq cellules creusées dans le rocher, à droite du principal groupe de mausolées. Quatre autres *candi,* peut-être dédiés aux favorites du souverain, s'élèvent de l'autre côté de la rivière. À l'ouest, un sentier en bord de rizière conduit à la « dixième tombe ». Ce monument isolé pourrait avoir été édifié en l'honneur du Premier ministre d'Anak Wungsu : Rakryan.

Pura Tirta Empul ㉒

Manukaya. **Carte routière** D3. depuis Bedulu et Gianyar. Ubud, (0361) 973 285. t.l.j.

Le temple de la source la plus vénérée de Bali attire chaque année des milliers de pèlerins venus de toute l'île se purifier dans une eau investie de pouvoirs spirituels ou magiques différents selon les fontaines d'où elle coule. Une inscription gravée sur une pierre sacrée indique que le sanctuaire, en cours de restauration, remonterait au Xe siècle. Il est très fréquenté par les touristes mais reste agréable à visiter. Il est interdit de photographier les bassins d'ablutions. Les dévots, qui déposent sur les autels de nombreuses offrandes élaborées, sont particulièrement nombreux le jour de la pleine lune *(purnama).*

Le Pura Tirta Empul, temple de la source la plus sacrée de Bali

L'EST DE BALI

Depuis des siècles, l'univers balinais a pour pôles le puissant mont Agung et le vaste temple de Besakih construit sur son flanc. Les anciens souverains de l'est de Bali exerçaient un pouvoir qui rayonnait bien au-delà des majestueuses montagnes et des vertes vallées de leur royaume. Ce qui reste de leurs palais et de leurs temples évoque les fastes de cours régies par le rituel et la tradition.

Divisée entre les trois régences de Klungkung, Bangli et Karangasem, la pointe orientale de Bali est une terre de contrastes d'une grande beauté naturelle où d'imposants volcans se dressent en arrière-plan de plages préservées. Haut de plus de trois mille mètres, le Gunung Agung est toujours en activité. Les flots de lave et de roches émis lors de l'éruption meurtrière de 1963 *(p. 115)* ont laissé en beaucoup d'endroits de profondes cicatrices dans le paysage. En 1974, un tremblement de terre ravagea à son tour la région.

Celle-ci renferme les deux sanctuaires les plus vénérés de l'île. Besakih, le temple mère, accueille les grandes cérémonies de purification. Depuis la crête d'une splendide caldeira, le Pura Ulun Danu Batur veille sur le lac qui en occupe le fond. Les cours princières qui se disputèrent l'est de Bali rivalisaient aussi par leur faste et la pompe donnée aux cérémonies. Leurs commandes ont permis le développement d'un artisanat raffiné qui reste encore pratiqué dans de nombreux villages. En 1906, le roi de Klungkung prit la tête d'un grand *puputan (p. 49)* plutôt que de se soumettre aux Hollandais. Ces derniers détruisirent son palais, mais épargnèrent les deux pavillons du Taman Gili aux plafonds peints de peintures *wayang*. Ayant fait allégeance aux colonisateurs, les rajas d'Almapura conservèrent une certaine autonomie. Le palais d'eau qu'ils construisirent dans les collines de Tirtagangga offre un aperçu du raffinement de leurs loisirs.

En conquérant Bali au XIVe siècle, les Mojopahit javanais apportèrent un nouveau mode de vie basé sur un système de castes. Certains habitants de l'île le refusèrent et s'isolèrent. Leurs descendants, les Bali Aga, conservent leurs propres coutumes dans des villages comme Tenganan et Trunyan.

Rizières au pied du Gunung Agung, le volcan où demeurent les dieux de Bali

◁ **Production de sel selon des techniques traditionnelles sur la côte est**

À la découverte de l'est de Bali

L'intimidant Gunung Agung, volcan toujours en activité, domine la région. Sur ses contreforts s'étage le Pura Besakih. À l'ouest, le Gunung Batur se mire dans les eaux du lac qui s'étend au fond de sa magnifique caldeira. Au sud, Klungkung renferme les pavillons aux plafonds peints du Taman Gili. De là, la route conduit vers l'est à Tirtagangga et à la côte, réputée pour les sites de plongée d'Amed et de Tulamben. Ravagées par les éruptions, les pentes orientales du Gunung Agung sont d'une beauté austère.

La station balnéaire de Candi Dasa dégage une atmosphère nonchalante. Tenganan, le plus connu des villages Bali Aga, se trouve à quelques kilomètres à l'intérieur des terres.

LA RÉGION D'UN COUP D'ŒIL

Rizières fertiles près de Tirtagangga

CIRCULER

Une voiture, avec ou sans chauffeur, offre le meilleur moyen de se déplacer. La plupart des routes sont bonnes, mais mal signalisées, et leurs nombreux virages rendent souvent les trajets plus longs que prévu. Les taxis sont rares ; en revanche, des *bemo* circulent entre les villages. Des bus publics desservent les localités du littoral, mais les cars touristiques sont plus confortables. Pratiquement aucun transport public ne fonctionne de nuit. Les ferries pour Lombok partent de Padang Bai, sur la côte sud.

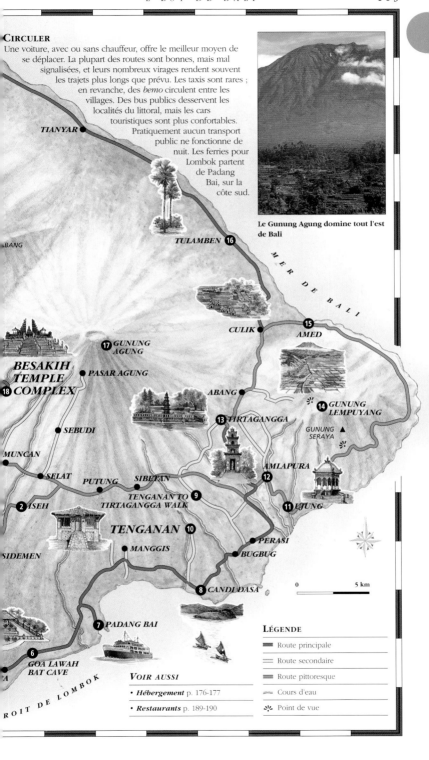

Le Gunung Agung domine tout l'est de Bali

TIANYAR

BANG

TULAMBEN **16**

MER DE BALI

CULIK

AMED **15**

GUNUNG AGUNG **17**

BESAKIH TEMPLE COMPLEX **18**

PASAR AGUNG

ABANG

GUNUNG LEMPUYANG **14**

TIRTAGANGGA **13**

GUNUNG SERAYA ▲

SEBUDI

MUNCAN

SELAT   PUTUNG   SIBETAN

AMLAPURA **12**

ASEH **2**

TENGANAN TO TIRTAGANGGA WALK **9**

UJUNG **11**

TENGANAN **10**

SIDEMEN

MANGGIS

PERASI

BUGBUG

CANDI DASA **8**

PADANG BAI **7**

GOA LAWAH BAT CAVE **6**

DÉTROIT DE LOMBOK

0   5 km

VOIR AUSSI

- *Hébergement* p. 176-177
- *Restaurants* p. 189-190

LÉGENDE

▬ Route principale
═ Route secondaire
▬ Route pittoresque
≈ Cours d'eau
☀ Point de vue

Bangli ●

Carte routière D3. 🚌 🚐 ℹ️ *Jalan Sri Wijaya 23, (0366) 91 537.*
🍴 🖥️ 🏪 ♻️

Capitale royale du XIVe au XIXe siècle, Bangli, l'une des plus anciennes villes de Bali, a l'aspect d'une petite bourgade propre et policée. Sa situation en altitude, sur la route du Gunung Batur, lui donne un climat frais idéal pour les promenades à pied.

Entouré d'une végétation luxuriante, le **Pura Kehen,** fondé au XIe siècle, s'étage à flanc de colline sur huit terrasses. La première cour renferme un immense banian dont les branches abritent un *kulkul,* presque invisible, contenant le tambour d'appel aux prières. De belles statues bordent l'escalier qui conduit au sanctuaire intérieur dont le *meru* à onze étages est dédié au dieu du feu. Dans un angle s'élève un *padmasana trisakti* à l'élégante ornementation sculptée. Ses trois trônes symbolisent la triade hindoue : Brahma, Vishnou et Shiva.

Le **Pura Penyimpenan** conserve trois anciennes inscriptions sur bronze qui indiquent que le lieu était considéré comme saint bien avant la construction du sanctuaire actuel.

Des images du ciel et de l'enfer couvrent les murs du

Sculpture du Pura Dalem Penungekan, temple des morts

Pura Dalem Pengungekan, temple des morts qui abrite des autels dédiés aux trois grands dieux hindous.

🏛️ **Pura Kehen**
Jalan Sri Wijaya. ⭕ *t.l.j.*
🖼️ *contribution.* 🎭 *Pagerwesi ; Purnama (pleines lunes).*
🏛️ **Pura Penyimpenan**
Jalan Sri Wijaya. ⭕ *t.l.j.* ⚫ *pour les cérémonies.* 🖼️ *contribution.*
🏛️ **Pura Dalem Pengungekan**
Jalan Merdeka. ⭕ *t.l.j.*
⚫ *pour les cérémonies.*

AUX ENVIRONS
Le sommet du **Bukit Demulih,** à environ 4 km à l'ouest de Bangli, ménage une vue superbe du Gunung Agung.

Par temps clair, elle porte jusqu'à Nusa Penida et Sanur. À Bunutin, à 7 km au sud de Bangli, deux petits autels se dressent sur les îles cernées de nénuphars du lac du **Pura Penataran Agung.**

Iseh ●

Carte routière E3. 🚐 *depuis Bangli et Klungkung.* ℹ️ *Amlapura, (0363) 21 196.* 🖥️

Les alentours d'Iseh abondent en splendides paysages, notamment sur la route qui se dirige vers l'est depuis Bangli et passe par Muncan et Duda. Elle suit de grandes vallées volcaniques aux verdoyantes rizières en terrasses. Walter Spies *(p. 88)* a possédé une maison à Iseh, et le site lui a inspiré certaines de ses plus belles peintures.

AUX ENVIRONS
Putung, à 6 km à l'est d'Iseh, abrite quelques *homestays (p. 166-167)* et offre de beaux points de vue. 4 km plus à l'est, le village de **Sibetan** a pour spécialité la culture du *salak,* un fruit à la peau écailleuse et dont le goût évoque à la fois la pomme et la fraise. Les plantations, ombragées par des cocotiers, occupent des centaines d'hectares.

Les alentours d'Iseh se prêtent à de belles promenades à pied

Sidemen ❸

Carte routière E3. depuis Bangli et Klungkung. Amlapura, (0363) 21 196.

Sidemen renferme quelques bons *homestays* *(p. 166-167)* dominant des rizières sur les contreforts du Gunung Agung et offre un cadre paisible au cœur d'une des plus belles parties de l'est de Bali. La végétation dessine un patchwork de différents tons de vert devant un majestueux arrière-plan montagneux.

Le village abrite aussi des ateliers de *songket*, tissage de soie et de fils d'or et d'argent dont la fabrication était jadis réservée aux castes les plus hautes.

Angle de rue du centre de Klungkung

Klungkung ❹

Carte routière D4. Jalan Untung Surapati 3, (0366) 21 448.

Ville marchande animée sur la route de l'est, la capitale du district de Klungkung porte aussi, depuis 1992, le nom de Semarapura.

Elle conserve deux bâtiments historiques : le Kerta Gosa et le Bale Kambang. Ces pavillons célèbres pour leurs plafonds peints s'élèvent dans le jardin appelé **Taman Gili** *(p. 106-107)*. Ils appartenaient jadis au palais de la puissante dynastie des Gelgel. À côté, le petit **musée Daerah Semarajaya** expose une collection de sculptures en

Peinture de style *wayang* d'un artiste de Kamasan

bronze et en marbre, des peintures de l'Italien Emilio Ambron et des photographies de la famille et de la demeure royales datant du début du XXᵉ siècle.

Au sud du Taman Gili s'élève une grande porte sculptée qui devait ouvrir sur la cour intérieure de l'ancien *puri*. Selon la légende, ses massifs battants de bois sont restés collés depuis le *puputan* de 1908 au cours duquel deux cents membres de la cour se donnèrent la mort *(p. 46)*. L'événement est commémoré par le **monument au Puputan** érigé en face du Taman Gili. Le dernier raja, décédé en 1965, gardait les cicatrices de blessures reçues pendant le *puputan*. Au même carrefour, un grand marché couvert

Monument au Puputan de Klungkung

abrite des étals de nourriture, d'artisanat et d'accessoires rituels. Il permet aussi d'acheter des tissus de qualité.

AUX ENVIRONS
À moins d'1 km au sud de Klungkung, les peintres du village de **Kamasan** entretiennent une tradition séculaire. La représentation caractéristique des personnages, au torse montré de face alors que les membres sont de profil, s'inspire des marionnettes du théâtre d'ombres *wayang kulit*. À environ 1 km au nord-est, le **Pura Taman Sari** renferme un *meru* au toit à onze étages dressé sur une tortue de pierre entourée d'un fossé.

LES TISSAGES

Les étoffes et leur confection revêtent une grande importance dans l'est de Bali. La région est célèbre pour le *geringsing*, une forme de double *ikat* fabriquée seulement par les Bali Aga du village de Tenangan *(p. 110-111)*. Les Balinais lui attribuent des pouvoirs spirituels protecteurs. Sidemen a pour spécialité le *songket*, un riche brocard de soie où des fils d'or et d'argent créent des motifs raffinés. Le *songket* est souvent réservé à des tenues portées lors de cérémonies religieuses ou d'événements importants de la vie sociale. Il entre aussi dans la confection de costumes de danse.

Songket tissés dans un atelier de Sidemen

Klungkung : le Taman Gili

Lorsqu'ils prirent la ville en 1908, après un sanglant *puputan,* les Hollandais dévastèrent le Puri Semarapura, le palais du Dieu de l'Amour construit au début du XVIIIe siècle par le roi Gusti Sideman. De ce vaste complexe en forme de mandala ne subsistent aujourd'hui qu'une porte et le Taman Gili, littéralement le « jardin île ». Il renferme deux grands pavillons ouverts. Le Bale Kambang, le Pavillon flottant, s'élève au milieu d'un bassin ornemental. Il servait de lieu de réception et de détente. Le Kerta Gosa abritait le tribunal chargé de résoudre les cas trop délicats pour être réglés par les villageois. Tous deux possèdent des plafonds peints de style *wayang.*

Bale Kambang
Les Hollandais agrandirent le Pavillon flottant pour lui donner sa taille actuelle.

★ **Les peintures du plafond du Kerta Gosa**
Au sommet des 267 panneaux peints, une fleur de lotus entourée de colombes dorées symbolise l'illumination et le salut.

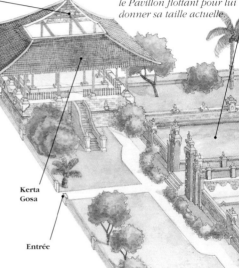

Kerta Gosa

Entrée

Le démon Wirosa poursuivant des pêcheurs

LES PEINTURES DU KERTA GOSA

Les panneaux empruntent à plusieurs traditions des images montrant les châtiments réservés aux coupables et la voie vers le paradis des innocents. La principale série illustre le *Bhima Swarga,* une saga balinaise qui a pour héros un personnage du *Mahabharata.* D'autres scènes s'inspirent des *Histoires de Tantri.*

Scène des *Histoires de Tantri*

Sur le chemin de l'illumination et du salut

MODE D'EMPLOI

Puri Semarapura, angle de Jalan Surapati et de Jalan Puputan, Klungkung. ⬤ *7h-18h t.l.j.* ⬤ *jours fériés.*

★ Les peintures du plafond du Bale Kambang
Elles illustrent des mythes balinais comme l'histoire de Sutasoma, saint bouddhiste qui symbolise la force sans l'agression.

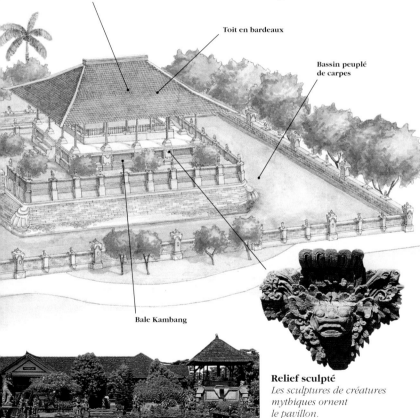

Toit en bardeaux

Bassin peuplé de carpes

Bale Kambang

Relief sculpté
Les sculptures de créatures mythiques ornent le pavillon.

À NE PAS MANQUER

★ **Peintures du Bale Kambang**

★ **Peintures du Kerta Gosa**

Le musée Daerah Semarajaya
À l'ouest du Bale Kambang (p. 105), une petite exposition entretient le souvenir des dynasties royales de Klungkung.

Entrée du temple de la grotte Goa Lawah

Gelgel ❺

Carte routière E4. 🚌 *depuis Klungkung.* 🛈 *Klungkung, (0366) 21 448.* 📷 *Purnama Kapat (oct.).*

Dewa Ketut Ngulesir, fils du premier roi mojopahit de Bali, installa sa cour à Gelgel au XIVᵉ siècle. La ville eut alors un grand rayonnement jusqu'en 1710, date à laquelle elle perdit son statut de capitale au profit de Klungkung. Elle garde peu de souvenirs de cette période faste en dehors du **Pura Dasar,** temple d'État dominé par de hauts *meru.* Plusieurs autres temples bordent les rues, dont le **Pura Penataran.** Gelgel est également réputé pour ses *songket.*

Goa Lawah Bat Cave ❻

Carte routière E4. 🚗 🚌 🛈 *Klungkung, (0366) 21 448.* ⏰ *t.l.j.* 📷 📷 *anniversaire du temple.* 🍴 📷

La tradition attribue à Mpu Kuturan la fondation de ce temple en 1007. Associé aux rites funéraires, le sanctuaire garde l'entrée d'une grotte peuplée de dizaines de milliers de chauves-souris. Selon la légende, elle s'enfonce de quelque 30 km dans la montagne et rejoint Besakih *(p. 116-117)* au pied du Gunung Agung. Un serpent géant y habiterait : Gana Basuki serait gardien de l'équilibre du monde.

Des restaurants, à l'extérieur, permettent de déjeuner en contemplant l'océan en direction de Nusa Penida et Lombok.

AUX ENVIRONS
À 4 km au sud-ouest de Goa Lawah, le petit village de **Kusamba** possède une plage de sable noir où les pêcheurs tirent au sec leurs *jukung.* Ces pirogues à balancier offrent un bon moyen d'aller passer une journée sur les îles voisines, mais les vagues peuvent rendre l'expérience désagréable.

***Jukung* tirés sur la plage de sable noir de Kusamba**

Padang Bai ❼

Carte routière E4. 🚗 🚌 🚢 *vers Nusa Lembongan, Nusa Penida et Lembar à Lombok.* 🛈 *Amlapura, (0363) 21 196.* 🍴 📷 📷 🍽️

Le port de ce village de pêcheurs d'où partent entre autres les ferries pour Lombok est très animé. Padang Bai constitue une bonne base pour découvrir l'est de Bali avec ses nombreux restaurants, hôtels et clubs de plongée.

AUX ENVIRONS
Depuis Padang Bai, un quart d'heure de marche vers l'ouest conduit à la plage de sable blanc de **Biastugal,** très appréciée des amateurs de bains de soleil. Un peu plus loin le long de la côte, il est

possible de louer une pirogue afin d'aller découvrir avec un tuba de beaux fonds coralliens. Il faut vingt minutes à pied pour atteindre le promontoire qui ferme la baie à l'est. Plusieurs temples s'y dressent, dont le **Pura Silayukti,** ancien ermitage du prêtre errant Mpu, Kuturan qui introduisit à Bali au XIᵉ siècle, le système de triple sanctuaire de village.

📷 **Pura Silayukti**
⏰ *t.l.j.* 📷 *anniversaire du temple.*

Candi Dasa ❽

Carte routière E4. 🚗 🚌 🛈 *Jalan Candi Dasa, (0366) 41 204.* 📷 📷 🍽️

L'aménagement de ce village de pêcheurs en station balnéaire a entraîné la disparition du récif qui protégeait la plage, le corail servant à fabriquer la chaux nécessaire à la construction des hôtels. L'érosion n'a laissé qu'une étroite bande de sable. Candi Dasa reste néanmoins une bonne base pour explorer la région. Elle offre également d'intéressantes possibilités de plongée, avec bouteilles ou au tuba, en particulier près des îles qui se trouvent au large. Les visiteurs y disposent d'un large choix d'hébergements, de bars et de restaurants. La spécialité culinaire locale est le *bebek betutu,* canard rôti et épicé *(p. 182).*

Près du centre du village, le **Pura Candi Dasa** dédié à Hariti, la déesse de la fertilité, domine un bassin à nénuphars alimenté par une source.

📷 **Pura Candi Dasa**
Jalan Candi Dasa. ⏰ *t.l.j.*

AUX ENVIRONS
À 2 km à l'est de Candi Dasa et au haut d'un escalier pentu, le **Pura Gomang** ménage une belle vue de la côte. Encore un peu plus à l'est, des *jukung* multicolores égaient la belle plage de sable de **Pasir Putih.**

Promenade de Tenganan à Tirtagangga [9]

Crapaud de rizière

Il faut environ trois heures pour effectuer cette randonnée de 6 km à travers l'une des régions les plus pittoresques de l'intérieur de Bali. Les points les plus hauts ménagent de superbes panoramas des montagnes. La promenade longe des rizières en terrasses et traverse des villages accrochés à flanc de colline dont les habitants conservent un mode de vie traditionnel. Elle permet de découvrir leurs temples, leurs écoles et leurs minuscules *warung* *(p. 28)*. Vous pourrez aussi voir des vanniers au travail. Tenganan est réputé pour son *tuak*, une boisson légèrement alcoolisée produite avec la sève d'un palmier appelé *jaka*. Des marchands en vendent dès le matin.

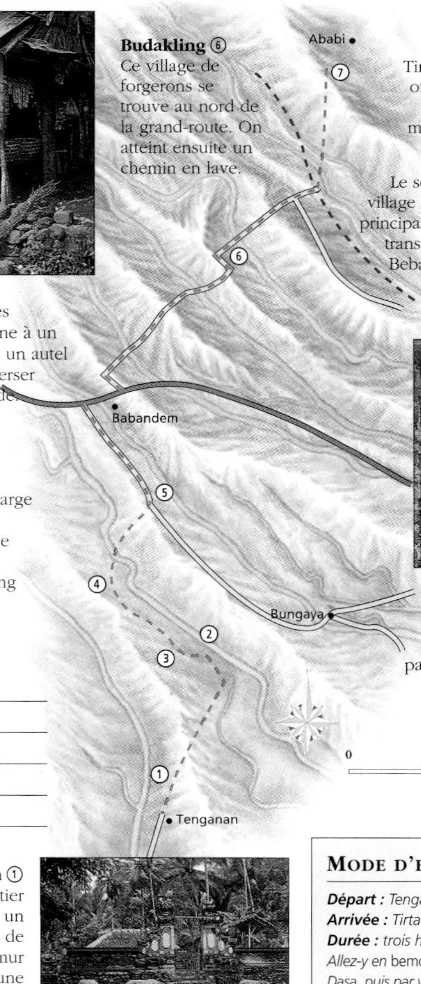

Ababi
Babandem
Bungaya
Tenganan
0
2 km

Budakling ⑥
Ce village de forgerons se trouve au nord de la grand-route. On atteint ensuite un chemin en lave.

Tirtagangga ⑦
La petite route de Tirtagangga *(p. 112)* offre de belles vues de rizières avec la mer en arrière-plan.

Kastala ⑤
Le sentier conduit à ce village proche de la route principale. Des moyens de transport, disponibles à Bebandem, permettent de raccourcir le trajet.

Warung ④
Un petit café domine les terrasses. Le sentier mène à un barrage d'irrigation et à un autel de rizière avant de traverser une rivière peu profonde.

Pura Puseh ③
Ce temple ménage un large panorama de rizières à différents stades de mise en culture. Le Gunung Lempuyang et le Gunung Seraya s'élèvent dans le lointain.

Gumung Kaja ②
Les habitants de Gumung Kaja fabriquent des paniers et des nattes en *ata*, fibre très résistante.

Légende

- Route principale
- Route secondaire
- Chemin en lave
- Itinéraire

Porte de Tenganan ①
Du village, un sentier empierré conduit à un temple, puis à la lisière de la forêt. De là, un mur marque le début d'une demi-heure de montée jusqu'à l'école primaire de Gumung Kaja.

Mode d'emploi

Départ : *Tenganan.*
Arrivée : *Tirtatangga.*
Durée : *trois heures.*
Allez-y en bemo jusqu'à Candi Dasa, puis par vos propres moyens. Évitez la saison pluvieuse, les sentiers sont glissants.

Tenganan ⑩

Ornement mural

Les « Balinais originels » *(p. 46)* de Tenganan conservent des coutumes originales. Théoriquement, ils n'ont pas le droit de se marier hors de la communauté. Depuis peu toutefois, un rite incluant une fausse crémation permet à une personne extérieure de « renaître » Tenganan. Le village est également renommé pour sa vannerie et le *geringsing,* une forme de double *ikat (p. 37).* Il est fermé la nuit aux visiteurs.

Détail d'un *geringsing*

Marché

Bains publics

Temple du village
Dans le temple des origines situé hors les murs, la communauté participe à des rites collectifs reflétant une cosmologie dualiste opposant des principes complémentaires.

0   30 m

Le *wantilan* sert de cadre à des spectacles et à des réunions publiques.

LA LÉGENDE DE TENGANAN

La communauté de Tenganan possède collectivement plus de 1 000 ha cultivés. Selon la légende, c'est le roi Bedaulu qui au XIVᵉ siècle accorda ces terres fertiles. Il avait perdu son cheval favori et les villageois consacrèrent beaucoup de temps à sa recherche. Ils retrouvèrent l'animal mort et obtinrent en récompense tout le territoire où flottait l'odeur de la dépouille. Un ministre eut la charge de définir les limites de la zone. Le chef du village l'accompagnait. Partout où ils allaient, la puanteur régnait. Le ministre ne savait pas que son compagnon cachait de la viande pourrie sous ses vêtements.

Des métayers exploitent les rizières de Tenganan pour ses habitants

Maisons
Les demeures, dotées d'une petite cour, obéissent toutes au même plan.

À NE PAS MANQUER
★ **Bale Petemu**
★ **Rue principale**

MODE D'EMPLOI

Carte routière F3. 🚌 *depuis Candi Dasa.* 🛈 *Amlapura, (0363) 21 196.* ⭕ *heures de jour.* 💰 *contribution.* 🎭 *Usaba Sambah et Mekare-kare (combat rituel) [juin-juil.]* 🏠 📷 👥

★ **Le Bale Petemu**
Les membres d'une des trois associations d'hommes célibataires s'y retrouvent.

★ **La rue principale**
En partie pavée, elle s'étage en gradins reliés par des rampes.

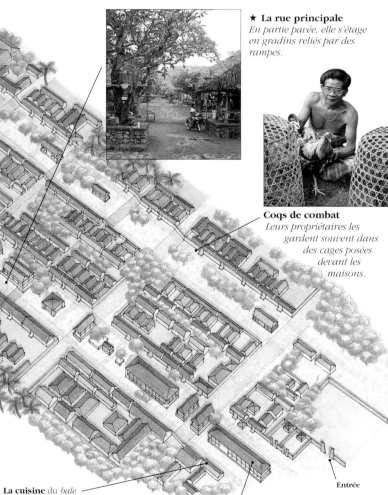

Coqs de combat
Leurs propriétaires les gardent souvent dans des cages posées devant les maisons.

La cuisine du *bale agung* permet l'abattage et la cuisson des nombreux porcs utilisés pour certaines cérémonies.

Entrée

Le *bale agung* est le lieu de réunion du conseil du village formé de tous les couples mariés.

Ujung ⓫

Carte routière F3. 🚍 depuis Amlapura. 🛈 Amlapura, (0363) 21 196.

L e nom d'Ujung, qui signifie « au bout », convient bien à ce village de pêcheurs isolé. Le dernier raja de Karangasem, I Gusti Bagus Djelantik, s'y fit construire un somptueux palais d'eau : le **Puri Taman Ujung** inauguré en 1921. L'éruption du Gunung Agung en 1963 et un tremblement de terre survenu une dizaine d'années plus tard n'en n'ont laissé que quelques ruines.

AUX ENVIRONS
La route étroite qui depuis Ujung contourne la pointe orientale de Bali ménage des vues spectaculaires de l'océan et du Gunung Seraya. Avant de l'emprunter, mieux vaut se renseigner sur son état.

⋔ Puri Taman Ujung
🕐 t.l.j. 🖾 contribution.

Ruines du Puri Taman Ujung, ancien palais d'eau

Amlapura ⓬

Carte routière F3. 🚍
🛈 Jalan Diponegoro, (0363) 21 196.
🍴 🛇 🥤

C e petit chef-lieu de district dont le marché animé attire des villageois de toute la région a reçu son nom actuel lors de sa reconstruction après l'éruption du Gunung Agung en 1963. Ce nouveau nom est supposé protéger la ville de la colère des dieux, mais ses habitants utilisent souvent l'ancien nom : Karangasem.

Karangasem devint au XVIIᵉ siècle la capitale d'un État puissant dont les souverains étendirent leur pouvoir sur Lombok en 1678. Une nouvelle lignée colonisa

Styles balinais et européen se mêlent au Maskerdam, résidence royale

l'ouest de cette île. En 1849, elle se retourna contre Karangasem qu'elle conquit avec l'aide des Hollandais. Quand ces derniers envahirent Lombok en 1894, ils obtinrent la soumission des rajas de Karangasem et leur laissèrent un semblant d'autorité.

Leur ancien palais, le **Puri Agung**, aussi appelé Puri Kanginan, date du début du XXᵉ siècle – le dernier raja y a vu le jour. Un imposant portail d'entrée évoquant une pagode à trois étages permet de pénétrer dans le vaste complexe, à l'atmosphère désolée, entouré d'un épais mur de brique rouge. Les descendants de la famille royale vivent désormais au Puri Gede et au Puri Kertasurahe qui se trouvent de l'autre côté de la rue et ne se visitent pas. L'architecture du Puri Agung mélange avec éclectisme des éléments balinais, européens et chinois.

Le bâtiment appelé **Maskerdam** doit son nom à la difficulté qu'éprouvent les Balinais à prononcer « Amsterdam ». Il renferme, derrière des portes sculptées, des meubles offerts par la reine Wilhelmine des Pays-Bas. Ceux du Bale London, un

grand bâtiment doté d'une longue véranda, portent des armoiries que le raja croyait être celles de la couronne britannique. Les deux pavillons ouverts qui s'élèvent devant le Maskerdam servaient aux cérémonies et aux réceptions. L'un d'eux porte au-dessus de ses entrées une photographie du raja prise en 1939, date à laquelle les Hollandais accordèrent une autonomie partielle au district.

⋔ Puri Agung
Jalan Gajah Mada. 🕐 t.l.j. 🖾 🗐

Tirtagangga ⓭

Ababi. **Carte routière** F3. 🚍 🚍
🛈 Amlapura, (0363) 21 196.
🕐 t.l.j. 🖾 🗐 🍴 🛇 🥤

C e petit village à flanc de colline au milieu de rizières porte un nom qui signifie « Eau sacrée du Gange ». Il jouit d'un climat frais et des *homestays* permettent d'y séjourner. Il abrite le plus bel exemple de palais d'eau à avoir subsisté à Bali. Il fut construit en 1947 par Anak Agung Anglurah Ketut, le dernier raja de Karangasem, mais a beaucoup souffert de l'éruption de 1963 et reste en cours de restauration. Un jardin bien entretenu et orné de statues renferme de grands bassins où l'eau jaillit de la gueule de monstres. Les visiteurs peuvent se baigner, au prix d'une modique contribution, et des vestiaires rudimentaires permettent de se changer.

Jardin et piscines du palais d'eau de Tirtagangga

Sur la route du Gunung Lempuyang

Gunung Lempuyang ⑭

Traverser les villages de Tista, Abang et Ngis Tista. **Carte routière** F3. 🚍 🚌 ℹ️ *Amlapura, (0363) 21 196.* 📧

Le mont Lempuyang culmine à 1 058 m et justifie une excursion d'une journée, en particulier lorsqu'une cérémonie s'y déroule. Le trajet pour l'atteindre fait partie de l'intérêt de la sortie. Depuis Tirtagangga, en se dirigeant vers le nord-est, la route traverse de vertes rizières dans la belle vallée qui sépare le Gunung Agung et le Gunung Lempuyang. Une route latérale gravit le flanc de ce dernier.

Au sommet, le **Pura Lempuyang Luhur** occupe un emplacement qui était probablement déjà sacré avant l'époque hindoue. Sa situation, sur la montagne la plus à l'est de leur île, en fait un temple très important aux yeux des Balinais. Il ne comprend toutefois qu'une unique cour abritant quelques pavillons. L'escalier de mille sept cents marches qui y conduit commence au Pura Telegama, un sanctuaire plus petit. L'ascension demande deux

heures d'efforts et mieux vaut profiter de la fraîcheur du matin. Un panorama spectaculaire récompense les marcheurs courageux qui décident de l'entreprendre.

🅰️ **Pura Lempuyang Luhur**
⭕ *t.l.j.* 🎏 *anniversaire du temple (Manis Galungan).*

Amed ⑮

Carte routière F2. 🚍 🚌 ℹ️ *Amlapura, (0363) 21 196.* 🍴 📧 🏠 🤿

Ce petit village de pêcheurs reste peu touché par le tourisme. Ses habitants continuent d'y

La plongée est très pratiquée aux alentours d'Amed

produire du sel selon une technique très ancienne : ils exposent au soleil dans de longs récipients en tronc de palmier une saumure obtenue en laissant s'égoutter du sable mouillé.

La côte présente un visage aride très différent du reste de la région. Des collines dénudées où s'accrochent des palmiers lontar offrent un contraste marqué avec les montagnes verdoyantes qui se dressent en arrière-plan. De splendides récifs coralliens peuplés de très nombreux poissons attirent des plongeurs sous-marins, en particulier dans la baie de Jemeluk, à l'est d'Amed.

AUX ENVIRONS
À 5 km à l'est d'Amed, le petit village de **Lipah** est en plein développement touristique. Heureusement, les constructions s'intègrent assez bien au paysage.

Palmiers lontar de la région côtière près de Tulamben

Tulamben ⑯

Carte routière F2. 🚍 🚌 *depuis Amlapura et Singaraja.* ℹ️ *Amlapura, (0363) 21 196.* 🍴 📧 🏠 🤿

Petit village sans intérêt particulier, Tulamben est devenu ces dernières années l'un des sites de plongée les plus populaires de Bali grâce à l'épave du *Liberty*, un cargo américain de 120 m de long coulé en 1942. Celui-ci repose à une quarantaine de mètres du rivage et à 3 m de profondeur pour sa partie la plus haute. Une faune et une flore étonnantes ont profité de ce support. Des clubs de plongée *(p. 202)* organisent des sorties d'une journée.

Le Gunung Agung ⑰

Volcan toujours en activité, le Gunung Agung, haut de 3 142 m, tient une place centrale dans la conception balinaise de l'ordre cosmique.

Séjour des dieux et des esprits des ancêtres, pôle de la direction *kaja,* la direction la plus pure, il guide l'orientation des villages, des temples et même des lits. Pour le gravir, il vaut mieux respecter les règles vestimentaires en vigueur dans les temples *(p. 218).*

MODE D'EMPLOI

Points de départ : *Besakih 1, ou le Pura Pasar Agung 2 au nord de Selat.*

Comment y aller ? *Bus ou bemo jusqu'à Besakih depuis Denpasar, Gianyar et Amlapura. Par ses propres moyens jusqu'au Pura Pasar Agung.*

Quand y aller ? *Accès interdit pendant la saison des pluies, d'octobre à mai, et pendant certaines cérémonies en mars et avril.*

Guide : *il est hautement recommandé d'engager un guide de confiance (p. 205). Les deux ascensions imposent un départ avant le lever du soleil et le temps peut varier brusquement. Il faut se munir de bonnes chaussures à semelles antidérapantes.*

Durée de l'ascension : *six heures depuis Besakih, trois heures depuis le Pura Pasar Agung.*

Depuis Besakih ①
Le plus long des deux itinéraires conduit au sommet du cratère. Il offre une vue spectaculaire de Bali et Lombok… quand il n'est pas couvert de brume.

LÉGENDE

-- Itinéraire de la randonnée

— Route principale

= Route secondaire

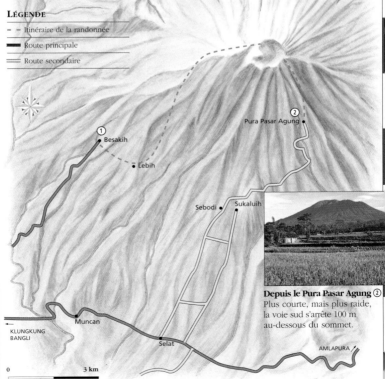

② Pura Pasar Agung

① Besakih

Lebih

Sebodi • Sukaluih

Muncan

KLUNGKUNG
BANGLI

Selat

AMLAPURA

0   3 km

Depuis le Pura Pasar Agung ②
Plus courte, mais plus raide, la voie sud s'arrête 100 m au-dessous du sommet.

L'ÉRUPTION DU GUNUNG AGUNG EN 1963

En 1963, après un sommeil de plus d'un siècle, et quelques signes avant-coureurs pris pour des auspices favorables, le mont Agung entra dans une très violente éruption le 16 mars, peu après la célébration à Besakih de l'Eka Dasa Rudra. Ce rituel de purification n'a lieu qu'une fois par siècle. L'éruption dura en tout six mois, détruisit plusieurs villages et fit près de deux mille victimes. Les paysages gardent encore la trace des coulées de lave et de roches volcaniques. Une rumeur circule sur la cause du phénomène : il serait dû à une erreur dans la détermination de la date de la cérémonie. D'anciens textes suggèrent qu'elle aurait dû avoir lieu en 1979.

Éruption du Gunung Agung (1968) par
Ida Bagus Nyoman Rai

Pura Besakih ⑱

Voir p. 116-117.

Gunung Batur ⑲

Voir p. 120-121.

Kintamani ⑳

Carte routière D2. 🚗 🚌 ℹ️ *Penelokan, (0366) 51 370.* 🏨 🛍️ 🏧 🧺

Kintamani est devenu un des sites touristiques les plus populaires de Bali : le nombre de bus des agences de voyages garés le long de la rue principale aux heures de pointe en témoigne. Le village se confond désormais avec les localités voisines de Batur et Penelokan en un long ruban de restaurants et commerces destinés à satisfaire les besoins des visiteurs. Les vendeurs ambulants se révèlent parfois d'une insistance importune. À 1 500 m d'altitude, Kintamani jouit d'un climat frais et possède un marché animé où tous les trois jours, les agriculteurs locaux viennent proposer leurs produits frais. Le village doit son succès à sa situation sur la crête de la caldeira du Gunung Batur *(p. 120-121)* et à la vue qu'il offre de ce site exceptionnel. Elle permet de distinguer clairement le volcan lui-même et le lac qui s'étend au pied, bordé par le village Bali Aga de Trunyan *(p. 121).* À l'est se dresse le Gunung Abang.

De nombreux restaurants ont ouvert le long des 10 km de l'artère principale. Beaucoup jouissent d'un magnifique panorama : le déjeuner à Kintamani est un arrêt classique des visites guidées en autocar. Si vous passez la nuit sur place, vous découvrirez une vision plus calme du village et pourrez contempler un magnifique lever de soleil. Prévoyez des vêtements chauds.

Pura Ulun Danu Batur ㉑

Voir p. 122-123.

Pura Tegeh Koripan ㉒

Carte routière D1. 🚗 🚌 *depuis Kintamani.* ℹ️ *Penelokan, (0366) 51 370.* ⭕ *t.l.j.* 🔵 *pendant les cérémonies.* 🎫 *contribution.* 🎏 *fête du temple (oct.).*

Également connu sous les noms de Pura Sukawana et Pura Penulisan, ce temple, parmi les plus hauts de Bali, se trouve à une altitude de 1 745 m. Son agencement pyramidal sur onze terrasses indique qu'il possède probablement des origines mégalithiques. Sa fondation remonte au moins au XIe siècle.

Autel du Pura Tegeh Koripan

Peu visité, le Pura Tegeh Korigan a une atmosphère paisible. Il se compose en fait de cinq sanctuaires utilisés par des villageois des environs. Le sanctuaire principal, le Pura Panarajon, occupe la position la plus élevée, au haut d'un escalier de trois cent quarante-cinq marches. Il conserve des pierres gravées d'inscriptions anciennes et des statues remontant pour certaines au XIe siècle. L'une d'elles porte le nom de Betari Mandul, l'épouse stérile du roi Anak Wungsu *(p. 45).*

Les flancs du Gunung Penulisan ménagent de beaux panoramas.

Boutique et *warung* typiques de ceux qui bordent la route de Kintamani

Le Pura Besakih

Sur les pentes du Gunung Agung *(p. 114)*, le volcan le plus haut et le plus sacré de Bali, le « temple mère » se compose de vingt-deux sanctuaires qui occupent une superficie de plus de 3 km². La tradition attribue sa fondation, au VIIIᵉ siècle, au sage Rsi Markandya. Le monument devint ensuite un temple d'État du royaume de Klungkung où seuls les membres de la cour participaient aux rites. Ravagé par un tremblement de terre en 1917, puis restauré, il subit de nouveaux dégâts lors de l'éruption de 1963. Une fervente animation y règne tous les jours. Les grandes cérémonies attirent des milliers de pèlerins.

Ornement mural

★ **Les *meru* de onze étages**
Ces pagodes servent au culte de rois déifiés, d'esprits ancestraux et de divinités de la nature.

★ **La cour principale**
Cœur du temple, elle abrite le triple trône au lotus dédié à Brahma, Shiva et Vishnou.

Entrée en terrasses
Les terrasses de l'entrée du Pura Penataran Agung font écho aux pyramides à étages de la préhistoire indonésienne.

Escalier d'accès
Seuls les dévots ont le droit de l'emprunter.

Des allées relient les temples du complexe.

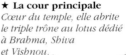

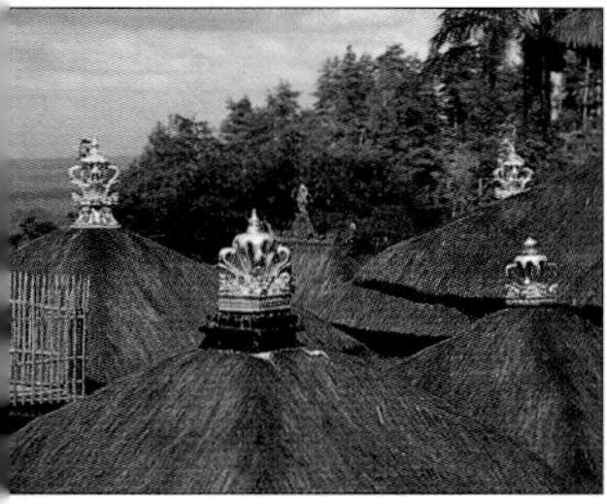

Pura Ratu Pande
Ce temple du clan des Pande se trouve près du Pura Penataran Agung. Ses toits viennent d'être rénovés.

MODE D'EMPLOI

Besakih. **Carte routière** E2. 🚌 🚌 ℹ Amlapura, (0363) 21 196. 🕐 7h-18h t.l.j., mais on ne peut regarder les cours que de l'extérieur. 💰 ✋ ☕ 🛍 📷 *Nyepi (mars-avr.) ; Betara Turun Kabeh (avr.) ; Purnama (pleines lunes, toute l'année, mais surtout en avr. et en oct.).*

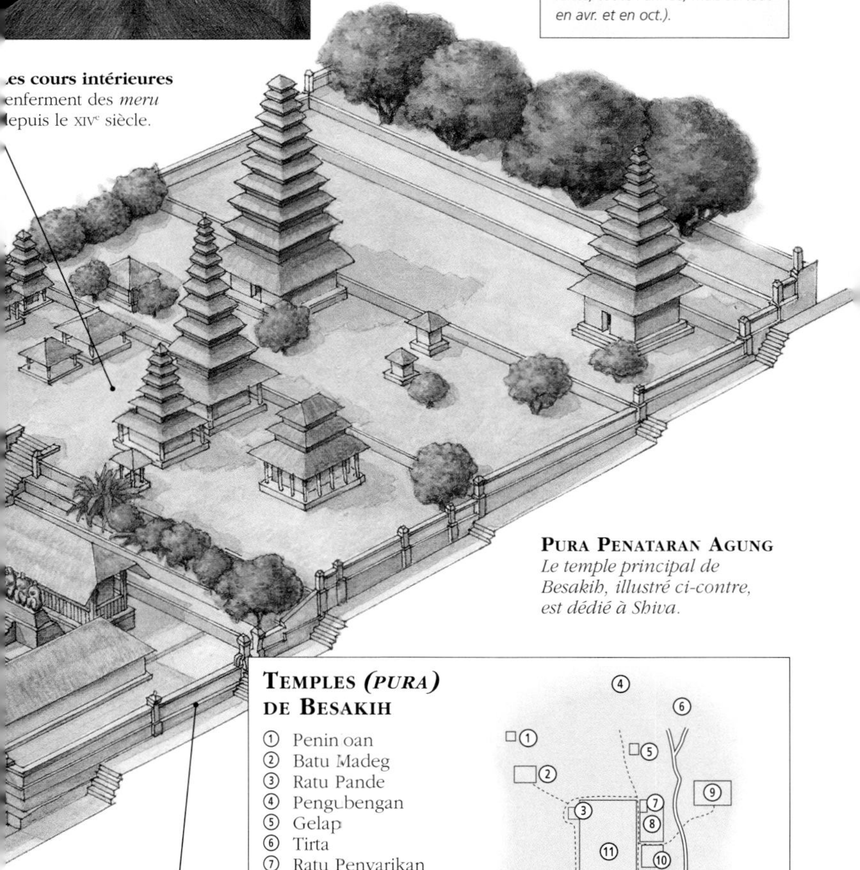

Les cours intérieures enferment des *meru* depuis le XIVe siècle.

PURA PENATARAN AGUNG
Le temple principal de Besakih, illustré ci-contre, est dédié à Shiva.

Un mur entoure le temple. Il est assez bas pour permettre aux visiteurs de voir les bâtiments depuis l'allée.

TEMPLES (*PURA*) DE BESAKIH

1 Peninjoan
2 Batu Madeg
3 Ratu Pande
4 Pengubengan
5 Gelap
6 Tirta
7 Ratu Penyarikan
8 Pedharman
9 Kiduling Kreteg
10 Ratu Pasek
11 Penataran Agung
12 Dukuh Segening
13 Basukian
14 Merajan Kanginan
15 Goa
16 Bangun Sakti
17 Ulun Kulkul
18 Manik Mas
19 Pesimpangan
20 Dalem Puri
21 Merajan Selonding
22 Jenggala

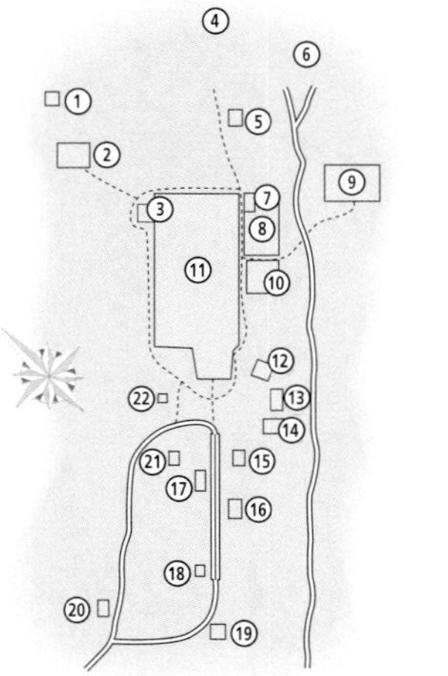

LÉGENDE

--- Allée

À NE PAS MANQUER

★ *Meru* de onze étages

★ Cour principale

Rizières irriguée de Tirtagangga, au pied du Gunung Agung ▷

Le Gunung Batur ⑲

L e volcan le plus actif de Bali atteignait jadis une altitude plus élevée que ses 1 717 m actuels. Une gigantesque explosion en fit sauter le sommet et vida la poche de magma. Les parois s'effondrèrent. Ce cataclysme créa une magnifique caldeira, large de 13 km, où un nouveau cône est apparu. Le volcan a connu plus de vingt éruptions majeures au cours des deux derniers siècles. La plus dévastatrice, en 1917, tua plus de mille personnes et détruisit deux mille temples. Cette intense activité explique l'aspect dénudé du Batur, alors que de la végétation couvre les flancs du Gunung Abang, de l'autre côté du lac.

Éruption
De petites éruptions se produisent fréquemment. Elles sont visibles de la route qui traverse Kintamani.

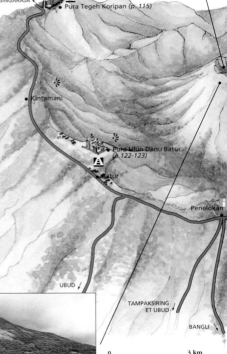

Gunung Penulisan ●

SINGARAJA

Pura Tegeh Koripan (p. 115)

Kintamani ●

Pura Ulun Danu Batur (p. 122-123)

Batur

Penelokan

UBUD

TAMPAKSIRING ET UBUD

BANGLI

0   3 km

MODE D'EMPLOI

*Grimper jusqu'à l'un des quatre cratères du Gunung Batur prend une heure depuis **Serongga** et trois heures depuis **Kedisan.** Un guide n'est pas indispensable car les sentiers sont faciles à suivre. **Toya Bungkah** renferme un petit bureau d'information et des losmen. L'air est frais à cette altitude, aussi faut-il prévoir des vêtements chauds si vous partez avant le lever du soleil. Vous pourrez acheter des boissons en cours de route, mais mieux vaut avoir sa réserve d'eau. Méfiez-vous des fumeroles qui s'échappent de fissures dans le rocher. La promenade est déconseillée pendant la saison des pluies, entre octobre et avril.*

Flanc ouest du Gunung Batur
Au pied du volcan, une maigre végétation pousse sur la lave déposée par d'anciennes éruptions.

LÉGENDE

▬▬	Route principale
– –	Sentier pédestre
⌂	Embarcadère
▲	Temple
ℹ	Information touristique
☀	Point de vue

MODE D'EMPLOI

Carte routière D2. 🚌 🚐
depuis Penelokan et Kintamani.
ℹ️ *Yayasan Bintang Danu,
Penelokan, (0366) 51 370.*
🕐 *9h-15h t.l.j.* 🚫 🍴 🛍️ 🅿️ ♻️
Village Bali Aga de Trunyan :
🚤 *depuis Kedisan.*
📷 *Berutuk (oct.).*

ac Batur
*Protégé par la déesse Ida Betari Dewi Ulun Danu, ce lac
constitue la principale source d'irrigation du centre et de
l'est de Bali.*

Temple du Gunung Abang
*Un sanctuaire aux petits autels peints de
couleurs vives se dresse au sommet boisé
de ce mont de 2 153 m d'altitude.*

● Pura Ulun Danu

Gunung
Abang

● Trunyan

Toya Büngkah

Pura Jati

BESAKIH

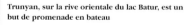

Trunyan, sur la rive orientale du lac Batur, est un
but de promenade en bateau

LE VILLAGE BALI AGA DE TRUNYAN

Le bateau offre le mode de transport le plus
aisé jusqu'à ce village si isolé que ses
habitants gardent des coutumes inconnues
ailleurs à Bali, même dans les autres
communautés Bali Aga *(p. 46)*. Les rites
funéraires, en particulier, ne comportent pas
de crémation. Les habitants du village laissent
leurs morts se décomposer à l'air libre, posés
à même le sol et protégés par une cage en
bambou. Leur cimetière est devenu une
attraction touristique et une source de
revenus grâce aux « donations » exigées avec
insistance. Il existe dans le temple une statue,
haute de 4 m, de la divinité protectrice du
village, Dewa Ratu Gede Pancering. Les
villageois la sortent pour la fête de Berutuk
qui généralement a lieu au mois d'octobre.

a Bungkah
*village où jaillit une source chaude
te quelques restaurants et losmen.*

Le Pura Ulun Danu Batur ㉑

Sculpture de pierre

Les Balinais considèrent ce vaste temple comme le plus important après celui de Besakih *(p. 116-117)* car il est dédié à la déesse protectrice du lac Batur. Ce dernier alimente par des sources souterraines les systèmes d'irrigation d'une grande partie de l'île. Après l'éruption de 1926, les vestiges de neuf sanctuaires précédents ont servi à sa reconstruction au bord de la caldeira.

Bannière
Des bannières représentan
des divinités ou des anim
mythiques décorent les ten
en certaines occasions.

Troisième cour
Trois portails donnent accès
à la cour la plus sacrée.

Garuda
L'oiseau mythique,
monture de Vishnou,
est un sujet fréquent
dans l'ornementation
sculptée.

★ La cour centrale
Le vaste quadrilatère accueill
parfois des danses baris gede
(p. 30). *La photo montre qu'i*
peut abriter une structure
dressée pour une fête.

LA DÉESSE DU LAC

Offrande de fruits et de fleurs

Des pèlerins viennent de tout Bali déposer au Pura Ulun Danu Batur des offrandes dédiées à Ida Betari Dewi Unlun Danu, la déesse qui, en protégeant le lac Batur, préserve la plus importante réserve d'eau de l'île.

Le sanctuaire se trouvait jadis plus près du lac. Lors de l'éruption de 1917, il n'échappa que par miracle à la destruction, la coulée de lave s'arrêtant à sa porte. L'éruption de 1926 convainquit les villageois qu'il valait mieux reconstruire le temple dans un lieu plus sûr. Ils choisirent la crête de la caldeira.

MODE D'EMPLOI

Batur. **Carte routière** D2. *Penelokan, (0366) 51 370.* 7 h-18 h t.l.j. contribution. anniversaire du temple.

★ **Les portes dorées**
Seuls les prêtres, lors des grandes occasions, peuvent franchir le portail principal du temple.

Portail latéral
Cette haute construction en brique et en paras conduit à un autre sanctuaire.

Entrée

Le bale gong renferme le gamelan du temple. Les instruments comprennent un grand gong aux origines magiques.

À NE PAS MANQUER

★ **Cour centrale**

★ **Portes dorées**

LE NORD ET L'OUEST DE BALI

L a moitié ouest de Bali a pour cœur une longue chaîne montagneuse. La majeure partie de la population vit dans les plaines côtières qui l'entourent. Pendant des siècles, jusqu'à la conquête du sud de l'île par les Hollandais à partir de 1096 et la construction d'un port à Benoa dans les années 20, cette région est restée celle qui avait le plus d'échanges avec le reste du monde.

La partie de Bali décrite dans ce chapitre correspond aux régences de Tabanan, Jembrana et Buleleng dont les capitales administratives sont, respectivement, Tabanan, Negara et Singaraja. Au sud de la chaîne centrale, en allant vers l'ouest, les rizières cèdent graduellement la place à des cultures sèches et des forêts, tandis que la proportion de musulmans dans la population augmente. Les communautés les plus anciennes, fondées par des marins bugis, remontent au XVIIᵉ siècle. Un parc national protège toute la pointe occidentale de l'île restée très sauvage. Sur la côte nord, une étroite bande de sol en général impossible à irriguer s'étend au pied de pentes abruptes. L'arrière-pays relativement fertile de Singaraja et les alentours de Munduk et de Busungbiu, à l'intérieur des terres, constituent deux exceptions.

Les influences extérieures ont marqué l'histoire de l'ouest et du nord de Bali et les villes de Negara et Singaraja dégagent une atmosphère qui évoque les ports marchands javanais. Première région conquise par les Hollandais, dès 1849, elle a gardé des traces profondes de la colonisation, en particulier à Singaraja, l'ancienne Residentie (préfecture) où ont survécu quelques bâtiments administratifs et résidentiels de l'époque. Les temples, qui se distinguent de ceux du sud par l'exubérance de leur décor sculpté, conservent des témoignages plus souriants des premiers contacts avec les Européens. Des bateaux à vapeur, des voitures ou un peintre à bicyclette apparaissent dans leurs bas-reliefs au milieu des démons ou des personnages légendaires des mythes locaux. Depuis les années 30, Les environs de Negara abritent deux villages de Balinais convertis au christianisme. Plus récemment, ce sont des immigrants madurais qui se sont installés sur la côte.

Ferme d'élevage dans une plaine côtière de l'ouest de Bali

◁ **Le Pura Tanah Lot** *(p. 128)* occupe un site exceptionnel sur un promontoire battu par les vagues

À la découverte du nord et de l'ouest de Bali

Montagnes, plages de sable noir, plantations de cocotiers et rizières composent de splendides paysages. La partie la plus orientale de la région est réputée pour ses temples et pour le Gunung Batukau entouré de la dernière forêt primitive de l'île. Non loin, près de la station de villégiature de Bedugul, une caldeira abrite un chapelet de lacs de montagne. Au nord, Singaraja, l'ancienne capitale administrative hollandaise, garde le souvenir du port actif qu'elle fut jadis. À la pointe occidentale de Bali, la réserve naturelle du Taman Nasional Bali Barat protège des habitats variés et de beaux fonds coralliens.

Mer limpide à Pantai Gondol

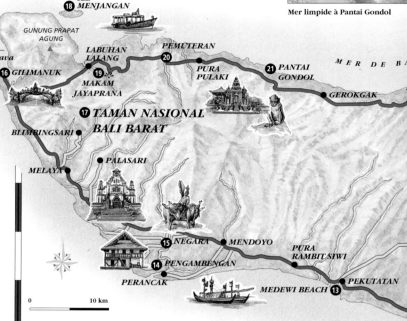

LA RÉGION D'UN COUP D'ŒIL

Map labels:
ÎLE MENJANGAN ⓲
GUNUNG PRAPAT AGUNG
Java
GILIMANUK ⓰
LABUHAN LALANG ⓳
PEMUTERAN ⓴
MAKAM JAYAPRANA
PURA PULAKI
PANTAI GONDOL ㉑
MER DE BA
TAMAN NASIONAL BALI BARAT ⓱
GEROKGAK
BLIMBINGSARI
PALASARI
MELAYA
NEGARA ⓯
MENDOYO
PURA RAMBIT SIWI
PENGAMBENGAN ⓮
PERANCAK
MEDEWI BEACH ⓭
PEKUTATAN
0   10 km
OCÉAN INDIEN

Repiquage dans une rizière près de Tabanan

CIRCULER

Des distances relativement grandes et l'absence de transports publics dans les lieux les plus reculés rendent la voiture idéale pour se déplacer dans le nord et l'ouest de Bali. Une route très fréquentée relie Denpasar au port de Gilimanuk *via* Mengwi. Il faut la quitter pour atteindre aussi bien le mont Batukau que Tanah Lot et son temple en bord de mer. La route principale entre Denpasar et Singaraja donne accès à des sites comme le Pura Taman Ayun et Bedugul. Des bus et des *bemo* circulent sur ces deux grands axes et la route côtière nord qui, depuis Gilimanuk, rejoint l'est de Bali en passant par Singaraja.

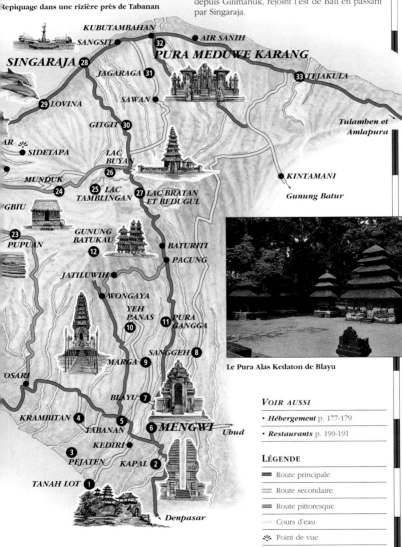

KUBUTAMBAHAN

SANGSIT

AIR SANIH

32

SINGARAJA **28**

PURA MEDUWE KARANG

JAGARAGA **31**

33 TEJAKULA

29 LOVINA

SAWAN

GITGIT **30**

Tulamben et
Amlapura

AR ☀ SIDETAPA

LAC
BUYAN
26

KINTAMANI

MUNDUK
24

25 LAC
TAMBLINGAN

27 LAC BRATAN
ET BEDUGUL

Gunung Batur

GBIU

23
PUPUAN

GUNUNG
BATUKAU
12

BATURITI

PACUNG

JATILUWIH

WONGAYA

YEH
PANAS
10

11 PURA
GANGGA

OSARI

SANGGEH **8**

MARGA **9**

Le Pura Alas Kedaton de Blayu

BLAYU **7**

KRAMBITAN **4**

5

MENGWI

Ubud

TABANAN

KEDIRI

3
PEJATEN

KAPAL **2**

TANAH LOT **1**

Denpasar

VOIR AUSSI

• *Hébergement* p. 177-179

• *Restaurants* p. 190-191

LÉGENDE

▬ Route principale

═ Route secondaire

▬ Route pittoresque

═ Cours d'eau

☀ Point de vue

Le Pura Tanah Lot à marée basse

Pura Tanah Lot ❶

Tanah Lot. **Carte routière** B4. 🚌
🚌 *depuis Denpasar et Kediri.*
ℹ️ *Tabanan, (0361) 811 602.* ⭕ *t.l.j.*
💰 *contribution.* 📷 *anniversaire du temple.* 🍴 🏪 🚻 ♿

L es agences de voyages locales ont fait de Tanah Lot l'un des sites les plus touristiques de Bali et les visiteurs s'y pressent en foule au coucher du soleil. Il est vrai que ce petit temple perché sur un îlot à une centaine de mètres de la côte offre un spectacle féerique lorsque ses toits de chaume évoquant des pagodes chinoises se détachent contre un ciel embrasé par le crépuscule. Des stands de boissons, d'artisanat et de souvenirs témoignent du renom du lieu.

Au début du XXᵉ siècle, le rocher était encore accessible à pied en permanence, aujourd'hui il ne l'est plus qu'à marée basse. Des renforts en béton ont été coulés du côté sud pour lutter contre l'érosion.

La tradition attribue la fondation du sanctuaire à Dang Hyang Nirartha *(p. 46-47)*, le prêtre errant du XVIᵉ siècle qui voulut protéger Bali des épidémies causées par des forces destructrices issues de la mer. Le Pura Thana Lot, le « temple de la Mer et de la Terre », est dédié à la fois à la déesse marine Béera Tanga Sara et aux dieux du Nung Batak *(p. 133)*. Tout le monde peut s'y promener au pied à marée basse (vers midi à la pleine lune), mais seuls les dévots

ont le droit de pénétrer dans l'enceinte. Ils prennent grand soin de ne pas déranger les serpents venimeux qui appartiennent à l'esprit protecteur du temple.

AUX ENVIRONS
De nombreux temples et autels jalonnent la côte aux alentours de Tanah Lot. Ils comprennent le **Pura Pekendungan,** le **Pura Jero Kandang,** le **Pura Galuh** et le **Pura Batu Bolong.** Ce dernier se dresse sur un petit promontoire relié au littoral par un pont naturel.

Kapal ❷

Carte routière C4. 🚗 🚌 *depuis Kediri et Denpasar.* ℹ️ *Tabanan, (0361) 811 602.* 🏪

K apal a pour spécialité la fabrication des temples domestiques et des objets et statues utilisés pour leur décoration. On y produit aussi une poterie primitive. Vous trouverez ces objets dans les

nombreuses boutiques bordant la rue principale.

Dans une rue latérale qui part près du marché se trouve le **Pura Sada,** le temple des origines de la dynastie de Mengwi *(p. 47)*. Endommagé par le tremblement de terre de 1917, il a été restauré dans les années 50 sous la direction d'archéologues indonésiens d'après une reconstitution de son aspect au XVIIᵉ siècle. Il renferme un *meru* en pierre de onze étages élevé dans le style d'un *candi* javanais. Ce *prasada* haut de 16 m, un monument très rare à Bali, rappelle que les rois de Mengwi revendiquaient une ascendance mojopahit *(p. 46)*. Sa forme phallique affirme sa consécration à Shiva. Les images des huit seigneurs des points cardinaux ornent ses côtés. La triade des grands dieux hindous figure à l'est. Sur la base de la tour apparaissent les sept prophètes de la cosmologie hindo-balinaise. Des têtes de l'esprit gardien Boma décorent le *candi bentar.* Comme le portail lui-même, elles sont divisées en deux. De petits autels forment des rangs serrés dans la cour intérieure. Plusieurs légendes circulent à leur sujet. Selon l'une d'elles, ils rendraient hommage à l'équipage d'un bateau qui aurait fait naufrage en apportant à Bali l'effigie sacrée d'un roi mojopahit.

Statuettes en vente à Kapal

🏛️ **Pura Sada**
Banjar Pemebetan, près de Banjar Celuk Kapal. 📞 *(0361) 425 772.*
⭕ *t.l.j.* 💰 *contribution.*

Rangs de petits autels du Pura Sada de Kapal

Pejaten ❸

Carte routière B4. 🚗 🚌 *depuis Denpasar et Tanah Lot.* 🛈 *Tabanan, (0361) 811 602.*

Ce petit village accueillant a pour activité traditionnelle la fabrication de tuiles et d'objets en céramique, entre autres de figurines qui sont souvent d'une charmante naïveté. Depuis 1985, ses artisans produisent aussi de la porcelaine.

AUX ENVIRONS
À un peu plus de 3 km au nord-est de Pejaten, le village de Kediri, orné en son centre d'une statue blanche, est un important marché au bétail. La route qui rejoint au sud Tanah Lot traverse des paysages ruraux parmi les plus enchanteurs de Bali.

Poterie fabriquée à Péjaten

Krambitan ❹

Carte routière B4. 🚗 🚌 *depuis Tabanan.* 🛈 *Tabanan, (0361) 811 602.* 🍽

Krambitan resta la capitale d'un royaume agraire jusqu'au début du XXᵉ siècle. Elle est toujours réputée pour ses troupes de danse, ses peintres de style *wayang* et ses sculpteurs sur bois et sur pierre.
Deux palais, le **Puri Anyar** et le **Puri Agung Wisata,** accueillent des hôtes. Les descendants des anciens princes organisent des « soirées royales » rythmées par des spectacles de *legong* et de gamelan *tektekan.* Cette forme d'orchestre utilise des instruments en bambou et des cloches en bois.

🏛 Puri Anyar et Puri Agung Wisata
🕿 *(0361) 812 774.* 🕐 *t.l.j.* ⬤ *jours fériés.* 🎫 *contribution.* 📷

AUX ENVIRONS
À 6 km au sud de Krambitan, **Klatingdukuh** est une grande plage où des *jukung* aux couleurs vives tranchent sur le noir du sable ; quelques *losmen* sont situés à proximité.

Tabanan ❺

Carte routière C4. 🚗 🚌 *depuis Denpasar.* 🛈 *Jalan Gunung Agung, (0361) 811 602.* 🍽 💻 🛏 🍽

Cette ville marchande animée abrite le **musée Subak,** le seul musée balinais consacré à l'agriculture. Il est mal entretenu mais contient des maquettes qui illustrent le système d'irrigation balinais organisé en *subak,* associations de riziculteurs dépendant d'une même source d'eau. L'exposition comprend aussi des outils agricoles.

🏛 Musée Subak
Jalan Raya Kediri, Sanggulan.
🕿 *(0361) 810 315.* 🕐 *lun.- ven.* 🎫 *contribution.*

AUX ENVIRONS
À Wanasari, à 7 km au nord de la route du Gunung Batukau, le petit jardin de papillons **Taman Kupu Kupu** abrite des espèces rares. Des plages de sable noir jalonnent la route côtière de Negara *(p. 134).* Il est possible de se loger à la plage de **Soka,** à 25 km à l'ouest de Tabanan, mais il n'y a pas de restaurant. À 5 km à l'ouest, à **Surabrata** (aussi appelé Balian Beach), une falaise domine un village de pêcheurs et une petite rivière. Les vagues se prêtent au surf.

🦋 Taman Kupu Kupu
Jalan Batukau, Sandan Wanasari.
🕿 *(0361) 814 282.*
🕐 *t.l.j.* 🎫 📷

Mengwi ❻

Carte routière C4. 🚗 🚌 *depuis Denpasar et Bedugul.* 🛈 *Tabanan, (0361) 811 602.* 🍽 💻

La puissance du royaume de Mengwi s'étendit jusque sur l'est de Java, mais son ancienne capitale *(p. 47)* est devenue un bourg paisible qui garde peu de souvenirs de sa gloire passée en dehors du Pura Taman Ayun *(p. 130-131),* vaste temple d'État entouré d'un bassin.

AUX ENVIRONS
La route de Mengwi à Sangeh ménage de belles vues de rizières et de temples. À 5 km au nord de Mengwi, une restauration a rendu au village de Baha son aspect traditionnel avec ses enclos domestiques et ses temples typiques d'une communauté balinaise.

Rizières de la régence de Tabanan

Mengwi : le Pura Taman Ayun

L es descendants des rois de Mengwi entretiennent
toujours ce vaste sanctuaire d'État fondé au
XVIIe siècle et restauré en 1937. Contrairement à la
majorité des autres temples de l'île, il n'est pas orienté
vers le Gunung Agung, mais vers le Gunung Batukau. Au
centre d'un bassin sur lequel il paraît flotter, le
temple du Vaste Jardin symbolise l'univers hindou.
Certains des autels et des *meru* de la cour intérieure
représentent les montagnes les plus sacrées de Bali et
des temples d'une grande importance rituelle. Les
dévots peuvent venir faire leurs offrandes à ces
répliques sans avoir à se déplacer jusqu'à l'original.

★ **Les *meru* à onze étage**
*Le plus haut meru
symbolise le Gunung
Batukau (p. 133).*

L'eau du bassin intérieur sert à
purifier le temple lors de certaines
fêtes comme l'*odalan*.

Meru
Trois meru *représentent le Gunung Batur (p. 120-121),
le Gunung Agung (p. 114) et le Gunung Batukau
(p. 133). La cour abrite aussi un* candi *(portail) javanais.*

**Bassin
extérieur**

À NE PAS MANQUER
★ *Meru* à étages
★ Kori Agung

Bale
Plusieurs bale *(pavillon
en bois) reposent sur
des socles en pierre
sculptée. L'un d'eux
protège un trône au
lotus destiné aux dieux
hindous Brahma,
Shiva et Vishnou.*

MODE D'EMPLOI

Mengwi. **Carte routière** C4.
(0361) 223 602. depuis
Denpasar. 7h-18h t.l.j.
certaines zones sont fermées
au public hors des fêtes.
dans les cours. odalan
(anniversaire du temple) à
l'Anggarkasih Medangsia du
calendrier balinais.

Le bassin intérieur
*Un plan d'eau en partie couvert de lotus
entoure de trois côtés la cour intérieure.*

Démon protecteur
*Des statues d'esprits
gardiens se dressent
à l'entrée.*

Des allées accessibles aux
visiteurs permettent de
découvrir les autels de la cour
intérieure depuis l'autre bord
du bassin.

Murs de brique
*Une riche
ornementation
pare les murs
de séparation,
assemblés sans
mortier.*

Le *candi bentar*
(portail fendu), que
peuvent franchir les
visiteurs, donne sur
la première cour.

★ Le Kori Agung
*Les portes de l'entrée principale ne
s'ouvrent que lors des cérémonies. Sur le
linteau, des divinités et des prophètes
divins encadrent Sai, une puissance
protectrice.*

Blayu ❼

Carte routière C3. *depuis Denpasar et Kediri.* **i** *Tabanan, (0361) 811 602.*

Blayu, comme Mambal, est un village pittoresque sur une route bordée de gracieux portails typiques de la région. La forêt de singes d'Alas Kedaton s'étend non loin. Le temple de Blayu, le **Pura Alas Kedaton,** abrite une statue du dieu hindou Ganesh.

🔺 Pura Alas Kedaton
⬜ *t.l.j.* 🅿 📷 🎫 *Anggarkasih Medangsia.*

Meru du Pura Alas Kedaton dans la forêt de singes proche de Blayu

Sangeh ❽

Carte routière C3. *depuis Denpasar.* **i** *Tabanan, (0361) 811 602.* 📷 📷

Les macaques sacrés de Sangeh peuplent une forêt de muscadiers pouvant atteindre 30 à 40 m. Cette forêt abrite un petit temple couvert de lichen, le **Puri Bukit Sari** fondé au XVIIᵉ siècle et restauré en 1973. Un panneau le signale sur la route principale.

Selon une légende inspirée du *Ramayana*, ces singes faisaient partie de l'armée du général Hanuman qui écrasa le démon Ravana entre les deux moitiés du Meru, la montagne mythique hindoue. Tombés à Sangeh avec un bout de la montagne, ils y sont restés depuis. L'histoire a au moins le mérite d'expliquer l'origine des muscadiers, une essence qui n'est pas indigène à Bali. Sacrés ou non, mieux

Monument à la bataille de Marga (Margarana)

LA BATAILLE DE MARGA

Après la reddition des Japonais à la fin de la Seconde Guerre mondiale, les Pays-Bas voulurent reprendre le contrôle de leur empire colonial et attaquèrent en février 1946 la jeune République indonésienne proclamée par les nationalistes. À Bali, le 20 novembre 1946, les troupes néerlandaises prirent au piège un groupe de 94 combattants conduits par le lieutenant-colonel Gusti Ngurah Rai. Fidèles à la tradition du *puputan (p. 51),* les maquisards refusèrent de se rendre malgré un bombardement à la fois terrestre et aérien. Ce combat décapita la résistance balinaise.

vaut se méfier des macaques. Gardez vos distances, surtout en présence de petits, et n'exhibez pas de banane ou de cacahuètes. Évitez les gestes brusques car les singes peuvent avoir le réflexe de mordre. S'ils vous chapardent lunettes ou appareil photo, appelez un *pawang* (gardien) **Macaque** pour qu'il récupère l'objet **de Sangeh** volé.

🔺 Pura Bukit Sari
Sangeh. ⬜ *t.l.j.* 🅿

Marga ❾

Carte routière C3. 📷 *depuis Denpasar et Memgwi.* **i** *Tabanan, (0361) 811 602.*

Le 20 novembre 1946, les troupes et l'aviation hollandaises écrasèrent à Marga un groupe de 94 partisans de l'indépendance. À l'ouest du

village, un monument commémore leur sacrifice. Un jardin contient leurs tombes et celles de 1 372 héros de la lutte contre le pouvoir colonial à Bali. Elles évoquent pas leur forme des bâtiments sacrés de l'Empire javanais des Mojopahit *(p. 46).* Croix, croissants de lune et swastikas distinguent chrétiens, musulmans et hindous. La tour centrale rappelle un *meru,* mais a été dessinée pour indiquer symboliquement la date de la proclamation de l'indépendance : le 17 août 1945. Les quatre marches et les cinq petits piliers de la base correspondent à l'année, et les huit étages du toit au mois. Elle est haute de 17 m. Une statue représente Gusti Ngurah Rai *(p. 51),* le commandant de la petite unité décimée en 1946. L'aéroport de Bali, entre autres, porte son nom.

Monuments aux martyrs de la guerre d'indépendance à Marga

Piscine de l'établissement thermal de Yeh Panas

Yeh Panas ❿

Penatahan, près de Penebel.
Carte routière C3. 🚌 *depuis
Denpasar et Tabanan.* 📞 *(0361) 262
356.* 📷 🍴 🖥 ⊘ 🏧

Ces sources chaudes et
sulfureuses, situées sur
la route qui mène au Gunung
Batukau depuis Tabanan ou
Penebel, méritent un arrêt.
Les principales alimentent
depuis quelques années
un établissement thermal
qui comprend un hôtel.
Des panneaux indiquent
les bains qui sont accessibles
gratuitement au public. L'eau
saillie du sol remplit aussi
les bassins d'un temple.

Le village d'Angsri, près
d'Apuan, possède également
des sources chaudes. Elles
coulent dans un agréable
cadre naturel sans
installations modernes.

Pura Gangga ⓫

Sur la petite route menant à Apuan
et Baturiti en passant par Perean.
Carte routière C3. 🔦 *Tabanan,
(0361) 811 602.* ● *aux visiteurs.* 🖥

Près de la route principale
pour Bedugul, ce temple
nommé d'après le Gange, le
fleuve sacré indien, se dresse
sur les rives verdoyantes d'un
petit cours d'eau. Le
sanctuaire renferme un *meru*
de sept étages qui possède
un socle ouvert sur le devant
et non clos comme
habituellement. Les visiteurs
ne peuvent pénétrer dans
l'enceinte, mais ils peuvent
aisément découvrir
les bâtiments qu'elle contient
depuis l'extérieur.

Gunung Batukau ⓬

Carte routière B2. 🚌 *depuis
Denpasar et Tabanan.* 🔦 *Tabanan,
(0361) 811 602.* 🖥 📷

Les derniers vestiges de
véritable forêt pluviale
existant à Bali couvrent les
flancs de la plus haute
montagne de l'île après le
Gunung Adung. Une clairière
entourée de hauts arbres
renferme le **Pura Luhur
Batukau**, ancien temple
d'État des princes de
Tabanan. Le charme du lieu
tient beaucoup à la manière
dont les constructions
humaines s'inscrivent dans la
nature. La jungle paraît sur le
point d'engloutir les *meru* et
les pavillons aux toits de
chaume sombre, tandis que
les tons noirs et rouges
des bâtiments tranchent sur
les différents tons de vert
des feuillages, des buissons et
des fougères.

Selon la légende, une
attaque du roi de Buleleng
laissa le sanctuaire en ruine au
début du XVIIᵉ siècle. Sa
reconstruction ne commença
qu'en 1959. Peu fréquenté
par les touristes, il s'emplit
de milliers de pèlerins
le lendemain de Galungan. Les
chefs des *subak* (associations
d'irrigation) viennent aussi y
recevoir l'eau sacrée qui
permettra d'effectuer certains
rites. Un peu à l'écart, vers
l'est, un escalier descend
jusqu'à un bassin entourant
une île artificielle. Deux petits
autels y sont consacrés au
Gunung Batukau et à la déesse
protectrice du lac Tamblingan
(p. 140-141).

🏛 Pura Luhur Batukau
⭕ *t.l.j.* 💰 *contribution.*
🚫 *certaines zones.*

AUX ENVIRONS
À l'est du Pura Luhur
Batukau, la route de Baturiti
longe les fameuses rizières en
terrasses de **Jatiluwih.** Le
panorama s'ouvre jusqu'à la
mer. Dans les villages, les
greniers à riz restent
fréquents. **Pacung** possède
aussi de superbes rizières.

Rizières en terrasses de Jatiluwih, près du Gunung Batukau

Le Pura Rambut Siwi à l'ouest de Medewi

Medewi ⓭

🚌 🚍 *depuis Denpasar.* 🛈 *Negara,
(0365) 41 060.* 🍴 🏊

L es longues déferlantes
qui viennent mourir sur la
plage de Medewi peuvent
atteindre 7 m de hauteur.
Elles rendent la baignade
dangereuse, mais sont
très appréciées des
surfeurs. Quelques hôtels
et restaurants offrent un
confort sommaire. Le
paysage dévoile toute sa
beauté au coucher du soleil
quand les rochers mouillés
éparpillés sur le sable noir
reflètent la lueur du
crépuscule alors que la côte
de Java se profile à l'horizon.

AUX ENVIRONS
À 6 km à l'ouest de Medewi,
le **Pura Rambut Siwi** domine
la mer depuis le sommet d'un
promontoire. Une statue de la
sorcière Rangda *(p. 25)* garde
l'entrée qui fait face à l'océan.
À l'intérieur s'élève un unique
meru à trois étages. Il abrite
dans son *gedong* une mèche
offerte aux villageois par le
prêtre errant du XVIᵉ siècle
Dang Hyang Nirartha *(p. 46-
47)*. Ceux-ci avaient édifié le
temple en son honneur pour
le remercier de les avoir
sauvés d'une épidémie. Sur la
plage, des grottes creusées
dans la falaise renferment de
petits sanctuaires.

🅰 Pura Rambut Siwi
6 km à l'ouest de Medewi, puis 500
m au sud. ⬜ *t.l.j.* 🖼 *contribution.*

Pengambangan ⓮

🛈 *Negara, (0365) 41 060.*

I l règne une atmosphère
particulière dans le quartier
musulman de la ville. Le
long de l'Ijo Gading, la
musique qui s'échappe des
cafés évoque le Moyen-
Orient. Des bateaux
bugis, reconnaissables à
leur longue étrave
caractéristique et à
leurs couleurs vives,
flottent sur la rivière.
Ils arborent tous
une petite
mosquée au
sommet de leur
mât. La véritable
mosquée possède
des arches
mauresques et une coupole.

**Concurrent d'un *mekepung*,
course de chars**

AUX ENVIRONS
Le village de Perancak, de
l'autre côté de la rivière,
possède une mosquée au toit
en étages dans le style
traditionnel indonésien.

Negara ⓯

🚌 🚍 *depuis Denpasar et Gilimanuk.*
🛈 *Jalan Ngurah Rai, (0365) 41 193.*
🍴 🏨 🛍 🏊

L oloan, le quartier le plus
pittoresque de Negara,
s'étend de part et d'autre de
l'Ijo Gading au sud du pont
de Jalan Gatot Subroto. Fondé
au XVIIᵉ siècle par des
immigrants bugis *(voir
encadré)*, il conserve
quelques maisons
traditionnelles construites sur
pilotis. Les plus belles se
trouvent au bout de Jalan
Gunung Agung et dans la rue
voisine de Jalan Puncak Jaya.
Loloan renferme plusieurs
pesantren (internats
islamiques) qui
s'enorgueillissent d'avoir eu
des élèves promus au rang
d'uléma à La Mecque.
La région a pour tradition
spécifique les orchestres
jegong qui jouent d'immenses
instruments de bambou
(p. 33). Elle doit aussi son
renom aux courses de
chars à buffles
appelées
mekepung,
coutume
d'origine
maduraise.
Les plus
spectaculaires
ont lieu de juillet
à octobre. Les
participants ne
rivalisent pas
uniquement de vitesse, leur
style et l'élégance de l'attelage
comptent beaucoup.

AUX ENVIRONS
À 4 km à l'ouest de Negara,
une petite route conduit, au
bout de 8 km, à la plage

Mosquée de Perancak, près de Pengambangan

Église catholique de Palasari, au nord de Negara

paisible de **Rening.** On peut y louer des bungalows. Le cap Rening voisin ménage de splendides couchers de soleil sur les montagnes de l'est de Java. Une autre plage agréable, Candi Kusuma, se trouve à 13 km à l'ouest de Negara.

Il existe au nord deux villages chrétiens : **Palasari** (catholique) et **Blimbingsari** (protestant). Leur fondation remonte aux années 30. Les Hollandais fournirent le terrain à des Balinais que leur conversion avait exclus de leur communauté. Dans les deux villages, l'architecture des édifices religieux associe styles local et nord-européen. Près de Palasari, un bassin d'irrigation s'inscrit dans un beau paysage.

Gilimanuk ⑯

🚌 depuis Denpasar et Singaraja.
🚢 depuis Ketapang, Java. 🏠 Negara,
(0365) 41 193. 🍴 🛒 🏧 🌊

Le port d'où partent les bateaux à destination de Java possède une atmosphère agréable mais est pauvre sur le plan architectural. Le seul monument significatif est l'arche double baptisée « porte de Bali ». Les quatre dragons qui portent un trône divin font face aux points cardinaux. Sur les quais, des *warung* permettent de se restaurer en attendant un embarquement.

AUX ENVIRONS
À Cekik, au nord de Gilimanuk, le **Museum Purbakala** (Musée archéologique) expose des sarcophages et des outils de l'âge de pierre mis au jour dans des sites funéraires de la région. Ce sont les plus anciennes traces d'occupation humaine retrouvées dans l'île. Cekik abrite aussi le siège du Taman Nasional Bali Barat *(p. 136-137)*, la réserve naturelle qui protège une grande part de l'ouest de Bali.

🏛 **Museum Purbakala**
Jalan Raya. 📞 (0365) 61 328.
🕐 dim.-ven. 🚫 🎫

La « porte de Bali » de Gilimanuk

LES BUGIS À BALI

Musulmans réputés pour leurs qualités de marins et leur courage, les Bugis sont originaires de Sulawesi (Célèbes), une grande île qui se trouve au nord de Bali. Après la prise de Makassar par les Hollandais en 1667, ils s'exilèrent par milliers, s'éparpillant dans tout l'archipel. À Java comme à Bali, les Bugis louèrent souvent leurs services comme mercenaires. L'estuaire de la rivière Ijo Jading, dans le royaume de Jembrana, constituait un bon lieu d'ancrage. Ils entrèrent dans l'armée du roi et finirent par s'installer plus en amont pour se rapprocher du palais qui se trouvait à Negara. D'autres groupes fondèrent des communautés sur la côte nord de Bali. C'est avec l'aide de mercenaires bugis que Panji Sakti, un roi de Buleleng, occupa Blambangan, dans l'est de Java, en 1697. À la fin du XIXe siècle, un groupe de pirates opérait toujours depuis Pualau Serangan *(p. 72)*, une île proche de Denpasar. Les Bugis contrôlèrent le commerce entre Bali et Java jusqu'au milieu du XXe siècle. Les liaisons par ferries depuis Gilimanuk détruisirent leur pouvoir économique et, aujourd'hui, ils tirent pour la plupart une maigre subsistance de la pêche.

Bateaux bugis à la longue étrave peinte de couleurs traditionnelles

Le Taman Nasional Bali Barat ⑰

Heliconia

La réserve naturelle fondée en 1941 par les Hollandais pour offrir un asile à l'étourneau de Bali en voie de disparition est devenue en 1984 l'un des dix parcs nationaux indonésiens. Le parc national de l'ouest de Bali couvre environ 10 % de la superficie de l'île, principalement des espaces sauvages allant de la mangrove à la savane, mais aussi une large bande de terre cultivée. Seules les promenades à pied y sont autorisées.

★ **La mangrove**
Les palétuviers protègent la côte de l'érosion. Crabes et gobies marcheurs se faufilent entre leurs racines.

La station de reproduction des étourneaux de Bali tente de sauver l'espèce.

Récif de corail
Le parc renferme les abords de l'île Menjangan (p. 138) où les plongeurs peuvent admirer une riche faune marine.

GUNUNG PRAPAT AGUNG
332 m

Labuhan Lalang
Banyuwedang
Teluk Terima
Pemuteran
Pura Pul
Gilimanuk
Makam Jayaprana
Cekik
GUNUNG KELATAKAN
698 m
GUNUNG BAKUNGAN
603 m
GUNUNG SANGIANG
1 004 m
GUNUNG MERBUK
1 385 m
PARC NATIONAL
Blimbingsari
Sumbersari
Palasari
Malaya
Negara
Perancak

Sentier de découverte
Une courte randonnée effectuée avec un guide permet de découvrir la forêt pluviale. L'itinéraire passe près de plusieurs temples ; l'un d'eux ménage une belle vue.

À NE PAS MANQUER
★ **Mangrove**
★ **Savane**
★ **Sambars**

★ **La savane**
Les flancs nord de la chaîne montagneuse centrale reçoivent peu de pluie ; seules survivent des plantes ou arbres comme l'acacia, les broussailles ou le palmier.

Prairie

*Des prairies fertiles
s'étendent près de la
plage paisible de Pantai
Gondol où se trouve un
institut de recherche sur
la pêche.*

MODE D'EMPLOI

*Demander les autorisations
d'accès auprès de l'Office des
forêts indonésien (PHPA).* **Bureau
de Denpasar :** *Suwung 40, Box
329.* **Siège du parc :** *Jalan Raya
Gilimanuk, Cekik.* **Park
Headquarters :** *Jalan Raya
Gilimanuk, Cekik.* **☎** *(0365) 61
060.* **☐** *8h-14h lun.-jeu., 8h-
11h ven., 8h-midi sam.* **Bureau
local et des gardes :** *Labuhan
Lalang : 8h-18h t.l.j.*

LÉGENDE

━━━ Route principale

━━━ Route secondaire

‒ ‒ Sentier pédestre

━━━ Limite de la réserve

❇ Point de vue

★ **Les sambars**
*Ces cerfs asiatiques errent
en liberté sur les pentes
boisées du parc.*

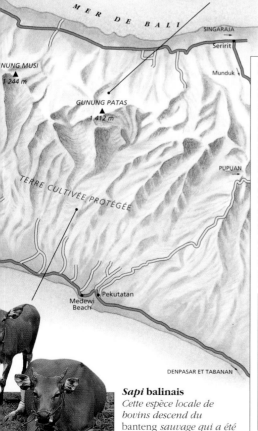

MER DE BALI

SINGARAJA

Seririt

Munduk

NUNG MUSI
1 244 m

GUNUNG PATAS
1 412 m

PUPUAN

TERRE CULTIVÉE PROTÉGÉE

Medewi
Beach · Pekutatan

DENPASAR ET TABANAN

0   10 km

L'ÉTOURNEAU DE BALI

L'étourneau de Bali, dit aussi
de Rothschild (nom
scientifique : *Leucopsar
rothschildi*), est le seul oiseau
endémique de Bali à avoir
survécu et l'un des plus
menacés de disparition de
la planète. Le nombre de ses
membres vivant en liberté était
descendu à quatorze ces
dernières années.
Le programme de reproduction
du Taman Nasional Bali Barat
jouit d'un soutien international.
Les oiseaux naissent en
captivité, à l'abri du
braconnage, la principale
cause du déclin de l'espèce, et
sont ensuite relâchés dans leur
habitat naturel.

Étourneau de Bali

Sapi balinais
*Cette espèce locale de
bovins descend du*
banteng *sauvage qui a été
domestiqué pour travailler
dans les rizières.*

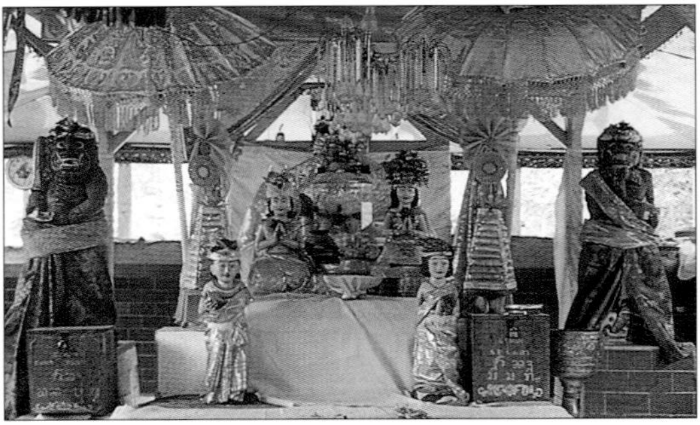

Monument à Makam Jayaprana, héros d'une tragédie romantique

Île de Menjangan 18

jusqu'à Labuhan Lalang depuis Denpasar et Seririt. depuis Labuhan Lalang. Labuhan Lalang, (0365) 61 060.

Nommée d'après le cerf de Java *(menjangan)* qui vient s'y promener depuis le continent à marée basse, l'île de Menjangan fait administrativement partie du Taman Nasional Bali Barat *(p. 136-137)*. Son principal intérêt est sa faune marine, d'une richesse exceptionnelle. Il suffit d'être équipé d'un simple tuba pour la découvrir. Le meilleur des huit sites de plongée est sans doute celui surnommé Anchor Wreck à cause d'une ancre incrustée dans le récif.

Labuhan Lalang, sur la baie de Teluk Terima, constitue le point d'accès le plus proche, mais ne comporte pas d'hébergements. Il faut acheter son passage sur place auprès du bureau de l'Office national des forêts. Les derniers bateaux partent à 15 h et reviennent avant la nuit.

Makam Jayaprana 19

Teluk Terima. *depuis Denpasar et Seririt.* Singaraja, (0362) 25 141. *t.l.j.*

Le « mausolée de Jayaprana est aussi un temple. Il faut grimper à flanc de colline depuis la route pour l'atteindre *(p. 136)*, mais les marcheurs se voient récompenser de leurs efforts par un panorama qui s'étend jusqu'à Gilimanuk, l'île Menjangan et le Gunung Raung de Java. Le sanctuaire s'élève sur le lieu de sépulture de Jayaprana, héros romantique du folklore balinais. Il avait pour épouse Layonsari, une femme d'une telle beauté que le seigneur de Kalianget décida de se débarrasser du mari pour pouvoir la conquérir. Il prétendit que des pirates bugis avaient débarqué à Gilimanuk et envoya Jayaprana à la tête d'un groupe de soldats pour les repousser. Mais ce fut leur chef que les hommes tuèrent en arrivant à destination. Layonsari résista aux avances du roi et se suicida pour rejoindre son bien-aimé dans la mort. Des statues du couple ornent la tombe.

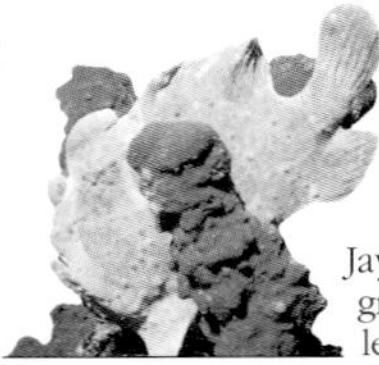

Poisson-Scorpion au large de Menjangan

Pemuteran 20

Singaraja, (0362) 25 141.

Le village de pêcheurs de Pemuteran borde la plus belle plage de sable du nord de Bali. C'est aujourd'hui une station balnéaire en pleine croissance qui offre un cadre agréable pour passer la nuit avant ou après une visite de l'île Menjangan. Celle-ci est accessible aux visiteurs qui louent un bateau. Les eaux recèlent de beaux récifs de corail peuplés de très nombreux poissons tropicaux.

AUX ENVIRONS
Un peu à l'ouest de Pemuteran, la petite baie de **Banyuwedang** porte un nom qui signifie « sources chaudes en balinais. Un petit établissement thermal, **Mimpi Resort Menjangan** *(p. 178)*, exploite l'une d'elles. D'autres sources jalonnent le rivage, submergées ou découvertes selon la marée. À environ 5 km à l'est de Pemuteran, le **Pura Pulaki** se dresse à quelques mètres de la mer au pied d'une falaise. Restauré en 1983, il commémore l'arrivée à Bali de Dang Hyang Nirartha *(p. 46-47)*. Ce dernier aurait transformé les habitants du lieu en *gamang* (fantômes) pour qu'ils protègent sa fille. Les macaques qui peuplent les environs sont considérés comme sacrés malgré leur agressivité.

Pura Pulaki
Banyu Poh. *t.l.j.* *contribution* *certaines zones.*

Pantai Gondol 21

6 km à l'ouest de Grogak, de l'autre côté du champ bordant le Fisheries Research Project (Perikanan).
Singaraja, (0362) 25 141.

La plage de sable blanc de Gondol s'étend au pied d'un petit promontoire. L'absence d'hébergement en fait un lieu paisible où les nageurs munis d'un masque et d'un tuba peuvent contempler la faune multicolore des récifs de corail.

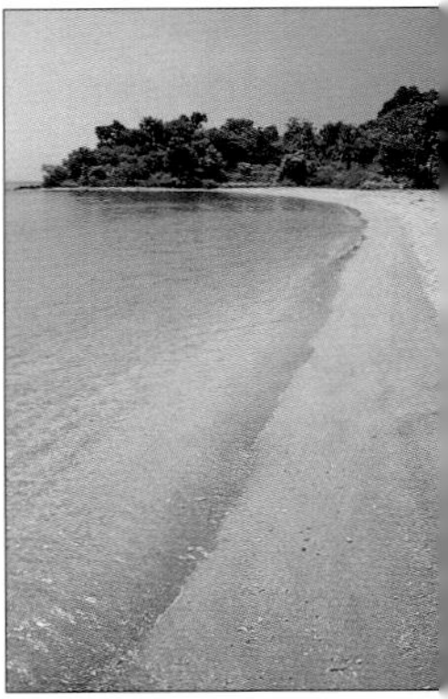

La plage de Pantai Gondol est restée sauvage

'Air Panas Banjar est une source d'eau chaude appréciée de tous

Banjar ②

arte routière A1. 🚌 🚐 *jusqu'à* *eririt, puis par ses propres moyens.* 🏠 *ngaraja, (0362) 25 141.* 🍴 🖵 🏪

anjar s'étend sur une plaine côtière derrière quelle les montagnes du ord de Bali forment un najestueux arrière-plan. C'était ncore un petit royaume semi-ndépendant en 1871, et a famille de brahmanes qui e dirigeait opposa aux onquérants hollandais une ive résistance. Le conflit, qui rit le nom de guerre de Banjar, s'est achevé par l'un es premiers *puputan (p. 48)* testés de l'histoire de l'île.

La renommée des brahmanes e Banjar ne repose pas niquement sur leur vaillance. es derniers jouissent galement d'une haute éputation littéraire depuis u'ils ont traduit en balinais, au ixᵉ siècle, des textes classiques n kawi (javanais ancien).

Après s'être converti au ouddhisme theravada qui révaut en Thaïlande, Bhikku iri Rakhita fonda en 1970 **Brahma Vihara Ashrama** *. 23).* L'architecture u monastère intègre de ombreux éléments haïlandais : toit de tuiles ernissées et bouddhas dorés la feuille. Il ménage un nagnifique panorama d'une allée voisine et du littoral.

À dix minutes de marche du Bhrama Vihara Ashrama, l'**Air Panas Banjar** (source chaude de Banjar) attire aussi bien des Balinais que des étrangers résidant à Lovina. Trois piscines permettent de se baigner dans des eaux de températures différentes. Leur teinte vert-jaune provient du soufre qu'elles contiennent. Le bassin le plus élevé est le plus chaud.

AUX ENVIRONS
À 10 km à l'intérieur des terres, **Pedawa** occupe une situation isolée. Il s'agit d'un village Bali Aga *(p. 46)* peuplé par les descendants de Balinais qui refusèrent d'adopter la culture indo-javanaise après l'invasion de l'île en 1343. Les habitants de Pedawa entretiennent des traditions très

anciennes et, encore récemment, ils ne rendaient pas de culte à la triade des grands dieux hindous : Brahma, Vishnou et Shiva. De même, ils n'élèvent pas derrière leurs maisons plusieurs autels pour les dieux et les esprits des ancêtres, mais un unique sanctuaire en bambou.

Les deux routes qui relient Pedawa depuis Banjar traversent de somptueux paysages.

Sidatapa, à l'intérieur des terres, a conservé d'intéressantes maisons anciennes en bambou.

🏛 **Brahma Vihara Ashrama**
Entre Banjar et Pedawa. 📞 *(0362) 92 954.* ◯ *t.l.j.* 🎟 *contribution.* ✅

💧 **Air Panas Banjar**
◯ *t.l.j.* 🎟 *contribution.* 🚻

Le Brahma Vihara Ashrama, monastère bouddhiste de Banjar

Arbre sacré enjambant la route près de Pupuan

Pupuan ㉓

Carte routière B2. 🚗 🚌 *depuis Denpasar et Singaraja.* 🛈 *Tabanan, (0361) 811 602.* 🍴

La région de Pupuan, au cœur de la partie de Bali la plus pluvieuse, jouit en altitude d'un climat frais. C'est un grand centre de production maraîchère. La route entre Seririt et Antosari traverse certains des plus beaux paysages de l'île et ménage de larges panoramas de la côte. Elle grimpe, *via*

Busungbiu et Pupuan, jusqu'à un col situé à 790 m d'altitude, puis redescend en serpentant jusqu'à Bimbing et Barja, avant de longer des rizières en terrasses. La route au sud-ouest de Pekukatan traverse une région de plantations de café et passe sous les racines d'un grand arbre sacré.

AUX ENVIRONS
À 12 km au sud, **Blimbing** offre une vue panoramique et abrite le plus proche hébergement et un restaurant.

Munduk ㉔

Carte routière B2. 🚗 🚌 *depuis Singaraja et Seririt.* 🛈 *Singaraja, (0362) 25 141.* 🍴 🏠 ♻

Près des lacs Tamblingan, Buyan et Bratan, Munduk est perchée sur une crête au milieu des plantations de café, de cacao, de vanille, de tabac et de clous de girofle. Le village a conservé quelques bâtiments des années 20 de style colonial. On peut y visiter l'atelier d'I Made Trip, le plus célèbre fabricant d'instruments de musique en bambou de Bali.

Munduk constitue une base idéale pour des promenades en vélo, une randonnée en montagne jusqu'à Pedawa, des flâneries à travers les rizières jusqu'à Uma Jero ou une excursion jusqu'aux lacs volcaniques voisins. La région recèle plusieurs cascades. La plus spectaculaire, haute de 30 m, se trouve à 1 km sur la route qui part en direction de Bedugul.

Excursion du lac Tamblingan ㉕

Cette balade enchaîne une promenade en bateau, une marche à pied et un trajet en voiture sur une route panoramique. Elle part de Gubug et commence par une traversée du lac Tamblingan qui occupe, avec le lac Buyan, le fond d'une vaste caldeira. Les pêcheurs qui louent leurs services aux visiteurs leur font longer la rive nord où une dense forêt primitive descend jusqu'au bord de l'eau. La forêt peuplée de singes et de nombreux oiseaux résonne de leurs appels.

MUNDUK

Pura Ulun Danu Tamblingan ③
Une volée de marches conduit au temple. Le sentier part d'une cour et s'enfonce dans la forêt.

Source sacrée ②
Elle coule dans une grotte ornée de parasols et accessible uniquement par bateau.

Gubug ①
Un *warung* du village fournit des informations sur la région. Il n'existe pas de sentier sur la rive nord et elle ne peut être approchée qu'en pirogue.

En pirogue sur le lac Tamblingan

Parachute ascensionnel au lac Bratan

Lac Buyan ㉖

Carte routière B2 et C2. 🚗 🚌
depuis Singaraja. 🛈 *Singaraja,
(0362) 25 141.* 🍴 🛏 ♻

La route de montagne qui y conduit ménage une belle vue du lac cerné d'une dense végétation. Les visiteurs peuvent louer une barque de pêche et participer à des randonnées organisées jusqu'à Gensing, Munduk ou une grotte du Gunung Lesong.

Lac Bratan et Bedugul ㉗

Carte routière C2. 🚗 🚌 *depuis
Singaraja et Denpasar.* 🛈 *Tabanan,
(0361) 811 602.* 🍴 🛏 🛏 ♻

Bedugul s'étire le long de la rive occidentale du lac Bratan. Cette plaisante station de villégiature devient très animée le week-end et pendant les périodes de vacances. Le plan d'eau permet des activités nautiques comme le canotage, le ski nautique et le parachute ascensionnel. Des guides proposent des randonnées en montagne, notamment sur le Gunung Pecak Manggu et le Gunung Catur.

Un *meru* de onze étages domine le **Pura Ulun Danu Bratan,** temple fondé au XVIIᵉ siècle et dédié à la déesse du lac, Dewi Danu. Il paraît flotter sur l'eau. Un pont en bois le relie à un îlot voisin où s'élève un stupa orné de bouddha.

D'une superficie de 155 ha, le **jardin botanique Eka Karya** renferme une collection de 320 variétés d'orchidées, un jardin de fougères et des plantes utilisées dans la médecine traditionnelle.

Au nord du lac, le Bali Handara Kosaido Country Club *(p. 204)* possède l'un des plus beaux golfs du monde.

🌿 Jardin botanique Eka Karya
Kebun Raya, à l'ouest de Candi
Kuning. ◯ *t.l.j.* 🛏 🛏

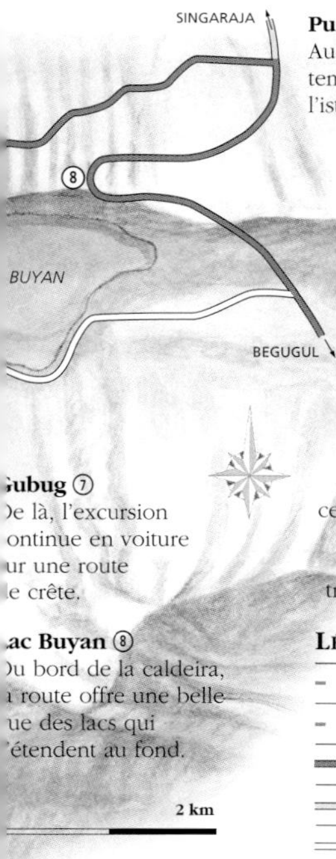

SINGARAJA

⑧

BUYAN

BEGUGUL

Gubug ⑦
De là, l'excursion continue en voiture sur une route de crête.

Lac Buyan ⑧
Du bord de la caldeira, la route offre une belle vue des lacs qui s'étendent au fond.

2 km

Pura Pekemitan Kangin ④
Au haut d'un long escalier, ce temple domine depuis une crête l'isthme boisé entre les deux lacs.

Forêt pluviale ⑤
De nombreux sentiers pénètrent dans la dense forêt pluviale qui s'étend vers le lac Buyan. Lianes et plantes grimpantes s'accrochent à de grands arbres aux massives racines apparentes.

Pura Dalem Gubug ⑥
Un court sentier mène à ce temple qui dresse un haut *meru* sur un promontoire. Le chemin jusqu'à Gubug traverse ensuite des prairies.

LÉGENDE

- – Trajet en bateau
- – Trajet à pied
▬▬ Trajet en voiture
══ Route secondaire
══ Piste

MODE D'EMPLOI

Départ : Gubug en pirogue.
*Arrivée : retour à Gubug à pied.
Il faut avoir prévu un véhicule
pour prendre la route de crête
qui part à l'ouest vers Bedugul.*
*Comment y aller ? Par ses
propres moyens via Bedugul ou
Munduk.*
*Quand partir ? Le matin. Évitez
la saison des pluies, des sangsues
infestent les sentiers.*
Durée : deux à trois heures.

Singaraja pas à pas

Article vendu au marché

L a grande ville du nord se prête à d'agréables promenades avec ses rues au plan régulier où des voitures à cheval se mêlent à une intense circulation. Le port qui s'envase depuis soixante ans a presque perdu toute activité au profit de Celukang Bawang situé à 38 km à l'ouest. Le quartier abrite toujours des communautés chinoises et musulmanes, des Bugis *(p. 135)* notamment, et il reste l'un des plus intéressants de Singaraja. La zone résidentielle balinaise se trouve plus à l'est et le centre moderne et commerçant s'étend près du marché, le Pasar Anyar, autour de Jalan Ahmad Yani et Jalan Diponegro.

Le quartier commerçant concentre banques et entreprises.

JALAN AHMAD

Vers le lac Bratan et Bedugu

JALAN

JALAN HASANUDDIN

Vue de la rivière Buleleng
De vieilles maisons, visibles depuis le pont, bordent le cours d'eau.

★ Le temple chinois
Avec son toit de tuiles rouges, il rappelle l'influence de la communauté chinoise dans une ville dont la prospérité a longtemps reposé sur les échanges commerciaux.

Vers le terminus des bus

Buleleng

À NE PAS MANQUER
★ Temple chinois
★ Masjid Nur
★ Monument à l'Indépendance

LÉGENDE

– – – Itinéraire conseillé

◁ **Le Pura Ulun Danu Bratan, temple dédié à la déesse du lac Bratan *(p. 141)***

Masjid Agung Jamik
Cette vaste mosquée est signalée de loin par son minaret et sa coupole dorée.

MODE D'EMPLOI

Carte routière B1. 🚌 *terminus sur Jalan Surapati, sur Jalan Ahmad Yani et à Sangket.* 🚕 ℹ️ *Jalan Veteran 23, (0361) 225 141.*
🍴 🚻 🏧 🛍️

Au Pasar Anyar, quatre bâtiments abritent des stands de produits alimentaires et d'articles divers.

★ **La Masjid Nur**
Le style de la mosquée Nur a été influencé par l'architecture indienne.

Vieux port
Son activité a attiré des marchands venus d'autres îles. Leurs descendants habitent toujours le quartier.

JALAN DIPONEGORO

JALAN ERLANGGA

0   50 m

★ **Le monument à l'Indépendance**
La statue représente Ketut Merta, mitraillé depuis une vedette hollandaise parce qu'il avait remplacé un drapeau des Pays-Bas par celui de l'Indonésie.

À la découverte de Singaraja

Un palais édifié en 1604 par le raja Panji Sakti a donné son nom à l'ancienne capitale du royaume de Buleleng. Singaraja signifie « lion roi » ; l'animal est représenté par une statue moderne qui se dresse au croisement de Jalan Veteran et Jalan Ngurah Rai. Après leur victoire à Jagaraga en 1849, les Hollandais firent de Singaraja leur capitale administrative. Des bâtiments de style colonial subsistent dans les rues au sud du centre. Les édifices construits dans le cadre de l'Ordre nouveau de Suharto *(p. 51)*, tel le Pura Jagat Natha, interprètent le style traditionnel balinais dans un sens monumental.

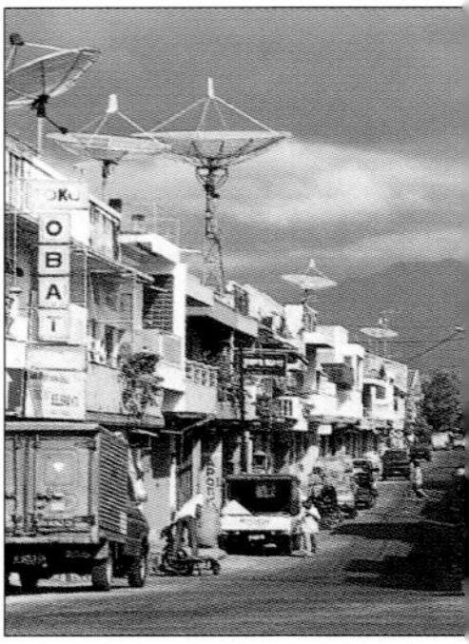

Scène de rue à Singaraja

Pura Jagat Natha

Jalan Pramuka. 🎟 *contribution.*
Le temple territorial hindou de la régence de Buleleng forme un vaste complexe de bâtiments couverts de sculptures. Son haut *padmasana (p. 26)* est typique des sanctuaires balinais édifiés depuis les années 70. Un gamelan répète le soir dans une des cours.

Gedong Kertya

Jalan Veteran 20 et 22. ☎ *(0362) 22 645.* 🕘 *lun.-jeu. et sam.* 🎟 *contribution.*
Fondée par les Hollandais en 1928, cette bibliothèque historique est principalement fréquentée par des Balinais effectuant des recherches généalogiques ou intéressés par les pratiques médicales d'antan. Elle conserve des milliers de manuscrits anciens gravés avec un stylet sur des feuilles de palmier lontar et frottés avec une pâte à noircir afin de rendre l'inscription lisible. La même technique sert à la réalisation des illustrations de légendes populaires appelées *prasi*.

Puri Sinar Nadiputra

Jalan Veteran, près du Gedong Kertya. 🕘 *lun.-jeu. et sam.*
Cet ancien palais abrite désormais un atelier de tissage ouvert aux visiteurs. La boutique adjacente vend des *ikat* de soie et de coton.

Aux environs

Nagasepaha, à 8 km au sud de Singaraja, a pour spécialité la peinture sur verre. Jero Dalang Diah, fabricant de marionnettes de théâtre d'ombres, initia cette tradition en répondant en 1927 à la demande d'un collectionneur. Celui-ci avait apporté la peinture sur verre d'une Japonaise en kimono et indiqua qu'il voulait un objet similaire, mais ayant pour suje[t] un personnage du théâtre *wayang (p. 30)*. L'art de Jero Dalang Diah évolua avec la mise en place d'arrière-plans réalistes. Ses descendants et plusieurs voisins suivent les voies qu'il a ouvertes.

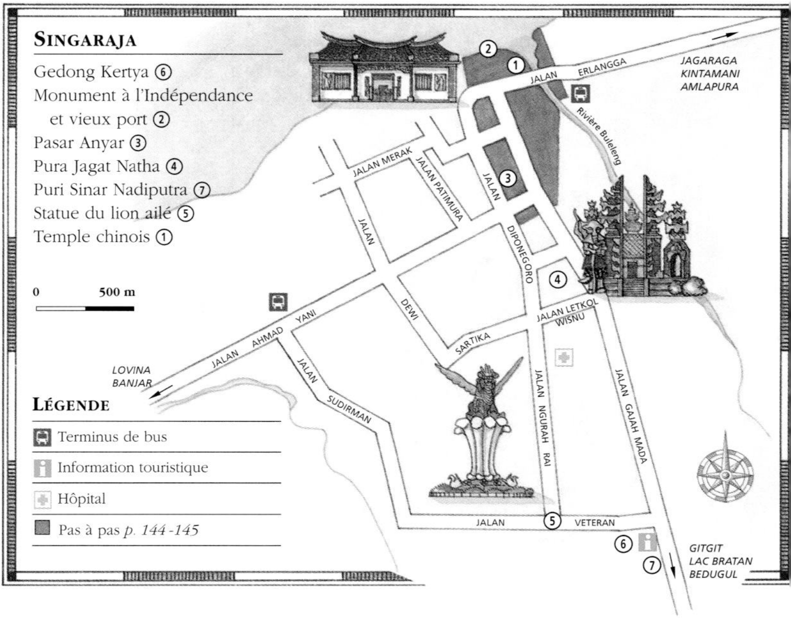
SINGARAJA
Gedong Kertya 6
Monument à l'Indépendance et vieux port 2
Pasar Anyar 3
Pura Jagat Natha 4
Puri Sinar Nadiputra 7
Statue du lion ailé 5
Temple chinois 1
0 500 m
LÉGENDE
Terminus de bus
Information touristique
Hôpital
Pas à pas p. 144-145
JALAN ERLANGGA
JAGARAGA
KINTAMANI
AMLAPURA
Rivière Buleleng
JALAN MERAK
JALAN PATIMURA
JALAN DIPONEGORO
JALAN
JALAN LETKOL WISNU
JALAN AHMAD YANI
DEWI SARTIKA
JALAN SUDIRMAN
JALAN NGURAH RAI
JALAN GAJAH MADA
JALAN VETERAN
LOVINA
BANJAR
GITGIT
LAC BRATAN
BEDUGUL

ovina 🟠

arte routière B1. 🚗 🚌 🛈 *Kalibuk-
k, (0362) 41 910.* 🍴 🏨 🏧 🏄

ette station balnéaire
au bord d'une longue
lage de sable noir a
onservé un charme
onchalant. Les pêcheurs
roposent des sorties en mer
la rencontre des dauphins.
suffit d'un tuba pour
écouvrir des fonds
agnifiques.
Jalan Binaria, rue qui mène
une statue de dauphins, est
ordée par des agences
ostales qui font office de
ervices touristiques. Des
zières et des cocoteraies
étendent au nord.
Le nom « Lovina Beach »
ésigne souvent une longue
ande côtière jalonnée de
lusieurs localités, de
ukadmungga à l'est à
aliasem à l'ouest.

Gitgit 🟠

arte routière C1. 🚗 🚌 *depuis
ingaraja et Bedugul. pour la cascade.*
🛈 *Singaraja, (0362) 25 141.* 🏄
our la cascade. 🍴 🏧 🏄

a plus belle cascade de
Bali se jette d'une hauteur
e 45 m dans un bassin
nchâssé dans une luxuriante
égétation, elle est séparée de
route par une distance de
00 m. Une autre chute d'eau,
noins spectaculaire et moins
réquentée, se trouve 1 km
lus haut sur la colline.

a plus haute cascade de Bali se
rouve près de Gitgit

Le Pura Beji de Sangsit, près de Jagaraga, possède un exubérant décor sculpté

AUX ENVIRONS
Les habitants de **Pegayaman**,
village musulman, pour
l'anniversaire du Prophète
(p. 43), portent en procession
un *tumpeng* (offrande en
forme de montagne).

Jagaraga 🟠

Carte routière C1. 🚌 *depuis
Singaraja.* 🛈 *Singaraja, (0362) 25 141.*

C'est à Jagaraga, en 1849,
que les Hollandais
réussirent à venir à bout de
Gusti Jelantik qui leur résistait
depuis 1846.
Le **Pura Dalem** (temple des
morts) du village est réputé
pour son exubérant décor
sculpté où apparaissent
des cyclistes, un avion, des
cerfs-volants, un poisson géant
avalant une pirogue et un
bandit masqué braquant
un mousquet sur un colon
assis dans une voiture du
début du siècle.

🅰 Pura Dalem
Jagaraga. 🔆 *t.l.j.* 🏄 *contribution.* 📷

AUX ENVIRONS
À **Sangsit**, à 4 km de Jagaraga,
le **Pura Beji** offre un autre
exemple du style fantasque du
nord de Bali. L'ornementation
du portail central est
particulièrement intéressante.
Le **Pura Dalem** voisin abrite
de sombres descriptions des
supplices qui attendent dans
l'au-delà ceux qui se
conduisent mal.
Dans une région creusée de
gorges majestueuses, **Sawan**, à
4 km au sud de Jagaraga, a la
réputation de produire l'un des
meilleurs riz de Bali. Le village
abrite des fabricants de gongs.

Air Sanih, à 12 km de
Sangsit, est une petite station
balnéaire où un agréable
restaurant permet de manger
au bord de la plage.

🅰 Pura Beji
Sangsit. 🔆 *t.l.j.*

**Relief du début du xxᵉ siècle au
Pura Dalem de Jagaraga**

Pura Meduwe Karang 🟠

Voir p. 148-149.

Tejakula 🟠

Carte routière D1. 🚗 🚌 *depuis
Singaraja.* 🛈 *Singaraja, (0362) 25
141.* 🏄

R éputé pour ses bijoux en
argent et ses danses
wayang wong (p. 31), le vieux
village de Tejakula mérite
aussi une visite pour ses
plages de sable noir et
ses bosquets de cocotiers.
La partie orientale de
la régence de Buleleng est
une des régions les plus
préservées de Bali.

AUX ENVIRONS
Il existe plusieurs villages Bali
Aga *(p. 46)* aux alentours de
Tejakula. **Sembiran** se trouve
à l'ouest, plus haut dans
la montagne. Il conserve
des vestiges mégalithiques et
ménage une vue de la côte.

Le Pura Meduwe Karang ⊛

Fleur de frangipanier

Ce vaste temple dédié à la Terre Mère qui assure la fertilité des cultures sans irrigation permet de contempler un foisonnement de sculptures caractéristiques de l'art religieux du nord de Bali. Ses deux cours s'étagent en terrasses reliées par des volées de marches encadrées par des portails fendus. Au plus haut s'élève le Betara Luhur Ing Angkasa, l'autel pyramidal du « Seigneur possédant le sol ».

Portails fendus
Des bas-reliefs décorent les candi betar *qui donnent accès aux cours.*

Padurak (pilier de pierre) sculpté

Le long pavillon
sur le côté de la cour intérieure sert de lieu de réunion pendant les fêtes.

Des escaliers
relient les terrasses.

★ **Les personnages du *Ramayana***
Trente-quatre figures de la grande épopée indienne ornent la terrasse de l'entrée.

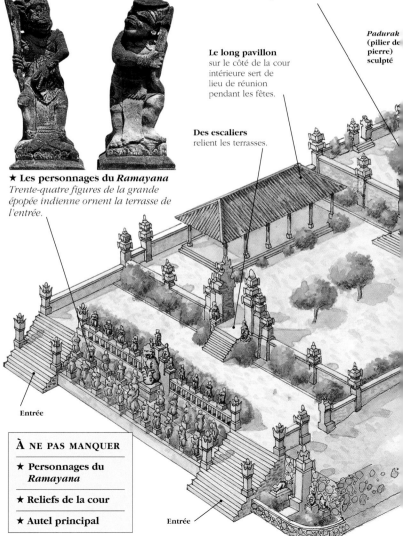

Entrée

Entrée

À NE PAS MANQUER

★ **Personnages du *Ramayana***

★ **Reliefs de la cour**

★ **Autel principal**

MODE D'EMPLOI

Kubutambahan. **Carte routière**
C1. 🚌 🚐 *depuis Singaraja.*
⭕ *8h-17h t.l.j.* 📷 📹
🎎 *Purnama Sasih Kawulu (fév.).*

Le cycliste
*L'Occidental montré en train
de pédaler sur le mur à gauche
de l'autel serait l'artiste hollandais
W.O.J. Nieuwenkamp qui visita
la région en 1904.*

**Des piliers
sculptés**
remplacent
certains murs.

★ **Les reliefs de la cour**
*Ce prêtre offre un bon
exemple des
personnages et scènes
de la vie quotidienne
sculptés sur les murs de
la cour intérieure.*

Les murs sont
renforcés de piliers
au sommet ouvragé.

★ **L'autel principal**
*L'impressionnant Betara Luhur
Ing Angkasa, l'autel du « Seigneur
possédant le sol », reçoit aussi des
offrandes au dieu solaire Surya et
à Ibu Pertiwi, la Terre Mère. Celle-
ci est une déesse de la fertilité qui
protège les récoltes sur terrain sec.*

Sculpture murale
*Le décor de la cour
comprend des épisodes tirés
de légendes balinaises.*

LOMBOK

izières inondées, collines verdoyantes, montagnes austères et longues plages de sable blanc composent à Lombok des paysages variés. Une population où se mêlent Sasak musulmans et Balinais de souche entretient une riche diversité culturelle. L'île n'a pas connu le développement touristique de Bali : elle conserve plus d'authenticité mais offre moins de confort au visiteur.

Au nombre deux millions environ, les Sasak, qui forment la majorité de la population, descendent probablement d'immigrants arrivés au IVᵉ millénaire avant Jésus-Christ. Leur identité est issue de deux influences majeures qui se sont exercées à partir du début du XVIᵉ siècle sur des coutumes animistes centrées sur le culte des ancêtres : l'islam, prêché par des Javanais, et la culture hindouiste de conquérants venus de Bali. Ces derniers s'imposèrent surtout à l'ouest et c'est toujours là que vit la majeure partie de la minorité de tradition balinaise. Elle compte environ 100 000 membres. L'île abrite aussi de petites communautés chinoises, arabes et bugies.

Les Sasak pratiquent un artisanat séculaire dont l'originalité s'exprime entre autres dans les tissages et la poterie. Leurs mosquées s'inspirent souvent de l'architecture musulmane javanaise, mais la forme caractéristique de leurs greniers à riz a des origines plus anciennes. Les danses et la musique de l'île de Lombok doivent beaucoup aux civilisations indo-javanaise et balinaise.

L'île présente plus d'intérêt pour sa beauté naturelle que pour son héritage architectural. Les plages permettent des activités comme le surf, la planche à voile, la plongée et la pêche. À l'intérieur des terres, la chaîne volcanique dominée par le Gunung Rinjani offre de splendides itinéraires de randonnée. Sur la côte ouest, Senggigi est devenu le principal pôle touristique. Au large, les îles Gili possèdent des fonds coralliens exceptionnels. La côte sud, où des falaises spectaculaires tombent droit dans l'océan, reste encore très peu fréquentée.

Coucher de soleil sur le détroit de Lombok vu de la station balnéaire de Senggigi

◁ **Mosquée au sein d'une plantation près de Sapit, au sud-est du Gunung Rinjani**

À la découverte de Lombok

L es ferries en provenance de Bali arrivent à
Lembar, au sud de la côte ouest. Les avions des
lignes intérieures indonésiennes se posent à
quelques kilomètres de là sur l'aéroport de Mataram,
la capitale provinciale. Celui-ci permet d'atteindre
rapidement la station balnéaire de Senggigi. Depuis
Mataram, la route qui rejoint à l'est le petit port de
Labuhan Lombok dessert des sites comme Narmada
et l'agréable village de Tetebatu. Kuta constitue une
base idéale pour partir à la découverte des
splendides plages isolées de la côte sud. Au nord,
les chemins conduisant à la spectaculaire caldeira du
lac Segara Anak et au sommet du Gunung Rinjani
partent de Senaru et Sembalun.

Une mosquée de la ville de Selong

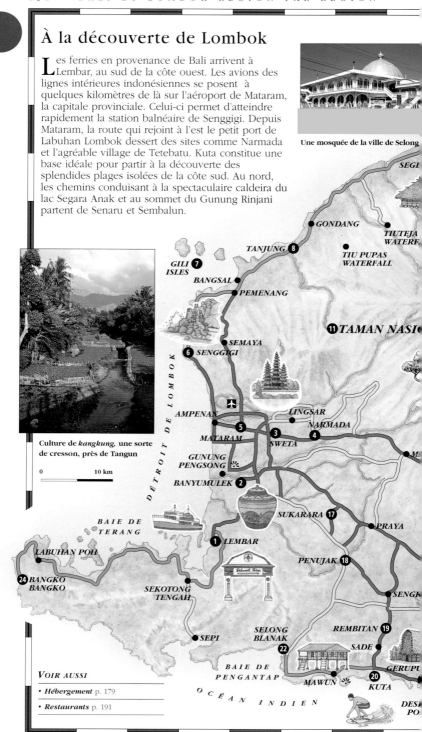

Culture de *kangkung,* une sorte
de cresson, près de Tangun

0   10 km

SEGE

GONDANG

TIUTEJA
WATERF.

TANJUNG **8**

TIU PUPAS
WATERFALL

GILI
ISLES **7**

BANGSAL

PEMENANG

11 *TAMAN NASI*

SEMAYA

6 SENGGIGI

D É T R O I T   D E   L O M B O K

AMPENAN

LINGSAR

NARMADA

5

MATARAM   **3**   **4**

SWETA

GUNUNG
PENGSONG

BANYUMULEK **2**

BAIE DE
TERANG

SUKARARA **17**

PRAYA

1 LEMBAR

LABUHAN POH

PENUJAK **18**

24 BANGKO
BANGKO

SEKOTONG
TENGAH

SENGK

REMBITAN **19**

SEPI

SELONG
BLANAK

SADE

22

GERUP

20

BAIE DE
PENGANTAP

MAWUN

KUTA

O C É A N   I N D I E N

DESI
PO

CIRCULER

Des bus et des *bemo* circulent sur les principales routes, en particulier celle qui mène à Senggigi depuis Mataram et celle qui traverse l'île d'est en ouest. Il existe peu de transports publics ailleurs, y compris pour rejoindre Kuta au sud, et mieux vaut disposer d'un véhicule, de préférence avec chauffeur. Les routes reculées sont souvent étroites ou défoncées.

Dans le Taman Nasional Gunung Rinjani

Danse traditionnelle sasak

LÉGENDE

▬ Route principale
═ Route secondaire
▬ Route pittoresque
〜 Cours d'eau
☼ Point de vue
✈ Aéroport

LOMBOK D'UN COUP D'ŒIL

MER DE BALI — SEMBALUN **12** — SAPIT **13** — LABUHAN LOMBOK **14** — AIKMEL — PRINGGASELA **15** — MASBAGIK — SELONG — LABUHAN HAJI — TANJUNG LUAR **23** — DÉTROIT D'ALAS

Panorama offert par le sommet du Gunung Pengsong

Lembar ❶

🔲 🚌 ⛴ *depuis Padang Bai et Pelabuhan Benoa.* 🏨 *débarcadère.* 🏪

L e principal port de Lombok jouit d'une situation protégée au fond d'une baie entourée de collines. Les vendeurs ambulants abondent autour du débarcadère où accostent les ferries et les hydroptères en provenance de Bali. Les prix des places dans les bus et minibus surchargés desservant le reste de l'île donnent lieu à d'intenses marchandages. Il existe un petit bureau d'information touristique, quelques téléphones publics et des échoppes proposant des plats préparés. De beaux bateaux bugis *(p. 135)* continuent d'assurer une part du transport de marchandises.

AUX ENVIRONS
La route qui rejoint **Sekotong,** à une dizaine de kilomètres au sud, ménage de belles vues de la baie et de ses *bagan,* des plates-formes de pêche construites sur pilotis d'où les pêcheurs attirent les poissons dans leurs filets avec des lamparos. Depuis Sekotong, des canots à moteur conduisent aux petites îles coralliennes appelées Gili Gede et Gili Nanggu. Les visiteurs qui veulent y passer la nuit doivent se contenter d'un confort rudimentaire.

Banyumulek ❷

🚌 *depuis Mataram.* 🏨 *Mataram, (0370) 640 691.* 🏪

C e village de maisons en bois à toits de chaume doit son renom à sa poterie, activité traditionnellement féminine. Les visiteurs peuvent voir les femmes façonner patiemment des récipients de tailles variées.

AUX ENVIRONS
À quelque 3 km à l'ouest de Banyumulek, l'ascension aisée du **Gunung Pengsong** mène à un temple qui offre un large panorama. Par temps clair, la vue porte jusqu'au Gunung Agung de Bali d'un côté et jusqu'au Gunung Rinjani de Lombok de l'autre. Au pied de la colline, la plaine de Mataram s'étend jusqu'à la mer.

Sweta ❸

🔲 🚌 🏨 *Mataram, (0370) 640 691.* 🏪 🏪 🏪

L' agglomération de Mataram a absorbé Sweta qui renferme l'un des plus vieux temples de Lombok, le **Pura Lingsar** fondé en 1714. Ce lieu de culte est fréquenté à la fois par des hindouistes et des musulmans Wetu Telu *(p. 23).* Un bassin contient des anguilles albinos. La gare routière se trouve désormais à côté du **marché de Bertais,** le plus important de l'île. Une foule animée se presse entre les étals où s'empilent fruits, légumes et épices, mais aussi paniers, tissus et objets artisanaux de toutes sortes.

🔼 Pura Lingsar
Nord de Sweta. ⬜ *t.l.j.* 🏪
🎏 *Perang Topat (guerre des gâteaux de riz) et Pujawali (nov.-déc.)*

Narmada ❹

🔲 🚌 🏨 *Mataram, (0370) 640 691.* ⬜ *t.l.j.* 🎏 *fête de la chasse au canard (17 août).*

N armada a conservé le palais d'été qu'y fit construire en 1805 le raja de Mataram. Dans le jardin en terrasses agrémenté de bassins à lotus s'étend un lac censé représenter celui qui occupe la caldeira du Gunung Rinjani *(p. 158-159).* Devenu incapable de gravir la montagne sacrée pour contempler l'original, le raja dut se contenter de sa réplique.

Bassin à lotus du palais d'été de Narmada construit au XIXᵉ siècle

---

LA POTERIE DE LOMBOK

Plusieurs villages de Lombok entretiennent depuis des siècles une tradition de céramique rustique fabriquée sans tour. Les femmes donnent forme à leurs créations, simples assiettes ou grands récipients, en assemblant des colombins ou en utilisant des outils appelés « pierre et pagaie ». La poterie de Banyumulek se distingue par sa simplicité et son absence d'ornement, celle de Masbagik par ses motifs géométriques caractéristiques et celle de Penujak *(p. 161)* par ses décors animaliers.

Vase de Penujak

Mataram ⑤

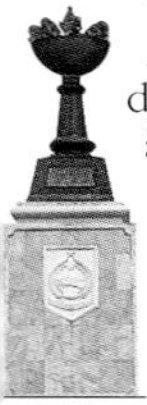

go de l'office
le tourisme

Le développement urbain a fondu en une seule agglomération trois villes autrefois distinctes. La population mélangée d'Ampenan, à l'ouest, rappelle que son port fut une étape importante sur la route des épices.
Il n'accueille plus désormais que des bateaux de pêche. À Mataram, capitale de la province de Nusa Tengagara Barat, des bâtiments administratifs bordent des avenues aérées. Cakranegara, où résidaient les rajas, est devenue le pôle commercial.

À la découverte de Mataram

Les rues sinueuses d'Ampenan abritent les maisons et les boutiques de marchands chinois et arabes. Certains des bâtiments aujourd'hui transformés en restaurants et en cafés ont été influencés par l'Art déco. La plage s'anime au coucher du soleil et les visiteurs s'y retrouvent pour boire un verre dans l'ancienne banque de style colonial.
Ses parcs et ses avenues arborées font de Mataram une ville aérée qu'agrémentent plusieurs monuments.
Le magasin du **Lombok Pottery Centre** *(p. 194-195)* est spécialisé dans l'artisanat. L'active Cakranegara possède une communauté chinoise importante.

🏛 Museum Negeri

Jalan Panji Tilar Negara 6. ☎ *(0370) 637 503.* ◯ *mar.-dim.* ● *lun. et jours fériés.* 🚫 ♿

Le Musée ethnographique des îles de Nusa Tenggara Ouest propose une intéressante collection d'objets tels que bijoux, porcelaines, vaisselle, sculptures sur bois, meubles, vanneries, tissus anciens, bronzes, outils et instruments de musique.

⛩ Puri Mayura

Jalan Selaparang, Cakranegara.
☎ *(0370) 624 442.* ◯ *t.l.j.* ♿

Du palais d'eau construit en 1744 par les rois balinais de Lombok ne subsiste qu'un jardin agrémenté d'autels et de fontaines autour d'un lac artificiel.

MODE D'EMPLOI

✈ *aéroport de Selaparang.*
🚌 *gare routière de Sweta.* 🚌
ℹ *DIPARDA, Jalan Langko 70, Ampenan, (0370) 640 691.*
🎭 *Peresean (combat rituel) (août).* 🍴 ☕ 🛍 🏨

🛕 Pura Meru

Jalan Selaparang, Cakranegara.
◯ *t.l.j.* ♿

Fondé en 1720 par un prince balinais, le plus grand temple hindou de Lombok renferme trois hauts *meru* consacrés aux grands dieux Shiva, Vishnou et Brahma.

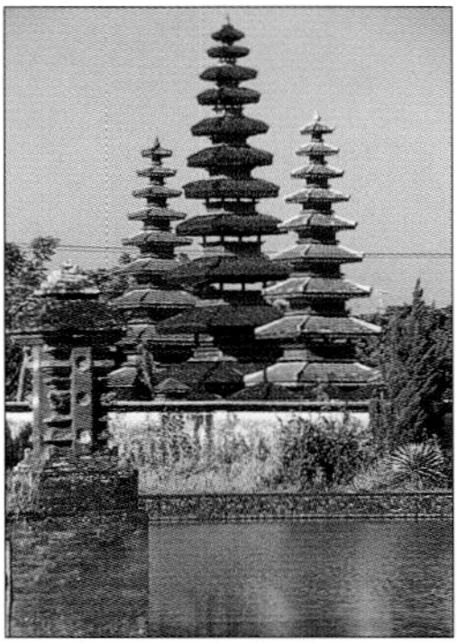

Le Pura Meru vu du palais d'eau, le Puri Mayura

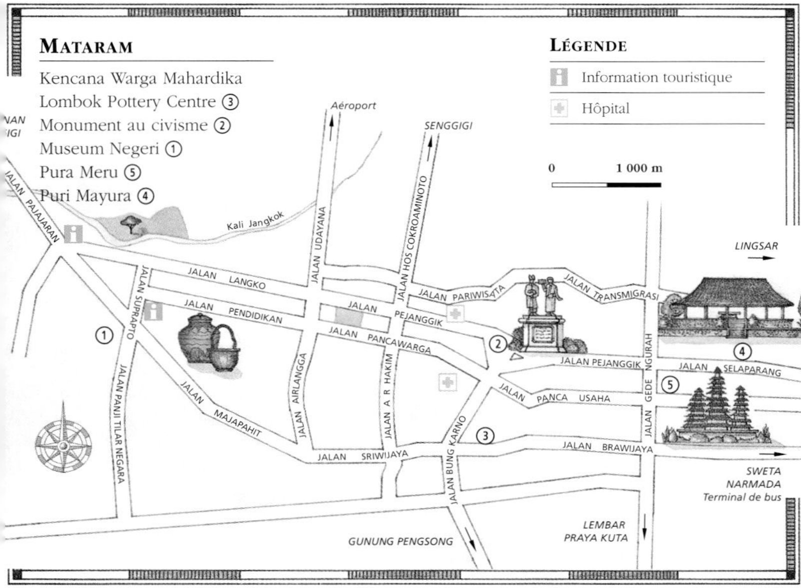
MATARAM
Kencana Warga Mahardika
Lombok Pottery Centre ③
Monument au civisme ②
Museum Negeri ①
Pura Meru ⑤
Puri Mayura ④
LÉGENDE
Information touristique
Hôpital
0
1 000 m
Aéroport
SENGGIGI
LINGSAR
Kali Jangkok
JALAN PAJAJARAN
JALAN UDAYANA
JALAN HOS COKROAMINOTO
JALAN LANGKO
JALAN PENDIDIKAN
JALAN PEJANGGIK
JALAN PANCAWARGA
JALAN PARIWISATA
JALAN TRANSMIGRASI
JALAN SUPRAPTO
JALAN PANJI TILAR NEGARA
JALAN MAJAPAHIT
JALAN AIRLANGGA
JALAN A R HAKIM
JALAN BUNG KARNO
JALAN SRIWIJAYA
JALAN PEJANGGIK
JALAN SELAPARANG
JALAN PANCA USAHA
JALAN GEDE NGURAH
JALAN BRAWIJAYA
SWETA
NARMADA
Terminal de bus
LEMBAR
PRAYA KUTA
GUNUNG PENGSONG

La station balnéaire de Senggigi est le principal pôle touristique de Lombok

Senggigi ❻

🚌 🚐 *depuis Lembar et Mataram.*
ℹ️ *Mataram, (0370) 640 691.*
🎭 *Mois d'échanges culturels (août).*
🏛️ 🍴 📷 🏊

Avec ses plages de sable blanc frangées de cocotiers, Senggigi est devenue la grande station balnéaire de Lombok. Sans avoir atteint le niveau de développement touristique de Kuta, à Bali, elle offre néanmoins un large choix d'hébergements, de restaurants, d'activités nautiques et de sorties nocturnes.

Officiellement, la localité proprement dite ne borde que deux petites anses séparées par une pointe de corail blanc s'enfonçant dans l'océan. Mais Senggigi désigne aujourd'hui une bande de 6 km où restaurants et cafés se serrent le long de la route côtière. Celle-ci ménage de superbes panoramas, la vue portant jusqu'à Bali. Des eaux calmes permettent une baignade sûre et les surfeurs débutants peuvent se risquer sur les vagues qui déferlent sur le récif. La planche à voile est aussi un sport très pratiqué. Il suffit d'un masque et d'un tuba pour contempler à quelques mètres du bord une riche faune multicolore.

AUX ENVIRONS
À 3 km au sud du centre de Senggigi, le temple hindou de **Batu Bolong** se dresse sur un promontoire rocheux.

Les dévots viennent y déposer leurs offrandes au crépuscule. Les couchers du soleil sont magnifiques avec la silhouette du Gunung Agung de Bali à peine visible dans le lointain.

Îles Gili ❼

🚌 🚐 *depuis Senggigi et Mataram jusqu'à Bangsal.* 🚤 *depuis Bangsal.*
ℹ️ *Mataram, (0370) 640 691.*
🏛️ 🍴 📷 🏊

À quelques minutes en bateau de Bangsal, ces trois petites îles interdites aux voitures possèdent des fonds coralliens abritant une faune exceptionnelle. Grâce à la limpidité de l'eau, un simple tuba suffit, en particulier de fin avril à fin août.

Gili Air, l'île la plus proche de la côte, possède la population permanente la plus nombreuse. Ses logements à prix moyens éparpillés parmi les cocotiers se prêtent à un séjour en famille. Les visiteurs peuvent y profiter du calme ou choisir de participer à la vie sociale locale relativement animée.

Plus petite et moins fréquentée, **Gili Meno** est moins belle que ses voisines. Elle offre des possibilités d'hébergement plus réduites avec des hôtels et des restaurants principalement haut de gamme.

Gili Trawangan, la plus grande île du petit archipel, mesure environ 2 km sur 3. Elle abrite quelques hôtels de luxe, mais surtout des *losmen* (p. 166) bon marché ; leurs prix augmentent cependant en haute saison. Ils accueillent beaucoup de jeunes gens venus faire la fête jusqu'au petit matin dans les bars, les restaurants et les discothèques qui bordent le front de mer au sud-est. L'autre côté de l'île, où une belle plage permet la baignade et la plongée au tuba, est plus calme.

LA FAUNE MARINE DES ÎLES GILI

Une journée de plongée sous-marine au large des îles Gili *(p. 210-211)* donne en général l'occasion de voir des requins de récif, qui heureusement n'attaquent pas l'homme. Malgré les dégâts causés, il y a quelques années, par la pêche à l'explosif, le corail de l'archipel des Gili permet  la survie de 3 500 espèces différentes, plus que la Grande Barrière australienne. Observée au tuba, la danse de poissons multicolores aux noms évocateurs comme le poisson-clown à trois bandes, le poisson-perroquet et le poisson-cocher offre un spectacle enchanteur. Deux espèces de tortues menacées d'extinction fréquentent aussi ces eaux : la tortue verte et la tortue imbriquée.

Le merveilleux monde sous-marin des îles Gili

Tambour *kecimol* lors d'un mariage musulman à Tanjung

Tanjung **8**

🚉 🚌 *depuis Mataram.* **i** *Mataram, (0370) 640 691.* 🔲 🏠 ♦

Ce gros village, niché dans un paysage verdoyant où voisinent cocoteraies, rizières et jardins maraîchers borde la route qui rejoint au nord les contreforts du Gunung Rinjani. Ses habitants vivent principalement de la pêche et de l'agriculture. Il accueille deux fois par semaine un marché aux bestiaux animé. Dans les parties les moins profondes de la rivière pousse du *kangkung*, plante aquatique très appréciée en cuisine.

AUX ENVIRONS
En continuant vers le nord le long des plages de sable noir, le paysage devient aride. À 4 km de Tanjung, **Krakas** est réputé pour sa source qui jaillit à 400 m au large et à une profondeur d'environ 10 m. Les pêcheurs emmènent les visiteurs en échange d'une modeste contribution et puisent l'eau pour leur montrer qu'elle est potable. Plus au nord, la cascade de **Tiu Pupas** et sept grottes se trouvent juste après Gondang.

Segenter **9**

🚌 *depuis Mataram.* **i** *Mataram, (0370) 640 691.* 🔲 9h-17h t.l.j. ✿ *contribution.*

Le petit village de Segenter offre un bon exemple d'une communauté agricole traditionnelle de Lombok. Ses habitants sont très discrets et moins intéressés par les

visiteurs que les gens de la région de Senggigi. Une promenade dans le village permet de les voir se livrer à leurs occupations quotidiennes. Les villageois mènent une existence des plus simples, produisant l'essentiel de leur nourriture. Ils cultivent aussi du riz, du coton et du tabac qu'ils vendent au marché.

En fin de matinée, beaucoup se retrouvent pour bavarder dans les « pavillons d'hôtes », constructions ouvertes aux planchers surélevés plus petites que les bâtiments à toit de chaume qui servent d'habitations.

Maison de Segenter construite avec entre autres des palmes tressées

Senaru **10**

🚌 *depuis Sweta et Tanjung.* **i** *Mataram, (0370) 640 691.* 🅗 🔲 🏠 ♦

Au pied du Gunung Rinjani, à 400 m d'altitude, Senaru jouit d'un climat plus frais que le littoral. Le panorama est superbe avec l'océan à l'ouest et le volcan au sud.

Longtemps protégé du monde extérieur par son isolement, le village a conservé ses maisons traditionnelles dont les toits de chaume reposent sur des murs de bambou. C'est aujourd'hui une station de villégiature appréciée le week-end.

Avec ses nombreux *losmen* et restaurants sans prétention, Senaru est aussi devenu le plus populaire des points de départ pour

la randonnée qui mène à la caldeira du lac Segara Anak et au sommet du Gunung Rinjani *(p. 158-159)*. Cette expédition de plusieurs jours exige une bonne forme physique. On peut y engager des guides et des porteurs, louer du matériel de camping tel que tente et sac de couchage et acheter des produits de base, en particulier des provisions.

AUX ENVIRONS
Une marche aisée d'une demi-heure conduit à l'ouest de Senaru à la spectaculaire cascade de **Sendanggile.** Haute de 40 m, elle offre l'occasion de se rafraîchir en marchant dans une eau qui est sans doute la plus pure d'Indonésie. Un peu plus haut à flanc de colline, une deuxième cascade, **Tiu Kelep,** se jette dans un charmant bassin qui se prête à la baignade.

Une autre promenade d'une demi-heure depuis le centre de Senaru mène à **Payan.** D'apparence mégalithique avec ses maisons à toit de chaume, il s'agit d'un des derniers village de l'île à rester fidèle à la religion Wetu Telu *(p. 23)* qui mêle croyances animistes et musulmanes. Ses habitants commencent toutefois à utiliser leur particularisme culturel à des fins mercantiles.

Cascade de Sendanggile près de Senaru

Le Taman Nasional Gunung Rinjani ⓫

Un parc national protège désormais l'imposant Gunung Rinjani, montagne sacrée pour les hindous comme pour les musulmans de Lombok. Volcan culminant à 3 726 m d'altitude, le Gunung Rinjani n'est plus actif, contrairement au Gunung Baru apparu au fond de sa caldeira. Ce dernier est entré plusieurs fois en éruption au cours du dernier siècle et, en 1995, des projections de cendres ont conduit les autorités à fermer le parc. La randonnée jusqu'à la caldeira, puis le sommet, exige une bonne forme physique et de solides chaussures ; mieux vaut éviter la saison des pluies. Elle peut être organisée depuis Mataram, Senggigi et Senaru. Sembalun Lawang est un autre point de départ mais offre moins de possibilités.

Le *Presbytis thomasi* est un singe fréquent à Lombok

BATU KOQ
ET BAYAN   Batu Koq

Senaru

● Cascades Sendanggile

Camp de base ●

GUNUNG SENKEREANG JAY
▲
2 902 m

Site de camping ●

● So
Site de ca

GUNUNG PLAWANGAN
▲
2 612 m

G

GUNUNG BUANMANGGE
▲
1 916 m

Chute de Tiuteja ●

GUNUNG TANAKLAYUR
▲
2 664 m

BUKIT KETIMUNAN
▲
1 602 m

Au départ de Senaru
*Les losmen locaux peuvent
se charger de l'organisation
de l'expédition.*

0   5 km

★ **Le Danau Segara Ana**
*Un lac aux eaux émerau…
s'étend au pied des flancs
abrupts de la caldeira.
Des sentiers conduisent
au petit Gunung Baru
toujours en activité.*

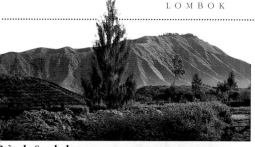

Près de Sembalun
La chaîne montagneuse qui s'élève à l'est de la vallée de Sembalun offre un spectacle impressionnant depuis le Gunung Kanji.

MODE D'EMPLOI

jusqu'à Anyar, puis bemo *jusqu'à Senaru ; jusqu'à Aikmel, puis* bemo *jusqu'à Sembalun.* *Mataram, (0370) 640 691.* *toute l'année, de préférence de juin à sept.* *Senaru, Sembalun et Sapit.* ***Organisateurs de randonnée :*** *Mataram et Senggigi ; Senaru. Il est recommandé de prendre un guide.* ***Poste de garde :*** *Sembalun.*

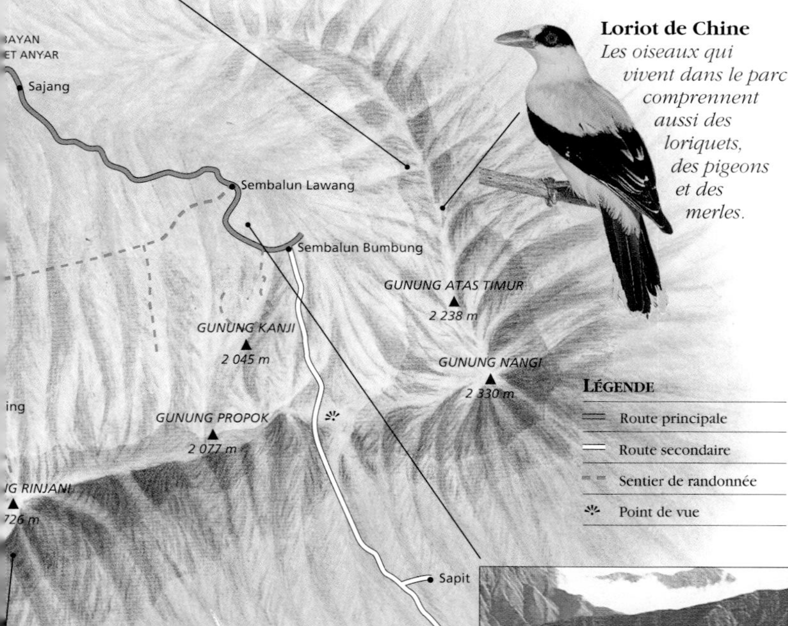

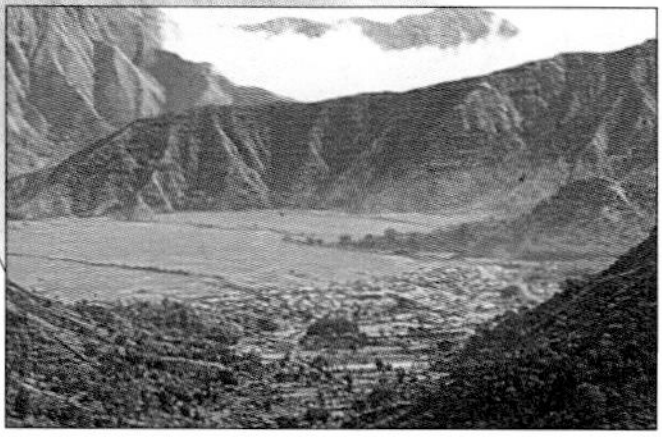

BAYAN ET ANYAR
Sajang
Sembalun Lawang
Sembalun Bumbung
GUNUNG ATAS TIMUR
2 238 m
GUNUNG KANJI
2 045 m
GUNUNG NANGI
2 330 m
GUNUNG PROPOK
2 077 m
G RINJANI
726 m
Sapit
AIKMEL ET LABUHAN LOMBOK
LÉGENDE
Route principale
Route secondaire
Sentier de randonnée
Point de vue

Loriot de Chine
Les oiseaux qui vivent dans le parc comprennent aussi des loriquets, des pigeons et des merles.

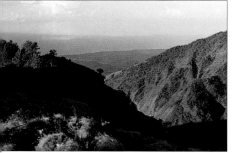

Vallée de Sembalun
Sur la route au sud de Sapit, un col situé à 2 000 m d'altitude ménage un large panorama des villages et des plantations du fond de la vallée.

Sommet du Gunung Rinjani
Depuis le point culminant de Lombok, la vue porte jusqu'aux plaines côtières.

À NE PAS MANQUER

★ **Danau Segara Anak**

★ **Sommet du Gunung Rinjani**

Plantations près de Sapit, au pied du Gunung Rinjani

Sembalun ⓬

🚌 *depuis Mataram et Tanjung.* 🛈 *Mataram, (0370) 640 691.* 🍴 ✎

Sembalun étend ses maisons basses en bois dans une vallée dominée par de hautes montagnes. Le Gunung Rinjani qui dresse sa silhouette imposante à l'ouest paraît presque à portée de main. Sembalun est le point de départ d'une voie menant au sommet du volcan, plus directe que l'itinéraire depuis Senaru *(p. 158-159)*. Cependant, peu de visiteurs l'empruntent car le village offre des possibilités d'hébergement beaucoup plus limitées.

La sensation d'isolement, la fraîcheur de l'air, il fait même froid la nuit, en font néanmoins un lieu de séjour agréable. La campagne permet

de belles promenades. Les échalotes représentent une importante source de revenu pour la région et leur odeur piquante, mais pas déplaisante, flotte souvent dans l'air.

AUX ENVIRONS
La route qui rejoint Sapit à l'est passe par l'un des plus hauts cols d'Indonésie. Ses lacets ménagent de larges panoramas de la vallée de Sembalun.

Sapit ⓭

🚌 *depuis Sweta.* 🛈 *Mataram, (0370) 640 691.* 🍴 ✎

Sapit se niche sur les contreforts orientaux du Gunung Rinjani dans un écrin de plantations de tabac et de rizières en terrasses vert émeraude. À une altitude

de 800 m, le village jouit d'un climat vivifiant et abrite quelques *losmen* bon marché et propres. Jardins et parterres de fleurs lui donnent un aspect soigné et engageant. La vue sur l'est de Lombok porte jusqu'à l'île de Sumbawa, de l'autre côté du détroit d'Alas.

Bateaux amarrés à une jetée de Labuhan Lombok

Labuhan Lombok ⓮

🚗 🚌 *depuis Mataram.* ⛴ *depuis Mataram et Sumbawa.* 🛈 *dans l'embarcadère.* 🍴 ✎

La baie de Labuhan Lombok forme un port naturel et la route parallèle à la côte longe des maisons sur pilotis bâties au bord de l'eau par des pêcheurs bugis *(p. 135)*. Leurs bateaux peints de couleurs vives flottent à côté. En ville, le dimanche, les étals du marché proposent des produits de toutes sortes.

La plupart des visiteurs ne viennent toutefois à Labuhan

Maisons sur pilotis de la baie de Labuhan Lombok

Lombok qu'afin d'y prendre un bateau pour l'île voisine de Sumbawa. L'embarcadère se trouve à 2 km du centre, au bout de la baie. Il y a plusieurs départs tous les jours.

Pringgasela ⑮

🚌 depuis Sweta et Labuhan Lombok. 🛈 Mataram, (0370) 640 691. 🎫

Sur les contreforts du Gunung Rinjani, un ruisseau court le long de la route qui traverse le village de Pringgasela, réputé pour les *ikat*. Les femmes les tissent assises à même le sol sur des métiers qui ont peu changé depuis des siècles. C'est leur poids qui assure la tension des fils. Les tisserandes commencent leur apprentissage vers l'âge de dix ans. Les nombreux tissus exposés devant les maisons créent une atmosphère colorée. Les motifs et les couleurs, où le noir et le rouge dominent, sont typiques de Lombok.

AUX ENVIRONS

Dans les collines au sud de Pringgasela se niche une autre village d'artisans, Loyok, renommé pour la vannerie et les nattes en fibre de bambou. La route qui descend de Loyok suit un torrent qui traverse une série de belles forêts et vallées.

Panier tressé à Loyok

Tetebatu ⑯

🚌 depuis Mataram. 🛈 Mataram, (0370) 640 691. 🎫 🏨 ♻

Dans un cadre splendide au pied du Gunung Rinjani, le village de Telebatu jouit à 550 m d'altitude d'un climat très agréable qui en fait un bon endroit où se détendre quelques jours. Il abrite quelques *losmen*. Il en existe aussi à l'extérieur au milieu des rizières.

La campagne environnante permet de belles promenades. L'une d'elles conduit à une petite rivière alimentée par la cascade de Jeruk Manis. Il faut compter deux heures et demie pour atteindre la chute d'eau haute de 50 m. D'autres parcours mènent à des villages isolés et une forêt tropicale peuplée de singes. De nombreux guides proposent leurs services.

Sukarara ⑰

🚌 depuis Sweta. 🛈 Mataram, (0370) 640 691. 🎫

La renommée acquise par ce village de tisserandes, de *songket (p. 37)* notamment, lui vaut d'attirer de nombreux touristes. Les boutiques proposent un large choix de tissus variés

fabriqués dans toutes la région. Vêtues de noir selon la coutume, les femmes travaillent sur le pas de leur porte et acceptent de poser pour les photographes.

Penujak ⑱

🚌 depuis Sweta. 🛈 Mataram, (0370) 640 691. 🎫

Penujak est, avec Banyumulek *(p. 154)* et Masbagik, l'un des principaux villages de potiers de Lombok. C'est sans doute le meilleur endroit où les curieux peuvent se faire expliquer toutes les étapes de la fabrication. Traditionnellement, les femmes façonnaient les pièces et les hommes les vendaient. L'augmentation de la demande les a conduit à aider les tisserandes. Chaque village possède sa propre forme de décoration, mais tous abritent des points de vente proposant des pièces des trois styles.

Poterie traditionnelle fabriquée à Penujak

LES TISSUS DE LOMBOK

Les Sasak continuent de tisser sur des métiers traditionnels des étoffes de grande qualité. Des villages tels que Sukarara, Pringgasela, Rembitan et Sade *(p. 162)* se sont spécialisés dans cette activité. Il existe une production moins artisanale autour de Mataram. Les villageois laissent les visiteurs assister à tout le processus de fabrication. Celui-ci commence par la décoction d'écorces et de racines pour obtenir les teintures qui restent le plus souvent naturelles. Le jaune est ainsi tiré de la racine du curcuma et le bleu de l'indigotier. La technique de l'*ikat* consiste à effectuer sur le fil de chaîne une teinture avec réserve de manière à obtenir plusieurs couleurs qui détermineront les motifs. Les bains durent vingt-quatre heures. Les métiers restent extrêmement rustiques. Les femmes assurent la tension des fils avec une tige de bois passée derrière leurs reins.

Tisserande au travail à Sukarara

Sarong typique de Lombok

Rembitan et Sade ⓲

Mataram, (0370) 640 691.
contribution. 🎫 🖼 🏛

Ces deux villages d'agriculteurs situés à environ 3 km l'un de l'autre sur un flanc de colline attirent de nombreux visiteurs. Les constructions traditionnelles ont des toits de chaume et des murs en treillis de bambou ou de nervures de feuilles de palmier. Ils ont conservé des greniers à riz. Ces *lumbung* à la toiture en capuchon, jadis considérés comme un symbole de Lombok, sont désormais devenus rares. Les marchands de souvenirs abondent, mais les habitants de Rembitan et de Sade conservent pour la plupart leur mode de vie traditionnel. Ce dernier est basé sur la culture du riz et l'élevage.

Kuta ⓴

🚌 depuis Sweta. Mataram, (0370) 640 691. 🍴 🖼 🏛 🛶

Le Kuta de Lombok offre un contraste frappant avec son homonyme de Bali, mais la construction d'un luxueux Novotel *(p. 179)* laisse présager que sa magnifique plage de sable blanc encadrée de deux promontoires rocheux ne restera pas longtemps aussi calme qu'aujourd'hui. Au large, sur le récif, les vagues déferlent en rouleaux appréciés des surfeurs.

Le village lui-même se compose de cabanes de pêcheurs en bois et de quelques *losmen*. Il s'anime

Kuta est un paradis pour les surfeurs et les amateurs de bains de soleil

en février pour la fête du *nyale (p. 42)* qui attire sur la plage des milliers de personnes.

AUX ENVIRONS
Il existe deux autres superbes plages à courte distance de Kuta. À 8 km à l'ouest, celle de **Mawun** s'inscrit dans une crique isolée. À la même distance à l'ouest, la plage de **Tanjung Aan** occupe le fond d'une baie. Des vagues s'écrasent sur les rochers qui l'enserrent, mais le sable donne sur une eau lisse et turquoise.

Gerupuk ㉑

Mataram, (0370) 640 691.
🖼 🏭

Le village de Gerupuk borde une longue baie. Ses habitants continuent de vivre en partie de la pêche et en partie de la culture d'algues

utilisées dans l'alimentation des animaux d'élevage. Elles poussent sur des cadres en bambou à demi submergés devant la plage. Après la récolte, elles sont mises à sécher le long de la route.

Gerupuk jouit d'un renom qui dépasse les frontières indonésiennes car c'est l'un des meilleurs spots de surf de Lombok. La houle venue de l'océan Indien se brise au large sur une barrière de corail et les surfeurs doivent louer une petite barque, qui les attendra un peu à l'écart, pour franchir la courte distance jusqu'aux vagues. Le trajet offre une vue saisissante des falaises et des rochers escarpés qui jalonnent le littoral.

Les déferlantes de Gerupuk se brisent sur un récif assez profond moins dangereux que le corail proche de la surface de Maui, près de Selong Blanak. La plupart des vagues déroulent vers la droite. Les vagues de gauche sont moins régulières. La glisse reste bonne toute la journée, mais c'est au petit matin, avant que le vent se lève, en général vers 9 h, que les conditions sont les meilleures. Les surfeurs viennent de Kuta ou sont étrangers, Australiens et Japonais principalement, et Brésiliens et Français. Ils logent pour la plupart à Kuta

Sur une vague de Gerupuk, l'un des meilleurs spots de surf de Lombok

Selong Blanak ⓴

Mataram, (0370) 640 691.

Une longue baie fermée des deux côtés par des promontoires rocheux abrite un petit village de pêcheurs dont les pirogues à balancier créent des taches de couleur vive sur le sable blanc. Il accueille principalement des surfeurs venus affronter les rouleaux de la plage voisine appelée **Maui.** Très rapides, les vagues imposent de se lancer au-dessus d'un récif peu profond et demandent donc une grande expérience.

Tanjung Luar ⓶

Mataram, (0370) 640 691.

Dans une région peu propice à l'agriculture, Tanjung Luar tire sa subsistance de la mer. C'est un petit port où débarquent les habitants d'autres îles venus sur des pirogues qui assurent un service de taxi. Ils se déplacent souvent pour le marché, très fréquenté, ou pour acheter le poisson que les pêcheurs, de retour de plusieurs jours au large, vendent directement en

Vue du littoral près de Selong Blanak

plein air au bord de la plage. Leurs prises comprennent espadons, daurades et, à l'occasion, requins. Marchandages, discussions et plaisanteries entretiennent une atmosphère animée. Des enfants s'initient à la pêche, tandis qu'ici ou là on redonne des couleurs à une coque.

Un peu plus loin s'élèvent au bord de l'eau les maisons sur pilotis d'une communauté de Bugis *(p. 135).* Leurs bateaux se reconnaissent à leur haute étrave caractéristique.

Docimo de Tanjung Luar

Les petites voitures à cheval, appelées *cidomo* ne, sont pas un mode de transport pittoresque destiné aux touristes mais l'unique mode de transport de nombreux habitants de la région.

Bangko Bangko ⓴

depuis Lembar. Mataram, (0370) 640 691.

Tout au bout de la péninsule qui forme la pointe sud-ouest de Lombok, Bangko Bangko est un lieu-dit plus qu'un véritable village. Il se compose d'une demi-douzaine de cabanes au bout d'une piste difficile. Un paysage magnifique récompense les efforts qui permettent d'atteindre ce site excentré.

L'endroit porte aussi le surnom de Desert Point. Les vagues qui déroulent à gauche sur une barrière de corail et déferlent au pied d'une falaise procurent des sensations intenses aux surfeurs expérimentés. Des agences de Lembar *(p. 154)* proposent des expéditions de pêche à Bangko Bangko.

Maisons bugies sur pilotis près du port de Tanjung Luar

LES BONNES ADRESSES

HÉBERGEMENT

Au sein d'une végétation tropicale où bruissent les palmes des cocotiers, même le plus international des grands hôtels possède un charme particulier à Bali. Les complexes hôteliers *(resorts)* constituaient jusqu'à présent l'essentiel de l'offre haut de gamme, mais le choix s'est élargi avec l'ouverture de petits

Portier d'hôtel

établissements de luxe appelé « hôtels-boutique ». Pour un group d'amis, la location d'une villa peu s'avérer la forme d'hébergement la plu intéressante. L'infrastructure touristiqu de Lombok reste moins développé que celle de Bali. Dans les deux île l'équipement des hôtels tient pe compte des besoins des handicapé

LOSMEN ET HOMESTAYS

Le *losmen* (ou *homestay*) est la forme la plus répandue d'hébergement bon marché à Bali. Le nom, qui dérive du mot « logement » utilisé pendant l'ère coloniale, désignait au début une simple chambre chez l'habitant. Le terme s'applique aujourd'hui à de petits hôtels d'un confort rustique tenus par une famille. Dans de nombreux endroits, c'est la seule forme de logement disponible. Les réservations sont en général impossibles.

Un *losmen* typique loue des chambres disposées autour d'une cour ou d'un jardin et équipées de moustiquaires et d'un ventilateur. Certaines, plus chères, ont parfois la climatisation. Les salles de bains ne possèdent pas toutes l'eau chaude et il y a rarement du papier dans les toilettes. Le prix comprend presque toujours le petit déjeuner. Il existe de nombreux *losmen* à Kuta (Poppie Lane II), dans le centre d'Ubud (Jalan Bisma), dans le village de Lembongan sur Nusa Lembongan, à Candi Dasa (rue principale) et près des plages de Lovina, Padang Bai et Amed.

Piscine d'un complexe hôtelier de Senggigi, Lombok

HÔTELS ET COMPLEXES HÔTELIERS

Bali compte de nombreux hôtels et complexes hôteliers aux normes de confort « occidentales ». Ils sont en majorité concentrés dans les régions les plus touristiques de l'île : le sud et le centre. L'offre couvre une large gamme de tarifs et beaucoup d'agences de voyages, dans les pays européens, proposent des forfaits intéressants. Le choix est beaucoup plus limité à Lombok où les établissements de ce type se trouvent pour la plupart dans la région de

Senggigi et sur les îles Gili *(p. 156)*.

Le développement de la location de villas et le succès des hôtels-boutique ont renforcé la concurrence qui règne à Bali. Si vous prenez la peine de comparer coûts et prestations, vous pourrez faire de bonnes affaires. Les grands complexes hôteliers offrent un confort luxueux à l'écart de l'agitation de la vie quotidienne de l'île. Ils conviennent particulièrement aux personne désireuses de se détendre pou les vacances et aux familles avec de jeunes enfants car ils proposent en général un service de baby-sitting et des activités surveillées.

La station balnéaire de Nusa Dua *(p. 73)* réunit dans une enclave isolée une sélection d'hôtels cinq-étoiles donnant directement sur la plage et de équipements de haut niveau comme un splendide terrain de golf et un grand centre commercial. Nombre des visiteurs qui y séjournent ne voient pas d'intérêt à s'aventurer au-dehors. Comm dans le reste de l'île, les établissements appartiennent souvent à des chaînes internationales et les hôtes y disposent d'équipement tels que courts de tennis, piscines salles de gymnastique et établissements thermaux. Les restaurants proposent des spectacles.

Les prix varient en fonction du standing, de la chambre, de la région et de la saison.

L'antenne balinaise de la **PHRI** (Persatuan Hotel clan Restaurant Indonesia), l'Association des hôtels et restaurants indonésiens *(p. 169)*, publie des listes avec classement par étoiles, mais elles sont souvent incomplètes

Losmen de Lombok

...la meublée dans le style balinais

...i ne sont pas mises à jour.
...ssociation est supposée
...pporter une assistance en cas
...e problème, mais il est plus
...pide et plus efficace
...e s'adresser directement à
...direction de l'hôtel.

...ÔTELS ET COMPLEXES
...ÔTELIERS SPÉCIALISÉS

...ertains établissements
...s'adressent plus
...rticulièrement aux visiteurs
...ésireux de découvrir la vie
...ulturelle locale ou de se
...vrer à certaines activités. Les
...etits *losmen* des villages au
...ed du Gunung Agung, à
...ali, et du Gunung Rinjani, à
...ombok, fournissent ainsi des
...uides aux randonneurs
...écidés à grimper jusqu'aux
...ommets de ces volcans.
...Les amateurs de plongée
...ous-marine ou d'observation
...u tuba *(snorkelling)*
...pprécieront les *resorts* de la
...ôte est de Bali (autour
...'Amed et de Tulamben), de
...usa Lembongan (au large de
...nur), du nord de Bali (d'où
...s pourront partir
...u bateau découvrir
...s fonds coralliens
...u Taman Nasional
...ali Barat) et de
...li Trawangan,
...ie île accessible
...epuis Lombok.
...Plusieurs hôtels,
...otamment à Ubud,
...ermettent de
...articiper à la vie
...un village ou de
...nitier à la
...uisine balinaise,
...la langue
...donésienne ou
...des artisanats
...omme le tissage.

VILLAS

Une villa-type louée à Bali
possède une piscine,
plusieurs chambres et
la télévision par satellite.
Le prix comprend la mise à
disposition d'un personnel
complet : femme de ménage,
baby-sitter, jardinier et,
souvent, cuisinier. Cette
forme d'hébergement
convient bien à des
familles, mais aussi à
des groupes d'amis
désireux de passer
de bons moments
ensemble, autour
d'un barbecue ou
d'une piscine par
exemple, ou lors
de soirées
décontractées.
Des agences
spécialisées vous
aideront sur place
à trouver une location
compatible avec votre
budget. Les plus importantes
sont **Bali Tropical Villas,
House of Bali, In Touch**
et **ZAT.**

**Fontaine du Bali
Inter-Continental**

Le carnet d'adresses *(p. 169)*

VOYAGER AVEC
DES ENFANTS

Les Balinais adorent les
enfants et le personnel des
hôtels se montrera prévenant
envers les vôtres. Tous les
grands complexes hôteliers
de luxe, et un grand nombre
des plus petits, possèdent des
suites familiales et offrent
toute une gamme de services,
dont le baby-sitting et les
activités surveillées, permettant
aux parents de profiter au
mieux de leurs vacances.

RÉSERVATIONS

L'Internet constitue un
moyen pratique de
se renseigner sur un
hébergement et même de
réserver directement. En évitant
de passer par une agence de
voyages, vous obtiendrez peut-
être un tarif intéressant, mais
vous risquez de vous retrouver
sans recours au cas où la réalité
ne correspondrait pas à
vos attentes.
Beaucoup de
complexes hôteliers
possèdent leur
propre site
et les sites
d'intermédiaires
balinais regroupent
les offres d'hôtels,
de propriétaires
de villas et
d'organisateurs
d'excursions.
Le carnet d'adresses *(p. 169)*
fournit quelques coordonnées.
Si vous désirez trouver d'autres
adresses, utilisez l'anglais et
tapez *« accomodation Bali »*
dans un moteur de recherche.

Le Sheraton Nusa Indah offre tout le confort que peut souhaiter une famille

Les établissements thermaux

Plantes aromatiques

Les Indonésiennes sont adeptes depuis des siècles, de bains, de massages et de baumes fabriqués avec des plantes aromatiques pour entretenir leur beauté et leur forme. Ces dernières années, les établissements thermaux qui ont ouvert en grand nombre dans les hôtels de Bali ont rendu ces soins aisément accessibles aux visiteurs des deux sexes. Certains de ces établissements font partie des meilleurs du monde. Bien que les petits salons de beauté ne puissent pas égaler leur luxe, ils offrent souvent un bon choix de prestations pour un coût bien moindre.

Salle de bains et de massage du Four Seasons Resort de Sayan

LES SOINS TRADITIONNELS

Les établissements thermaux (*spas*) de Bali n'ont pas une vocation strictement thérapeutique. On ne les fréquente pas pour suivre une cure, mais plutôt dans le but de libérer son esprit et de régénérer son corps. Beaucoup ont été conçus dès l'origine pour accueillir des couples et, contrairement aux salons de beauté locaux, s'adressent aussi bien aux hommes qu'aux femmes.

Parmi les soins appréciés par les deux sexes figure le *lulur* javanais qui commence par l'application d'une pâte exfoliante à base de produits naturels. Très agréable également, le massage balinais est une expérience à la fois relaxante et tonifiante. Vous pouvez en profiter directement sur les plages de Kuta et de Sanur où officient des professionnelles reconnaissables à leur chapeau. L'influence occidentale se fait particulièrement sentir dans la place accordée à l'aromathérapie. La richesse de la végétation indonésienne a permis le développement d'une industrie spécialisée dans les huiles essentielles. Même pour un simple massage, vous aurez le choix entre différents baumes dont chacun des parfums correspond à une humeur.

CHOISIR UN ÉTABLISSEMENT THERMAL

Bali offre un immense choix d'établissements thermaux et la gamme des prestations disponibles peut répondre à des désirs et des contraintes financières variés Lors d'une première expérience, nous vous conseillons d'opter pour un forfait afin d'avoir un large aperçu des traitements disponibles.

Le *spa* du **Four Seasons Resort** de Jimbaran a coûté des millions de dollars et remporté plusieurs prix internationaux. Il propose un éventail complet de soins orientaux et occidentaux dans des pièces privées qui ouvre pour la plupart sur une terrasse à la végétation luxuriante. Les spécialités comprennent un bain de vapeurs aromatiques et une douche qui produit l'effet calmant d'une pluie tropicale

Le **Nusa Dua Spa** du Nusa Dua Beach Hotel fut l'un des premiers établissements thermaux ouverts à Bali et il reste un des plus importants. Soins de beauté et massages ont lieu dans des salles individuelles ou directement dans les chambres des clients résidant à l'hôtel.

Comme son nom l'indique, le **Thalasso** du Grand Mirage Resort est un établissement

LE *LULUR* JAVANAIS

Le soin de beauté appelé *lulur* est né dans les palais royaux du centre de Java. Il s'agissait à l'origine d'un rituel prénuptial suivi par les jeunes promises pendant quarante jours avant leur mariage. Le traitement dure normalement deux heures et demie. Une pâte jaune composée de curcuma, de santal, de poudre de riz et d'épices est étalée sur la peau pour la débarrasser de ses cellules mortes, à la

Le *lulur* est une véritable cure de rajeunissement pour la peau

manière d'un gommage. Du yaourt rend ensuite sa souplesse à l'épiderme, puis une douche et un bain parfumé précèdent un long massage décontractant. Le déroulement des soins et la composition du baume varient selon l'établissement.

français. L'eau de mer est utilisée dans la plupart des traitements qu'ils proposent à ses clients.

Les petits bains du **Tjampuhan Hotel and Spa** occupent une grotte au bord de la rivière qui traverse Ubud. Des sculptures en pierre et une grande recherche dans la décoration ajoutent au cachet du lieu.

D'un style très différent, les thermes climatisés du **Four Seasons Resort** de Sayan offrent le plus grand confort dans un cadre moderne.

Le **Bali Hyatt** de Sanur possède de splendides équipements récents. Il permet de profiter en plein air, dans un très agréable décor taillé dans la pierre, de tous les soins traditionnels balinais.

Le **Bali Inter-Continental Resort** propose un large éventail de cures

dans des salles à l'équipement somptueux. Vous y découvrirez d'agréables piscines et des techniques de massage occidental et asiatique.

Bodyworks est un confortable petit établissement indépendant de Seminyak. Réputé pour ses soins de beauté qui vont de la coloration de cheveux à la manucure, en passant par la pédicure et les soins du visage, il possède une antenne, plus grande et plus luxueuse, à Peti Tenget.

Mandara Spa dirige certains des meilleurs établissements thermaux de Bali et de Lombok dans des hôtels comme l'**Hotel Padma**, le **Novotel Lombok**, **The Chedi**, **The Legian** et

Le double massage, une spécialité de la chaîne Mandara Spa

The Serai. Le soin réputé de Mandara Spa fait intervenir deux masseuses.

Nur Salon, l'un des premiers salons de beauté ouvert à Ubud, conserve une ambiance traditionnelle et reste bon marché. Quelques cabines modernes ont été ajoutées récemment. Le personnel est heureux d'expliquer l'usage des différents *jamu* (remèdes traditionnels à base de plantes).

Choisir un hôtel

Les hébergements disponibles à Bali et Lombok vont du plus luxueux au plus rustique. La plupart des *losmen (p. 166)* ne prennent pas de réservations et nous n'en avons pas répertorié ici car mieux vaut juger sur place pour en choisir un. Les périodes de haute saison durent de mi-décembre à mi-janvier et de début juillet à fin août.

	CARTES BANCAIRES	ACTIVITÉS POUR ENFANTS	PISCINE	RESTAURANTS	SERVICE AFFAIRES
SUD DE BALI					
CANGGU : *Bolare Beach Bungalows* $$\$\$$$ Banjar Berawa. ☎ (0361) 730 258. FAX (0361) 731 663. @ bolare@indosat.net.id Les petits bungalows calmes et propres, de style balinais contemporain, bordent la plage. Les hôtes jouissent d'un large éventail de services et d'activités sportives. 🏖 🍴 *Chambres : 20* 🛏 20	AE DC MC V		■	●	
CANGGU : *Le Meridien* $\$\$\$$ Tanah Lot. ☎ (0361) 815 900. FAX (0361) 815 904. @ sales@balimeridien.com Ce grand hôtel superbe loue aussi des villas et se trouve près du Pura Tanah Lot et près d'un des trois grands golfs de Bali. TV 🏊 🍴 *Chambres : 278* 🛏 278	AE DC JCB MC V	●	■	●	
CANGGU : *Hotel Tugu Bali* $\$\$\$\$$ Jalan Panti Batu Bolong. ☎ (0361) 731 701. FAX (0361) 731 704. @ bali@tuguhotels.com Cet hôtel de standing borde des rizières. Un collectionneur indonésien l'a conçu comme un écrin pour ses œuvres d'art et a donné aux pièces communes un décor hors du commun. TV 🍴 *Chambres : 25* 🛏 25	AE DC MC V		■	●	
JIMBARAN : *Pansea Puri Bali* $\$\$\$$ Jl Yoga Perkunti-Uluwatu. ☎ (0361) 701 605. FAX (0361) 701 320. Le Pansea Puri jouit d'une situation paisible et d'un cadre plein de charme sur Jimbaran Beach. Il se prête à des vacances détendues dans des chambres plaisantes. TV 🍴 *Chambres : 41* 🛏 41	AE DC MC V		■	●	
JIMBARAN : *Ritz Carlton* $\$\$\$$ Jalan Karang Mas Sejahtera. ☎ (0361) 702 222. FAX (0361) 701 555. @ ritzbali@dps.meaga.net.id Dominant l'océan depuis un promontoire, le Ritz Carlton possède d'excellents restaurants et équipements de loisir. TV 🏊 🍴 *Chambres : 332* 🛏 332	AE DC JCB MC V	●	■	●	■
JIMBARAN : *Bali Inter-Continental Resort* $\$\$\$\$$ Jalan Uluwatu 45. ☎ (0361) 701 888. FAX (0361) 701 777. @ bali@interconti.com Ce complexe hôtelier en bord de plage possède sept piscines, toutes dessinées d'après un thème différent. TV 🍴 *Chambres : 425* 🛏 425	AE DC MC V	●	■	●	■
JIMBARAN : *Four Seasons Resort* $\$\$\$\$$ Jimbaran Bay. ☎ (0361) 701 010. FAX (0361) 701 020. @ fsrb@indosat.net.id 147 villas aux aires de repas et de séjour séparées disposent chacune d'une petite piscine au sein d'un jardin à flanc de colline. L'établissement thermal est un des meilleurs de Bali. TV 🏊 🍴 *Chambres : 147* 🛏 147	AE DC JCB MC V	●	■	●	■
KUTA : *Un's* $$\$$$ Jalan Benesari 16. ☎ (0361) 758 411. FAX (0361) 758 414. @ unshotel@denpasar.wasantara.net.id Cet hôtel offre un bon rapport qualité-prix près du cœur de Kuta. *Chambres : 30* 🛏 12	MC V		■	●	
KUTA : *Bounty Hotel* $\$\$$ Jalan Segara Batu Bulong. ☎ (0361) 753 030. FAX (0361) 752 121. @ bounty@indo.net.id Un jardin et une piscine ajoutent au confort de cet hôtel agréable. Les clients ont droit à des réductions dans les boîtes de nuit et les restaurants gérés par le groupe auquel il appartient. Un bon choix pour de jeunes visiteurs. 🍴 *Chambres : 166* 🛏 166	AE DC JCB MC V		■	●	
KUTA : *Poppies Cottages* $\$\$$ Jalan Pantai. ☎ (0361) 751 059. FAX (0361) 752 364. @ info@bali.poppies.net Dans un quartier animé, les propriétaires du Poppies Restaurant ont ouvert un joli petit hôtel d'un bon rapport qualité-prix. *Chambres : 20* 🛏 20	AE DC MC V		■	●	
KUTA : *Alam Kul Kul* $\$\$\$$ Jalan Pantai. ☎ (0361) 752 520. FAX (0361) 752 519. @ kulkul@alamresorts.com En face de la principale plage de Kuta et à quelques pas de Kuta Square, ce resort vient d'être rénové. TV 🏊 🍴 *Chambres : 80* 🛏 80	AE DC JCB MC V	●	■	●	■

<table>
<tr><td colspan="2">

les prix, en dollars américains, correspondent à une nuit en chambre double standard et comprennent le petit déjeuner, le service et les taxes.

$ moins de 25 $
$$ de 25 $ à 50 $
$$$ de 50 $ à 100 $
$$$$ de 100 $ à 200 $
$$$$$ plus de 200 $

</td>
<td colspan="6">

CARTES BANCAIRES
Cartes bancaires acceptées : *AE* American Express ; *DC* Diners Club ; *JCB* Japan Credit Bureau ; *MC* MasterCard ; *V* Visa.
ACTIVITÉS POUR ENFANTS
L'hôtel propose un programme d'activités surveillées.
PISCINE
Les hôtes disposent d'au moins une piscine.
RESTAURANT
Il existe au moins un restaurant ouvert à tous.
SERVICE AFFAIRES
Service de messages ; fax ; salle de réunion ; accès à l'Internet.

</td></tr>
</table>

		CARTES BANCAIRES	ACTIVITÉS POUR ENFANTS	PISCINE	RESTAURANTS	SERVICE AFFAIRES

...UTA : *Hard Rock Hotel* $$$$
...an Pantai. **(** *(0361) 761 869.* **FAX** *(0361) 761 868.* **@** *rock@hardrockbeachclub.com*
...s corps de bâtiments aux thèmes différents entourent de grandes piscines dans ... parc. On peut louer des bungalows à la journée et la musique ne s'arrête jamais. ... Hard Rock Café donne sur la plage. **TV** 🎏 ⚫ 〰 **Chambres :** *418* 📋 *418*

AE DC JCB MC V — ● ■ ● ■

...GIAN : *Three Brothers* $
...an Legian, Three Brothers Lane. **(** *(0361) 751 566.* **FAX** *(0361) 756 082.*
...es du centre, mais au calme dans un parc, cet établissement propose ... choix d'hébergements variés. **Chambres :** *90* 📋 *90*

■ ● ■

...GIAN : *Rum Jungle Road* $$
...an Pura Bagus Taruna. **(** *(0361) 764 947.* **FAX** *(0361) 758 460.*
...*rjungle@indosat.net.id* Les rencontres sont faciles dans ce petit hôtel animé ...d'un bon rapport qualité-prix qui renferme un bar. **TV** **Chambres :** *31* 📋 *21*

MC V — ■ ● ■

...GIAN : *Bali Padma* $$$$
...an Padma 1. **(** *(0361) 752 111.* **FAX** *(0361) 752 140.* **@** *reservation@* ...*elpadma.com* Ce complexe hôtelier cinq-étoiles proche du centre comprend ... établissement thermal. **TV** 🎏 ⚫ 〰 📺 🍽 **Chambres :** *405* 📋 *405*

AE DC JCB MC — ● ■ ● ■

...USA DUA : *Hotel Bualu* $$$
...sa Dua. **(** *(0361) 771 310.* **FAX** *(0361) 771 313.* **@** *htlbualu@indosat.net.id*
...opre et confortable, c'est l'un des plus vieux *resorts* de la région. S'il ne ...ssède pas le luxe de ses voisins, il dégage une atmosphère chaleureuse. ...s prix sont compétitifs. **TV** 📺 🍽 **Chambres :** *50* 📋 *50*

AE DC JCB MC V — ● ■ ● ■

...USA DUA : *Bali Hilton* $$$$
...sa Dua. **(** *(0361) 771 102.* **FAX** *(0361) 771 616.* **@** *information@balihilton.com*
... complexe hôtelier à l'imposante entrée de style balinais propose de nombreux ...uipements et services. **TV** 🎏 ⚫ 〰 📺 🍽 **Chambres :** *537* 📋 *537*

AE DC JCB MC V — ● ■ ● ■

...USA DUA : *Grand Hyatt* $$$$
...sa Dua. **(** *(0361) 771 234.* **FAX** *(0361) 772 038.* **@** *inquiries@grandhyattbali.com*
... plus grand complexe hôtelier de l'île occupe un parc magnifiquement ...ysagé et permet de pratiquer des activités nautiques sur la plage ou de ...ofiter de vastes piscines et d'un toboggan de 50 m. 🎏 ⚫ 〰 📺 🍽 **Chambres :** *790* 📋 *790*

AE DC JCB MC V — ● ■ ● ■

...USA DUA : *Nikko Bali Resort & Spa* $$$$
...an Raya Nusa Dua Selatan. **(** *(0361) 773 377.* **FAX** *(0361) 773 388.*
... *sales@nikkobali.com* L'imposant Nikko Bali s'élève au sommet d'une ...aise. Ses piscines, la vue panoramique, un large choix de restaurants, ...e plage aérée et un établissement thermal compensent sa situation ...olée. **TV** ⚫ 〰 📺 🍽 **Chambres :** *395* 📋 *395*

AE DC JCB MC V — ● ■ ● ■

...USA DUA : *Nusa Dua Beach Hotel & Spa* $$$$
...sa Dua. **(** *(0361) 771 210.* **FAX** *(0361) 772 617.* **@** *ndhnet@indosat.net.id*
...orures et boiseries en abondance composent le décor. Le complexe renferme ...e piscine en lagon, une aile pour hôtes de marque et un centre thermal et ...remise en forme primé. **TV** 🎏 ⚫ 〰 📺 🍽 **Chambres :** *380* 📋 *380*

AE DC JCB MC V — ● ■ ● ■

...USA DUA : *Sheraton Laguna Nusa Dua* $$$$
...sa Dua. **(** *(0361) 771 327.* **FAX** *(0361) 771 326.* **@** *slnd@sheraton.com*
...n superbe complexe sur le thème du lagon. Les chambres en rez-de-...aussée donnent directement sur les piscines. 🎏 ⚫ 〰 📺 🍽 **Chambres :** *270* 📋 *270*

AE DC JCB MC V — ● ■ ● ■

...USA DUA : *Sheraton Nusa Indah Resort* $$$$
...sa Dua. **(** *(0361) 771 906.* **FAX** *(0361) 771 908.* **@** *snir@sheraton.com*
...t établissement abrite l'un des meilleurs clubs d'activités de l'île convient ...rticulièrement aux familles. Les suites dotées de deux chambres abritent des ...uets en peluche et des consoles de jeu. **TV** 🎏 〰 📺 🍽 **Chambres :** *351* 📋 *351*

AE DC JCB MC V — ● ■ ● ■

Légende des symboles, voir rabat de couverture

Les prix, en dollars américains, correspondent à une nuit en chambre double standard et comprennent le petit déjeuner, le service et les taxes.
$ moins de 25 $
$$ de 25 $ à 50 $
$$$ de 50 $ à 100 $
$$$$ de 100 $ à 200 $
$$$$$ plus de 200 $

CARTES BANCAIRES
Cartes bancaires acceptées : *AE* American Express ; *DC* Diners Club ; *JCB* Japan Credit Bureau ; *MC* MasterCard ; *V* Visa.
ACTIVITÉS POUR ENFANTS
L'hôtel propose un programme d'activités surveillées.
PISCINE
Les hôtes disposent d'au moins une piscine.
RESTAURANT
Il existe au moins un restaurant ouvert à tous.
SERVICE AFFAIRES
Service de messages ; fax ; salle de réunion ; accès à l'Internet.

	CARTES BANCAIRES	ACTIVITÉS POUR ENFANTS	PISCINE	RESTAURANT

NUSA DUA : *Wantilan Golf Villas* **$$$$**
Nusa Dua. ((0361) 772 592. FAX (0361) 772 594. @ wantilan@indosat.net.id
Extension du Nusa Dua Golf and Country Club, ces villas de grand luxe conviennent aux familles. Le terrain de golf n'est pas réservé aux hôtes.
TV ⊞ 🌢 🔊 *Chambres :* 11 ▤ 11
— AE DC JCB MC V — ▦ ●

NUSA DUA : *Amanusa* **$$$$$**
Nusa Dua. ((0361) 772 333. FAX (0361) 772 335. @ fonusa@indosat.net.id
Ces 35 suites superbement aménagées dominent le terrain de golf et la mer. L'Amanusa offre un service discret et raffiné et possède d'excellents restaurants, *beach club* et bar. TV 🌢 🔅 🔊 🔊 *Chambres :* 35 ▤ 35
— AE DC JCB MC V — ▦ ●

NUSA LEMBONGAN : *Hai Tide Huts* **$$$**
Nusa Lembongan. ((0361) 720 331. FAX (0361) 720 334. @ balihai@indosat.net.id
Sur la plage, des bungalows au toit de chaume entourent une grande piscine.
🔅 🔊 🔊 *Chambres :* 12 ▤ aucune
— AE DC JCB MC V ● ▦ ●

NUSA LEMBONGAN : *Waka Nusa Resort* **$$$$**
Mushroom Beach, Nusa Lembongan. ((0361) 723 629. FAX (0361) 722 077.
@ wakanusa@wakaexperience.com D'élégantes maisons rondes s'élèvent sur le sable à l'écart du centre d'activités et de sa piscine. Buffet pour le déjeuner et dîners romantiques sous les étoiles. 🔅 🔊 *Chambres :* 10 ▤ 10
— AE DC JCB MC V — ▦ ●

NUSA LEMBONGAN : *Nusa Lembongan Resort* **$$$$$**
Nusa Lembongan. ((0361) 725 864. FAX (0361) 725 866.
@ sales@nusa.lembongan.com Cet établissement de luxe ménage une vue parfaite et comprend une piscine, un restaurant plein de charme et une salle de jeux. TV ⊞ 🌢 🔅 🔊 *Chambres :* 12 ▤ 12
— AE DC JCB MC V — ▦ ●

SANUR : *Gazebo Cottages* **$$**
Jalan Danau Tamblingan 35. ((0361) 288 212. FAX (0361) 288 300. Près de la plage dans le centre, les clients ont le choix entre des chambres standard et des bungalows balinais, certains avec mezzanine. ⊞ *Chambres :* 76 ▤ 76
— AE MC V — ▦ ●

SANUR : *Segara Village Hotel* **$$**
Jalan Segara Ayu. ((0361) 288 407. FAX (0361) 287 242.
@ segara1@denpasar.wasantara.net.id Cet hôtel élégant est divisé en petit « villages » dont l'aspect s'inspire de diverses architectures régionales indonésiennes. TV ⊞ 🌢 🔅 🔊 🔊 *Chambres :* 138 ▤ 138
— AE DC MC V ● ▦ ●

SANUR : *Swastika Bungalows* **$$**
Jalan Danau Tamblingan 128. ((0361) 288 693. FAX (0361) 287 526.
@ swastika@indosat.net.id Un joli jardin tropical renferme des chambres au mobilier en bambou, deux belles piscines et un restaurant décontracté. Les prix restent raisonnables. ⊞ *Chambres :* 80 ▤ 55
— AE MC V — ▦ ●

SANUR : *Griya Santrian* **$$$**
Jalan Danau Tamblingan 47. ((0361) 288 181. FAX (0361) 288 185.
@ santrian@santrian.com Deux complexes hôteliers en bord de plage offrent à courte distance l'un de l'autre des chambres spacieuses et un large éventail de services qui tient compte des enfants. Le Puri Santrian est légèrement plus luxueux. 🔊 *Chambres :* 94 ▤ 94
— AE DC MC V — ▦ ●

SANUR : *Puri Kelapa Garden Cottages* **$$$**
Jalan Segara Ayu 1. ((0361) 286 135. FAX (0361) 287 417.
@ purikelapa@denpasar.wasantara.net.id Cet établissement accueillant donne sur la plage. Bungalows à toit de chaume et piscine. 🔊 *Chambres :* 46 ▤ 46
— MC V — ▦ ●

SANUR : *Waka Maya Resort* **$$$**
Jalan Tanjung. ((0361) 289 912. FAX (0361) 270 761.
@ wakamaya@wakaexperience.com Très calme, le Waka Maya propose un hébergement sophistiqué au sein d'un joli jardin à des prix raisonnables pour son standing. TV *Chambres :* 12 ▤ 12
— AE DC MC V — ▦ ●

.NUR : *Bali Hyatt* $$$
an Danau Tamblingan. (0361) 281 234. FAX (0361) 287 693.
bhyatt@dpc.mega.net.id Ce complexe hôtelier donne sur une plage propre et
mprend de bons restaurants, un excellent club pour enfants et un
blissement thermal. TV ⚏ ◐ ☼ ☏ ⚏ *Chambres : 390* ▤ 390
AE DC JCB MC V

.NUR : *Tanjung Sari* $$$$
an Danau Tamblingan 41. (0361) 288 441. FAX (0361) 287 930.
tansri@dps.mega.net.id Cet hôtel bien situé possède une décoration
finée, un peu désuète. Le bar et le restaurant méritent leur renommée.
☼ ⚏ *Chambres : 28* ▤ 28
AE DC JCB MC V

EMINYAK : *Pondok Sarah* $$
an Double Six. (0361) 732 142. FAX (0361) 732 143. @ cima@dps.mega.net.id
s villas dotées d'une à trois chambres sont louées avec un personnel au
and complet : excellent rapport qualité-prix. ⚏ *Chambres : 14*

EMINYAK : *Sing Ken Ken Hotel* $$
an Double Six. (0361) 730 980. FAX (0361) 730 535. @ balialfa@indo.net.id
ès de la plage, le bar-restaurant du Sing Ken Ken reste ouvert 24h/24.
hésitez pas à marchander : vous pouvez proposer jusqu'à la moitié du prix
fiché. ⚏ ☼ *Chambres : 22* ▤ 22
MC V

EMINYAK : *Dhyana Pura Beach Hotel* $$
lan Abimanyu. (0361) 730 442. FAX (0361) 730 463. @ dhyana-p@indosat.net.id
r la plage et près de boîtes de nuit et de restaurants, cet hôtel possède une
scine bien conçue pour les enfants. TV ⚏ ☼ ⚏ *Chambres : 125* ▤ 125
AE DC MC V

EMINYAK : *The Villas Hotel* $$$
lan Kunti 118X. (0361) 730 840. FAX (0361) 733 751. @ bookings@thevillas.net.id
s domestiques veillent à temps plein sur les occupants d'élégantes villas
une et trois chambres. L'établissement renferme aussi des bains maures, une
lerie d'art, un bar et un amphithéâtre. TV ⚏ ◐ *Chambres : 49* ▤ 49
AE MC V

EMINYAK : *Rumah Manis* $$$$
lan Nakula 18. (0361) 730 606. FAX (0361) 730 505.
vrmanis@denpasar.wasantara.net.id Cet établissement de luxe propose des
ambres pourvues de terrasses et des duplex agrémentés d'une petite
scine privée. TV ⚏ *Chambres : 42* ▤ 42
AE DC JCB MC V

EMINYAK : *Villa Kendil* $$
lan Raya Kerobokan 107. (0361) 731 467. FAX (0361) 731 470.
kendil@indosat.net.id Tous les services d'un hôtel dans de jolies villas de
eux étages munies de piscines privées. TV ⚏ *Chambres : 15* ▤ 15
AE JCB MC V

EMINYAK : *Villa Lumbung* $$$
alan Raya Peti Tenget 100. (0361) 730 204. FAX (0361) 731 106.
vilalum@indosat.net.id D'élégantes villas offrent à la fois l'intimité et tout
confort d'un hôtel. TV *Chambres : 20* ▤ 20
JCB MC V

EMINYAK : *Villa Seri* $$$$
anjar Umalas Kauh. (0361) 730 262. FAX (0361) 730 784. @ seri@indo.net.id
ne jolie piscine domine des rizières et les hôtes jouissent de tout le confort
ans de spacieuses villas de deux ou trois chambres équipées de la télévision,
une chaîne stéréo et de terrasses. TV *Chambres : 15* ▤ 15
AE JCB MC V

EMINYAK : *The Legian* $$$$$
alan Laksmana. (0361) 730 622. FAX (0361) 731 291. @ legian@idola.net.id
et établissement de grand standing loue des studios et des suites comportant
ne ou deux chambres. Il renferme un restaurant français, une piscine à deux
iveaux, un bar agréable et un superbe établissement thermal.
V ⚏ ◐ ☼ *Chambres : 70* ▤ 70
AE DC JCB MC V

EMINYAK : *Oberoi* $$$$$
alan Kayu Aya. (0361) 730 361. FAX (0361) 730 791. @ obrblres@indosat.net.id
'un des premiers hôtels de luxe construits sur l'île possède un beau jardin
n bord de plage, mais un peu à l'écart de la foule. L'excellente cuisine
épondra aux attentes des gourmets. TV ⚏ ◐ ☼ ☏ ⚏ *Chambres : 73* ▤ 73
AE DC JCB MC V

ANJUNG BENOA : *Novotel Benoa Bali* $$$$
alan Pratama. (0361) 772 239. FAX (0361) 772 237. @ info@novotelbali.com
e petit complexe hôtelier original s'étend des deux côtés de la route et
ropose des chambres spacieuses, deux piscines, un bon restaurant français et
ne terrasse. TV ⚏ ☼ ☏ ⚏ *Chambres : 186* ▤ 186
AE DC JCB MC V

Légende des symboles, voir rabat de couverture

Les prix, en dollars américains, correspondent à une nuit en chambre double standard et comprennent le petit déjeuner, le service et les taxes.
$ moins de 25 $
$$ de 25 $ à 50 $
$$$ de 50 $ à 100 $
$$$$ de 100 $ à 200 $
$$$$$ plus de 200 $

CARTES BANCAIRES
Cartes bancaires acceptées : *AE* American Express ; *DC* Diners Club ; *JCB* Japan Credit Bureau ; *MC* MasterCard ; *V* Visa.
ACTIVITÉS POUR ENFANTS
L'hôtel propose un programme d'activités surveillées.
PISCINE
Les hôtes disposent d'au moins une piscine.
RESTAURANT
Il existe au moins un restaurant ouvert à tous.
SERVICE AFFAIRES
Service de messages ; fax ; salle de réunion ; accès à l'Internet.

	CARTES BANCAIRES	ACTIVITÉS POUR ENFANTS	PISCINE	RESTAURANTS	

TANJUNG BENOA : *Grand Mirage Resort* $$$$
Jalan Pratama 74. (0361) 771 888. FAX (0361) 772 148.
@ gmirage@denpasar.wasantara.net.id
Ce grand complexe hôtelier en bord de plage séduit les familles et les organisateurs de voyages, notamment pour son établissement thermal.
TV ⬛ 🔥 ❄ 💪 🔧 *Chambres : 310* ▤ 310
AE DC JCB MC V ● ▪ ●

TUBAN : *Holiday Inn Resort Bali Hai* $$$$
Jalan Wanasegara 33. (0361) 753 035. FAX (0361) 754 548.
@ holidayinn@denpasar.wasantara.net Cet hôtel de chaîne agréable possède un grand bar sur le toit et des suites familiales équipées de lits superposés et de consoles de jeu pour les enfants. TV ⬛ ❄ 💪 🔧 *Chambres : 200* ▤ 200
AE DC JCB MC V ● ▪ ●

TUBAN : *Kuta Paradiso* $$$$
Jalan Kartika Plaza. (0361) 761 414. FAX (0361) 756 944.
@ kutapar@denpasar.wasantara.net.id Cet établissement au décor soigné et à l'entrée impressionnante se trouve près de Kura Square.
TV ❄ 🔧 *Chambres : 243* ▤ 243
AE DC JCB MC V ● ▪ ●

ULUWATU : *Udayana Lodge* $$
Uluwatu. (0361) 261 204. FAX (0361) 701 098. @ lodge@denpasar.wasantara.net.id
Proche de l'université, l'Udayana est un petit « hôtel écologique » qui offre au milieu de 70 ha de brousse un confort rustique.
TV ⬛ *Chambres : 16* ▤ 16
MC V ▪

ULUWATU : *Bali Cliff Hotel* $$$$
Jalan Pura Batu Pageh. (0361) 771 992. FAX (0361) 771 993.
@ ber@indosat.net.id
Cet établissement est isolé, mais possède une piscine spectaculaire et sert une bonne cuisine. TV ⬛ 🔥 ❄ 💪 🔧 *Chambres : 175* ▤ 175
AE DC JCB MC V ● ▪ ●

ULUWATU : *Balangan* $$$$$
Banjar Cengiling 88. (0361) 708 070. FAX (0361) 708 022.
@ balaugan@luxurious.com
Des antiquités décorent les chambres de ce petit hôtel très luxueux.
TV 🔥 ❄ 🔧 *Chambres : 3* ▤ 3
AE DC JCB MC V ▪ ● ●

CENTRE DE BALI

GORGE DE L'AYUNG : *Sayan Terrace* $$
Sayan. (0361) 975 384/974 384. FAX (0361) 975 384.
Le Sayan Terrace loue des chambres de style *losmen* sur la crête dominant la rivière, et d'autres plus confortables dans une annexe.
L'hôtel se prête bien à un séjour prolongé. ⬛ *Chambres : 10*
▪ ●

GORGE DE L'AYUNG : *Taman Bebek Villas* $$$
Sayan. (0361) 975 385. FAX (0361) 976 532.
@ tbvbali@dps.mega.net.id
Les bungalows en bois et en bambou possèdent beaucoup de cachet et ont tous une petite cuisine et des porches ombragés. ⬛ *Chambres : 9* ▤ 1
AE MC V ▪ ●

GORGE DE L'AYUNG : *Amandari* $$$$$
Kedewatan. (0361) 975 333. FAX (0361) 975 335.
@ amandari@amanresorts.com
C'est l'un des plus beaux palaces de Bali, les hôtes jouissent d'un service discret, d'un restaurant remarquable, de chambres superbes et d'un établissement thermal primé. TV ⬛ 🔥 💪 🔧 *Chambres : 30* ▤ 30
AE DC JCB MC V ● ▪ ●

GORGE DE L'AYUNG : *Chedi* $$$$$
Melinggih Kelod, Payangan. (0361) 975 963. FAX (0361) 975 968.
@ chediubd@ghmhotels.com Cet hôtel très chic se dresse sur la crête à la sortie d'Ubud. Le restaurant est excellent, la vue exceptionnelle et la piscine splendide. TV ⬛ 🔥 🔧 *Chambres : 54* ▤ 54
AE DC JCB MC V ● ▪ ●

›RGE DE L'AYUNG : *Four Seasons Resort* $$$$$ 'an. ☎ *(0361) 977 577.* [FAX] *(0361) 977 588.* @ *fsrb@fourseasons.com* *resort* doit sa renommée à son architecture moderne d'inspiration balinaise, équipement luxueux, un service impeccable et une vue panoramique de la rge. [TV] 👪 💧 🎭 ***Chambres :*** *54* ▤ *54*	AE DC JCB MC V		■	●	■
NGGINGAN : *Pita Maha* $$$$$ an Raya Sanggingan. ☎ *(0361) 974 330.* [FAX] *(0361) 974 329.* *pitamaha@dps.mega.net.id* Cet hôtel-boutique traditionnel, mais spacieux et ueux, domine la rivière depuis une colline. [TV] 👪 💧 🎭 ***Chambres :*** *25* ▤ *25*	AE DC JCB MC V	●	■	●	■
GALLALANG : *The Blue Yogi* $ iung Kelod. ☎ *(0361) 901 368.* [FAX] *(0361) 901 368.* « Yogi bleu » ne loue que deux chambres, simples et accueillantes, derrière restaurant qui sert une bonne cuisine familiale. Elles dominent la vallée et hôtes disposent de vastes espaces extérieurs. 👪 🎭 ***Chambres :*** *2*	AE MC V			●	
GALLALANG : *Alam Sari Keliki* $$$ gallalang. ☎ *(0361) 240 308.* [FAX] *(0361) 240 308.* @ *alamsari@indo.net.id* un bon rapport qualité-prix, cet établissement décontracté au splendide din convient parfaitement à des familles ou à des petits groupes. 🎭 ***Chambres :*** *10* ▤ *10*	AE DC MC V	●	■	●	■
BUD : *Kunang-Kunang* $ an Hanoman 43, Padang Tegal. ☎ *(0361) 976 052.* tte pension bon marché loue des chambres calmes et propres qui nnent sur des rizières. ***Chambres :*** *7*					
BUD : *Pondok Indah* $ an Bisma. ☎ *(0361) 976 323.* Les chambres sont propres et bien tretenues. Le petit déjeuner est simple mais savoureux. ***Chambres :*** *6*					
BUD : *Puri Garden I* $ onkey Forest Road. ☎ *(0361) 975 395.* [FAX] *(0361) 976 188.* magnifique jardin abrite des pavillons à toit de chaume d'un bon rapport ialité-prix. ***Chambres :*** *8*	MC V			●	
BUD : *Puri Garden II* $$ onkey Forest Road. ☎ *(0361) 973 310.* [FAX] *(0361) 976 188.* us chic que le Puri Garden I. Chambres traditionnelles, belle piscine et rvice attentif et souriant. ***Chambres :*** *12* ▤ *10*	MC V		■	●	
BUD : *Agung Raka Inn* $$$ lan Raya Pengosekan. ☎ *(0361) 975 757.* [FAX] *(0361) 975 546.* jardin peuplé d'oiseaux et de papillons abrite des bungalows de deux ages et des chambres de style plus moderne. 👪 🎭 ***Chambres :*** *21* ▤ *12*	AE MC V		■	●	■
BUD : *Hans Snel/Siti Bungalow* $$$ lan Kajeng. ☎ *(0361) 975 699.* [FAX] *(0361) 975 643.* u cœur d'Ubud, les chambres de ces bungalows jadis tenus par un artiste ont simples et gaies. 👪 ***Chambres :*** *8*	MC V		■	●	
BUD : *Panorama Hotel* $$$ lan Raya Pengosekan. ☎ *(0361) 973 320.* [FAX] *(0361) 973 335.* @ *panorama@denpasar.wasantara.net.id* Le Panorama a un aspect extérieur eu engageant, mais il renferme des chambres spacieuses, un charmant rdin et une piscine qui s'ouvre sur des rizières. 🎭 ***Chambres :*** *33*	DC MC V		■	●	■
BUD : *Prada* $$$ lan Kajeng 1. ☎ *(0361) 975 122.* [FAX] *(0361) 975 122.* @ *Pradaku@idola.net.id* ans le centre, ce petit hôtel accueillant aux chambres spacieuses et imatisées occupe une partie d'un ancien palais. [TV] ***Chambres :*** *6* ▤ *6*	MC V			●	■
BUD : *Natura Resort and Spa* $$$$ anjar Laplapan. ☎ *(0361) 978 666.* [FAX] *(0361) 978 222.* @ *natura@indosat.net.id* essinées par un architecte indonésien renommé, 14 villas luxueuses se fondent erveilleusement dans une riche végétation. Le restaurant et l'établissement ermal, remarquables, bordent la rivière. [TV] 💧 ***Chambres :*** *14* ▤ *14*	AE DC MV		■	●	■
JBUD : *Tjampuhan Hotel and Spa* $$$$ alan Raya Campuhan. ☎ *(0361) 975 368.* [FAX] *(0361) 975 137.* @ *tjampuan@indo.net.id* Récemment rénové, cet établissement aux prix upérieurs à la moyenne occupe l'emplacement de la maison de Walter pies *(p. 88).* 👪 💧 🎭 ***Chambres :*** *67* ▤ *25*	AE DC MC V	●	■	●	■

Légende des symboles, voir rabat de couverture

Les prix, en dollars américains, correspondent à une nuit en chambre double standard et comprennent le petit déjeuner, le service et les taxes.
§ moins de 25 $
§§ de 25 $ à 50 $
§§§ de 50 $ à 100 $
§§§§ de 100 $ à 200 $
§§§§§ plus de 200 $

CARTES BANCAIRES
Cartes bancaires acceptées : *AE* American Express ; *DC* Diners Club ; *JCB* Japan Credit Bureau ; *MC* MasterCard ; *V* Visa.
ACTIVITÉS POUR ENFANTS
L'hôtel propose un programme d'activités surveillées.
PISCINE
Les hôtes disposent d'au moins une piscine.
RESTAURANT
Il existe au moins un restaurant ouvert à tous.
SERVICE AFFAIRES
Service de messages ; fax ; salle de réunion ; accès à l'Internet.

	CARTES BANCAIRES	ACTIVITÉS POUR ENFANTS	PISCINE	RESTAURANTS	SERVICE AFFAIRES
UBUD : *Waka Di Ume Resort* §§§§ Jalan Suweta. ((0361) 973 178. FAX (0361) 973 179. @ wakadiume@wakaexperience.com Cet élégant petit complexe hôtelier jouit d'une situation privilégiée au-dessus de rizières. ⊞ *Chambres : 16* ▤ *8*	AE DC JCB MC V		■	●	
UBUD : *Begawan Giri Estate* §§§§§ Banjar Begawan. ((0361) 978 888. FAX (0361) 978 889. @ resupge@indo.net.id Cet établissement fait partie des plus luxueux de l'île. Ses cinq villas peuvent être louées dans leur totalité ou par chambres. TV ⊞ ◐ ▥ *Chambres : 22* ▤ *22*	AE DC JCB MC V	●	■	●	
UBUD : *Ibah Resort* §§§§§ Campuhan. ((0361) 974 466. FAX (0361) 974 467. @ ibah@denpasar.wasantara.net.id Très chic, mais d'un bon rapport qualité-prix, l'Ibah Resort s'inspire de l'architecture traditionnelle balinaise, mais les chambres ont une décoration moderne. TV ⊞ ◐ ▥ *Chambres : 11* ▤ *11*	AE DC JCB MC V		■	●	
UBUD : *Kamandalu Resort* §§§§§ Jalan Tegallalang, Banjar Nagi. ((0361) 975 825. FAX (0361) 975 851. @ kamandal@indo.net.id Ce complexe hôtelier de grand luxe reprend la disposition d'un village balinais. TV ⊞ ◐ ▥ *Chambres : 58* ▤ *58*	AE DC JCB MC V		■	●	

EST DE BALI

	CARTES BANCAIRES	ACTIVITÉS POUR ENFANTS	PISCINE	RESTAURANTS	SERVICE AFFAIRES
AMED : *Good Karma Bungalows* § Jalan Raya. Un café et des chambres simples et bon marché bordent la plage de sable noir. L'absence de téléphone interdit toute réservation à l'avance. ⊞ ▩ ▦ *Chambres : 13*				●	
AMED : *Indra Udhyana* §§§§ Jalan Raya. ((0363) 22 348. FAX (0363) 22 348. Malgré une superbe situation, ces bungalows hauts de gamme sont un peu trop chers. TV ⊞ ▩ ▦ ▥ *Chambres : 30* ▤ *30*	AE MC V		■	●	■
CANDI DASA : *Ayodya Seaside Cottages* § Jalan Raya. ((0363) 41 629. FAX (0363) 41 629. Les hôtes jouissent ici en bord de plage d'une ambiance décontractée et de baignoires ayant vue sur l'océan. ⊞ ▩ ▦ *Chambres : 14*					■
CANDI DASA : *Sunrise Hotel* §§ Jalan Raya. ((0363) 41 539. FAX (0363) 41 538. Au centre, cet hôtel propose ses chambres décorées avec goût à un prix un peu élevé. Marchandez. ⊞ ▩ ▦ *Chambres : 20* ▤ *12*	AE MC V		■	●	
CANDI DASA : *The Water Garden* §§§ Jalan Raya. ((0363) 41 540. FAX (0363) 41 164. Séparé de la plage par la route, le Water Garden loue au sein d'un jardin aquatique des chambres élégantes et dotées d'un petit porche privé. TV ⊞ ◐ ▦ *Chambres : 14* ▤ *9*	AE MC V		■	●	■
CANDI DASA : *Puri Bagus Candi Dasa* §§§§ Jalan Raya. ((0363) 41 131. FAX (0363) 41 290. @ pbcandi@denpasar.wasantara.net.id À l'extrémité calme de la plage, cet hôtel de luxe aux belles chambres et villas offre une cuisine et un service de grande qualité. ⊞ ▩ ▦ ▥ *Chambres : 50* ▤ *50*	AE DC MC V		■	●	■
GUNUNG BATUR : *Under The Volcano* § Toya Bungkah. ((0366) 51 166. Cet hôtel offre un confort simple, mais les chambres sont propres. *Chambres : 7* ▤ *7*				●	
GUNUNG BATUR : *Hotel Puri Bening* §§ Toya Bungkah. ((0366) 51 234. FAX (0366) 51 248. L'un des rares hôtels de standing de la région occupe un bâtiment moderne ménageant une vue panoramique. TV *Chambres : 28*	MC V			●	■

MANGGIS : *Ida Beach Village Hotel* $$ Manggis. ☎ *(0363) 41 118.* [FAX] *(0363) 41 041.* Des pavillons à l'architecture traditionnelle et une charmante petite piscine dominent la plage. ⊞ ☼ ⛱ 🎭 ***Chambres :*** *17* ▤ *8*	MC V		■	●	■	
MANGGIS : *Balina Beach Resort* $$$ Manggis. ☎ *(0363) 41 002.* [FAX] *(0363) 41 001.* @ *balina@denpasar.wasantara.net.id* Le Balina Beach Resort jouit d'un cadre paisible à l'écart de la route principale. Une jolie piscine à cascade fait face à l'océan. ⊞ ☼ ⛱ 🎭 ***Chambres :*** *40* ▤ *40*	MC V		■	●	■	
MANGGIS : *Puri Bagus Manggis* $$$ Manggis. ☎ *(0363) 41 304.* [FAX] *(0363) 41 305.* @ *pbmanggis@denpasar.wasantara.net.id* Ce Puri Bagus meublé de teck domine les collines et des rizières en terrasses. [TV] ⊞ 🎭 ***Chambres :*** *7* ▤ *7*	AE DC MC V		■	●	■	
MANGGIS : *The Serai* $$$$ Manggis. ☎ *(0363) 41 011.* [FAX] *(0363) 41 015.* @ *serai@idola.net.id* Dans un spacieux jardin, les chambres donnent toutes sur une piscine centrale. Le restaurant est réputé. [TV] ⊞ 💧 ☼ ⛱ 💡 🎭 ***Chambres :*** *55* ▤ *55*	AE DC JCB MC V		■	●	■	
MANGGIS : *Amankila* $$$$$ Manggis. ☎ *(0363) 41 333.* [FAX] *(0363) 41 555.* @ *amankila@amanresorts.com* Cet hôtel de luxe domine la baie depuis un flanc de colline et possède une spectaculaire piscine. [TV] ⊞ ☼ ⛱ 🎭 ***Chambres :*** *35* ▤ *35*	AE DC JCB MC V		■	●	■	
PADANG BAI : *Made's Homestay* $ Jalan Silayukti. ☎ *(0363) 41 441.* Cette pension propre et bon marché ménage un bon accueil aux familles. Les chambres à l'étage donnent vue de la plage. ⊞ ⛱ ***Chambres :*** *8*				●		
PADANG BAI : *Pantai Ayu Homestay* $ Jalan Silayukti. ☎ *(0363) 41 396.* Un peu à l'écart de la plage, ce *homestay* d'un bon rapport qualité-prix ménage une belle vue de la baie. ☼ ⛱ ***Chambres :*** *10*				●	■	
PADANG BAI : *Hotel Puri Rai* $$ Jalan Silayukti. ☎ *(0363) 41 385.* [FAX] *(0363) 41 386.* Le Puri Rai loue des bungalows simples au bout de la baie. La piscine fait face à la plage. ⊞ ☼ ⛱ ***Chambres :*** *30* ▤ *10*				●	■	
SIDEMAN : *Sacred Mountain Sanctuary* $$$ Banjar Budamanis. ☎ *(0366) 24 330.* [FAX] *(0366) 23 456.* @ *sacredmt@indo.net.id* Le « Sanctuaire de la montage sacrée » est fréquenté par des groupes participant à une retraite spirituelle et des randonneurs prêts à affonter le Gunung Agung. ⊞ 💧 🎭 ***Chambres :*** *19*	MC V		■	●	■	
TULAMBEN : *Mimpi Resort* $$$ Tulamben. ☎ *(0363) 21 642.* [FAX] *(0363) 21 939.* @ *Sales@mimpi.com* Beaucoup de plongeurs, accompagnés de leurs familles, apprécient les luxueuses villas du Mimpi. [TV] ⊞ 💧 ☼ ⛱ 🎭 ***Chambres :*** *29* ▤ *29*	AE MC V		■	●	■	
NORD ET OUEST DE BALI						
GUNUNG BATUKAU : *Café Jatiluwih* $ Jatiluwih. ☎ *(0361) 731 696.* L'annexe d'un restaurant offre une étape bienvenue sur une route de montagne et la possibilité de faire du cheval. ***Chambres :*** *4*				●		
ÎLE DE MENJANGAN : *Waka Shorea* $$$ Labuhan Lalang, Taman Nasional Bali Barat. ☎ *(0361) 484 085.* [FAX] *(0361) 484 767.* @ *sales@wakaexperience.com* Accessible seulement en bateau dans le parc national, ce somptueux *resort* a pour thème le safari et ses bungalows évoquent des tentes. ⊞ 💧 ☼ ⛱ 🎭 ***Chambres :*** *14*	AE DC JCB MC V		■	●	■	
ÎLE DE MENJANGAN : *Mimpi Resort* $$$$$ Banyuwedang, Taman Nasional Bali Barat. ☎ *(0361) 701 070.* [FAX] *(0361) 701 074.* @ *mimpi@denpasar.wasantara.net.id* Une source chaude alimente les piscines de ce luxueux établissement situé dans le parc national. [TV] ⊞ 💧 ☼ ⛱ ***Chambres :*** *54* ▤ *54*	AE JCB MC V		■	●	■	
LAC BRATAN ET BEDUGUL : *Bali Handara Koshaido Country Club* $$$ Pancasari. ☎ *(0362) 22 646.* [FAX] *(0362) 23 048.* @ *sales@balihandara.family.com* Ce club de golf de réputation internationale propose un hébergement moderne allant de la chambre au cottage. [TV] ⊞ 💧 🛏 💡 ***Chambres :*** *77*	AE DC JCB MC V			●	■	

Légende des symboles, voir rabat de couverture

<table>
<tr><td colspan="2">

Les prix, en dollars américains, correspondent à une nuit en chambre double standard et comprennent le petit déjeuner, le service et les taxes.
$ moins de 25 $
$$ de 25 $ à 50 $
$$$ de 50 $ à 100 $
$$$$ de 100 $ à 200 $
$$$$$ plus de 200 $

</td></tr>
</table>

CARTES BANCAIRES
Cartes bancaires acceptées : *AE* American Express ; *DC* Diners Club ; *JCB* Japan Credit Bureau ; *MC* MasterCard ; *V* Visa.
ACTIVITÉS POUR ENFANTS
L'hôtel propose un programme d'activités surveillées.
PISCINE
Les hôtes disposent d'au moins une piscine.
RESTAURANT
Il existe au moins un restaurant ouvert à tous.
SERVICE AFFAIRES
Service de messages ; fax ; salle de réunion ; accès à l'Internet.

	CARTES BANCAIRES	ACTIVITÉS POUR ENFANTS	PISCINE	RESTAURANTS	SERVICE AFFAIRES
LAC BUYAN : *Lake Buyan Resort* **$$$** Jalan Raya Bedugul, Pancasari. ☎ *(0362) 21 351.* FAX *(0362) 21 388.* Non loin du lac et du terrain de golf, des bungalows abritent deux chambres, une cuisine, un équipement audiovisuel, une cheminée et une terrasse. TV ⚅ *Chambres :* 16 ▤ 16	MC V				
LOVINA : *Hotel Angsoka* **$** Kalibukbuk. ☎ *(0362) 41 841.* FAX *(0362) 41 023.* @ angsoka@singaraja.wasantara.net.id L'Angsoka permet de choisir entre des chambres à toit de chaume et ventilateur ou des chambres climatisées et dotées de salles de bains. TV ⚅ ▦ *Chambres :* 44 ▤ 15	MC V		■	●	■
LOVINA : *Melka Hotel* **$** Kalibukbuk. ☎ *(0362) 41 552.* FAX *(0362) 41 543.* Ce petit établissement confortable, propre et aux tarifs raisonnables est parfait pour les familles et les voyageurs à petits budgets. TV ▦ *Chambres :* 18 ▤ 18	MC V		■	●	■
LOVINA : *Susila Backpackers Hotel* **$** Kalibukbuk. ☎ *(0362) 41 080.* FAX *(0362) 41 023.* Cet hôtel propre et bon marché prétend être le seul de sa catégorie à fournir du papier toilette. Les hôtes ont accès à prix réduit à la piscine de l'Angsoka. ▦ *Chambres :* 8					
LOVINA : *Taman Lily's* **$** Jalan Mawar, Kalibukbuk. ☎ *(0362) 41 307.* FAX *(0362) 26 653.* @ tamanri@indosat.net.id Six chambres peintes de teintes pastel et d'une propreté scrupuleuse entourent un jardin paisible. ▨ ▦ *Chambres :* 6				●	
LOVINA : *Puri Bagus Lovina* **$$$$** Jalan Raya Lovina. ☎ *(0362) 21 430.* FAX *(0361) 22 627.* @ pblovina@denpasar.wasantara.net.id Cet hôtel loue de superbes chambres et villas et possède une piscine alimentée par une source, une bibliothèque, un bar élégant et un excellent restaurant. TV ⚅ ▨ ▦ ▥ *Chambres :* 40 ▤ 40	AE DC JCB MC V		■	●	■
LOVINA : *Damai Lovina Villas* **$$$$$** Lovina. ☎ *(0362) 41 008.* FAX *(0362) 41 009.* @ damai@denpasar.wasantara.net.id Un maître-queue danois propose ici de charmants bungalows. La vue est superbe. TV ⚅ ▨ ▦ ▥ *Chambres :* 8 ▤ 8	AE DC JCB MC V		■	●	■
PEMUTERAN : *Taman Sari Bali Cottages* **$$** Pemuteran. ☎ *(0362) 93 264.* FAX *(0362) 93 264.* @ tamanri@indosat.net.id Près d'une plage, un jardin abrite des chambres et des villas à l'ancienne, ainsi que des aires de méditation. ⚅ ◐ ▨ ▦ *Chambres :* 20 ▤ 13	MC V			●	■
PEMUTERAN : *Taman Selini Bali* **$$$** Pemuteran. ☎ *(0362) 93 449.* FAX *(0362) 93 449.* @ taslini@dps.mega.net.id Chaque bungalow possède son propre porche muni d'un lit de jour et d'une salle de bains en plein air. Le restaurant en bord de plage sert de bonnes spécialités grecques. ▨ ▦ *Chambres :* 11 ▤ 11	MC V			●	■
PEMUTERAN : *Matahari Beach Resort* **$$$$** Pemuteran. ☎ *(0362) 92 835.* FAX *(0362) 92 313.* @ Matahari@wasantara.denpasar.net.id Un hôtel très populaire pour pratiquer la plongée ou simplement se détendre. Le restaurant propose une cuisine savoureuse. ⚅ ◐ ▨ ▦ ▥ *Chambres :* 31 ▤ 31	AE DC JCB MC V	●	■	●	■
PEMUTERAN : *Puri Ganesha Villas* **$$$$$** Pemuteran. ☎ *(0362) 93 433.* FAX *(0362) 93 433.* @ ganesha@singaraja.wasantara.net.id Décorées avec style, les quatre villas ont toutes deux chambres et une piscine. Cours de cuisine gratuits. ⚅ ▨ ▦ ▥ *Chambres :* 4 ▤ 4	AE MC V		■	●	■
PUPUAN : *Cempaka Belimbing Guest Villas* **$$$** Banjar Suradadi-Belimbing, Pupuan. ☎ *(0361) 754 897.* FAX *(0361) 754 934.* Les spacieuses et charmantes villas ménagent de belles vues. Le personnel emmène les hôtes en randonnée sans supplément. TV ⚅ ◐ *Chambres :* 12	MC JCB V		■	●	■

Singaraja : *Bukit Jegeg Cottages* $$$ Banjar Asah Panji, Wanagiri Sukasada. ☎ (0361) 419 606. [FAX] (0361) 419 607. @ bjegeg@denpasar.wasantara.net.id Ce *resort* isolé au cœur d'une forêt pluviale ménage de magnifiques panoramas. ▦ ***Chambres :*** *8*	AE DC MC V			●	■
Tabanan : *Waka Gangga* $$$ Yeh Gangga Banjar. ☎ (0361) 416 256. [FAX] (0361) 416 353. @ sales@wakaexperience.com Près des plages de surf au sable noir, les célèbres rizières de Tabanan entourent le simple et élégant Waka Gangga. 💧 ✿ ⛱ 🎭 ***Chambres :*** *10* ▤ *2*	AE DC JCB MC V		■	●	■

Lombok

Îles Gili : *Hotel Gili Air* $ Gili Air. ☎ (0370) 634 435. [FAX] (0370) 634 435. De ravissants bungalows font face à une plage superbe au sein d'un jardin luxuriant. Bon rapport qualité-prix. [TV] ▦ ✿ ⛱ ***Chambres :*** *39* ▤ *16*	AE DC MC V			●	■
Îles Gili : *Gazebo Hotel* $$ Gili Meno. ☎ (0370) 635 795. [FAX] (0370) 635 795. Dans un jardin proche de la plage, le Gazebo loue des chambres propres et spacieuses. ✿ ⛱ ***Chambres :*** *10* ▤ *10*	MC V			●	■
Îles Gili : *Hotel Vila Ombak* $$ Gili Trawangan. ☎ (0370) 642 336. [FAX] (0370) 642 337. @ ombak@bali-jewels.net.id Cet hôtel d'un bon rapport qualité-prix travaille en partenariat avec une école de plongée réputée. [TV] ▦ 💧 ✿ ⛱ ***Chambres :*** *36* ▤ *36*	MC V		■	●	■
Îles Gili : *Salobai Hotel* $$$ Gili Trawangan. ☎ (0370) 643 152. [FAX] (0370) 643 151. Cet établissement haut de gamme renferme l'un des meilleurs restaurants de l'île, le Dino. [TV] ✿ ⛱ ***Chambres :*** *16* ▤ *8*	MC V			●	■
Kuta : *Novotel Lombok* $$$ Pantai Putri Nyale, Pujut-Lombok Tengah. ☎ (0370) 653 333. [FAX] (0370) 653 555. @ Reservation@novotel.lombok.com Les bungalows de ce Novotel bien équipé s'inspirent de l'architecture traditionnelle sasak. [TV] 💧 ✿ ⛱ ***Chambres :*** *100* ▤ *100*	AE DC JCB MC V	●	■	●	
Senggigi : *Pondok Damai* $ Jalan Raya Mangsit. ☎ (0370) 693 019. [FAX] (0370) 693 019. Des bungalows plaisants et bon marché donnent sur le front de mer. L'accueil est souriant. [TV] ✿ ⛱ ***Chambres :*** *15*	AE DC JCB MC V			●	■
Senggigi : *Puri Mas Hotel* $ Jalan Raya Mangsit. ☎ (0370) 693 831. [FAX] (0370) 693 023. Cet hôtel de milieu de gamme apprécié pour son jardin offre un bon rapport qualité-prix. Il est situé en bord de plage. ▦ ✿ 🎭 ***Chambres :*** *16* ▤ *16*	MC V		■	●	■
Senggigi : *Pacific Beach Hotel* $$ Senggigi. ☎ (0370) 693 006. [FAX] (0370) 693 027. @ pacificdiamond@yahoo.com Parfait en famille, le Pacific Beach possède entre autres atouts un bar-restaurant ouvert 24 h/24. [TV] 💧 ✿ ⛱ ***Chambres :*** *26* ▤ *26*	AE MC V			●	
Senggigi : *Puri Bunga Cottages* $$ Jalan Raya Senggigi. ☎ 0370 693 353. [FAX] 0370 693 286. @ puribunga@mataram.wasantara.net.id Des bungalows à flanc de colline ménagent un beau panorama de la baie. [TV] ▦ 💧 ✿ ⛱ ***Chambres :*** *50* ▤ *50*	AE MC V		■	●	■
Senggigi : *Holiday Inn Resort Lombok* $$$$ Jalan Raya Mangsit. ☎ 0370 693 444. [FAX] 0370 693 092. @ hirlo@mataram.wasantara.net.id Un vaste parc paysagé abrite des maisons, des appartements et des bungalows en bord de plage. [TV] ▦ 💧 ✿ ⛱ 🎾 🎭 ***Chambres :*** *189* ▤ *189*	AE DC MC V	●	■	●	■
Senggigi : *Sheraton Senggigi Lombok* $$$$ Jalan Raya Senggigi km 8. ☎ 0370 693 333. [FAX] 0370 693 140. @ sheraton@indo.net.id Au centre de la ville, ce cinq-étoiles propose une large gamme de prestations, notamment pour les enfants. [TV] 💧 ✿ ⛱ 🎾 🎭 ***Chambres :*** *154* ▤ *154*	AE DC JCB MC V	●	■	●	
Tanjung : *The Oberoi Lombok* $$$$$ Medana Beach. ☎ 0370 638 444. [FAX] 0370 632 496. @ obroil@indosat.net.id Face à l'océan et aux îles Gili, les hôtes de cet Oberoi profitent d'un excellent programme d'activités sportives. [TV] ▦ 💧 ✿ ⛱ ♨ 🎾 🎭 ***Chambres :*** *50* ▤ *50*	AE DC JCB MC V		■	●	■

Légende des symboles, voir rabat de couverture

RESTAURANTS

L e développement du tourisme a entraîné l'ouverture de très nombreux établissements de restauration à Bali et à Lombok. Les visiteurs disposent ainsi dans les régions les plus fréquentées d'un choix extrêmement large. Dans les villages plus reculés, ils doivent souvent se contenter des plats locaux proposés par les petites échoppes appelées *warung* ou *rumah*

Le piment, un ingrédient très utilisé

makan. La plupart du temps ils sont bons et bien préparés malgré un prix très bas. Seuls les cafés et les restaurants les plus sophistiqués, entre autres ceux des grands hôtels, acceptent les cartes bancaires. Les prix son généralement indiqués en dollars, mais il reste possible de payer en rupiahs. Peu de restaurants possèdent des aménagements pour les personnes handicapées.

Grillades au barbecue dans la cuisine d'un hôtel

LES HEURES DE REPAS

L es Balinais ne suivent pas d'horaires fixes pour manger et la plupart des établissements vous serviront à toute heure du jour. Il est toutefois difficile de faire un vrai repas après minuit.

LA CUISINE LOCALE

L e plat de base de la cuisine balinaise, le *nasi campur* (p. 182), se compose de riz à la vapeur accompagné d'un peu de viande, de légumes et parfois d'un œuf. Il figure sur la carte de la plupart des restaurants. Le *rijstaffel* permet de goûter à un assortiment de recettes variées.

Pour savourer des spécialités authentiques, essayez les *warung*, petites échoppes où une bâche abrite quelques tables en bois entourées de tabourets et de bancs. Construits en dur, les *rumah makan* sont un peu plus chers. Malgré des prix très bas, ces établissements servent souvent une nourriture plus fraîche et plus savoureuse que celle de

certains restaurants. Partout, les voitures à bras, appelées *kaki lima*, proposent des plats simples à consommer debout. Ils sont préparés dans des conditions d'hygiène douteuses et sont à déconseiller aux estomacs fragiles.

LES RESTAURANTS INTERNATIONAUX

S ur le plan culinaire, Bali offre désormais le monde sur un plateau. Les hôtels de chaînes ont attiré de nombreux chefs étrangers et certains se sont mis à leur compte, formant à leur tour des cuisiniers locaux. Le choix offert aux gourmets comprend toute la palette des gastronomies asiatiques, mais aussi des cuisines occidentales, française et italienne en particulier. À qualité équivalente, les tarifs pratiqués restent très raisonnables selon les normes internationales. Vous pourrez par exemple déguster d'excellentes spécialités japonaises pour un prix sensiblement inférieur à ce que vous auriez payé en Europe.

À L'HÔTEL

L es restaurants et cafés des grands hôtels accueillent également les personnes qui ne résident pas dans l'établissement (p. 170-179 et 184-191). Leurs prix sont généralement libellés en dollars. Les buffets constituent souvent les formules les plus intéressantes.

Les hôtels des chaînes de luxe abritent certaines des meilleures tables de Bali. Aman et Four Seasons Resorts engagent ainsi de jeunes chefs. Les établissements de GHM, le Legian, le Chedi et le Serai *(p. 173-177)*, jouissent également d'une haute réputation, les prix sont en conséquence.

Warung proposant un choix de plats indonésiens

LES CAFÉS ET LES SALONS DE THÉ

P our satisfaire les besoins des surfeurs et des jeunes voyageurs désargentés qui fréquentent Bali depuis les années soixante-dix, de très nombreux cafés sans prétention, situés le plus souvent au bord des plages,

...îner en terrasse à Senggigi, sur ... côte ouest de Lombok

...ervent des mets simples ...omme le *nasi goreng* (riz frit), ...omniprésente crêpe à la ...anane, des jus de fruits frais ... du café balinais. Ces ...ernières années, l'offre s'est ...onsidérablement étendue afin ...e répondre aux demandes ...'une clientèle qui s'est ...eaucoup diversifiée. À Ubud ...n particulier, les cafés à ...uropéenne équipés d'un ...ercolateur pour préparer de ...'expresso sont devenus ...équents, à l'instar des *coffee ...ouses* plus chic proposant des ...élanges raffinés de variétés ...ndonésiennes torréfiées sur ...lace. Les douceurs proposées ...n accompagnement vont du ...ramisu au délicieux *bubur ...itam* (gâteau de riz noir). Les ...ablissements qui ont ouvert ...écemment dans l'élégante ...eminyak, au nord de Kuta, ...ermettent de déguster aussi ...ien des pâtisseries françaises ...ue des sandwiches italiens.

LES FAST-FOODS ET LES PLATS À EMPORTER

Comme partout, les grandes chaînes internationales de restauration rapide telles que McDonald, Pizza Hut, Kentucky Fried Chicken et Burger King ont ouvert des succursales dans les grandes villes et les zones touristiques. La plupart des restaurants vendent des plats à emporter *(bungkus)*. Certains assurent les livraisons.

L'ALCOOL

Des boissons alcoolisées sont partout disponibles à Bali, même dans de petits *warung* hors des zones touristiques. Parmi les bières indonésiennes, la Bali Hai est la moins chère, mais elle est moins bonne que la Bintang. Il existe un rosé local, léger, sec et à peu près buvable appelé Hatten. Les vins étrangers, australiens le plus souvent, sont beaucoup plus coûteux. Essayez aussi le *tuak*, de la sève de palmier fermentée, ou des cocktails à base d'*arak*, une eau-de-vie de palme.

À Lombok, la consommation d'alcool est uniquement autorisée dans les zones touristiques et les hôtels haut de gamme.

AVEC DES ENFANTS

En général, les restaurants de Bali et de Lombok ne proposent pas de plats spécifiques pour les enfants, mais certains acceptent de leur servir des portions réduites. Dans les grands hôtels, le buffet du petit déjeuner est souvent gratuit pour les moins de douze ans.

LA CUISINE VÉGÉTARIENNE

Il existe en Indonésie de nombreux mets de base strictement végétariens comme le *tahu* (tofu), le *tempe* (gâteau de fèves de soja fermentées et pressées) et le *bubur sayur bayam* (bouillie de riz parfumée avec des feuilles d'arachide, du piment et des copeaux et du lait de noix de coco).

Des spécialités végétariennes figurent à la carte de beaucoup de restaurants. Elles sont généralement plus variées dans les établissements proposant de la cuisine chinoise. N'hésitez pas, sinon, à demander une version sans viande d'un plat.

Dîner dans la cour du Hard Rock Hotel de Kuta

LE SAVOIR-VIVRE

Beaucoup de Balinais continuent de manger avec leurs doigts, y compris dans des établissements occidentaux. Ils utilisent toujours uniquement leur main droite, après l'avoir rincée dans un bol, la gauche étant réservée aux tâches impures.

Les plats arrivent souvent sans ordre sur la table et il vaut parfois mieux ne pas attendre que tout le monde soit servi pour commencer.

Beaucoup de restaurants servent en plein-air, et il est donc rare qu'ils interdisent la cigarette. Seuls les établissements les plus chic possèdent une zone non-fumeurs.

L'usage du pourboire se répand et les restaurants les plus chers ont pris l'habitude de majorer la note d'un pourcentage pour le service.

...ue de la baie de Jimbaran depuis le PJ's du Four Season Resort

Que manger à Bali et à Lombok ?

**Sapi rendang
(curry de bœuf)**

La cuisine servie dans les petits établissements fréquentés par la population locale est constituée de plats simples, le plus souvent à base de riz. Poissons et fruits de mer fraîchement pêchés sont une spécialité également appréciée. Le lait de coco entre dans de nombreuses recettes de currys et de sauces. Les aromates les plus courants comprennent le gingembre, le curcuma, la graine de coriandre, l'oignon, l'ail, le tamarin et le piment. Pour les Indonésiens, le repas n'a pas l'importance sociale qu'il possède en Europe, hormis lors des fêtes et des cérémonies.

Le nasi goreng *(riz frit), servi toute la journée, en général avec un œuf à cheval compose un petit déjeuner consistant.*

Le mie goreng *(nouilles frites), surtout apprécié à midi, comporte des légumes, du tofu et parfois du poisson.*

L'ayam bakar *est du poulet mariné puis grillé ou frit. On le mange avec du sambal et, parfois, des frites.*

Le bebek betutu, *canard rôti, doit sa saveur aux nombreux ingrédients avec lesquels il cuit.*

Le satay *est un plat à base de brochettes de porc, de poulet, de bœuf et, parfois, de poisson ou de fruits de mer accompagné d'une sauce à l'arachide.*

Arachide · Œuf · Pâte de soja · Poulet frit · Satay · Riz à la vapeur · Conco · Fèves de soja fri

Le nasi campur *(riz mélangé) varie selon l'occasion et les produits disponibles.*

Le babi guling, *cochon de lait rôti à la broche, est un mets de fête.*

Le rujak *(salade tropicale) est assaisonné avec des arachides ou des piments.*

Le kerupuk *est un en-cas à base de beignets et d'une sauce à l'arachide.*

e **sambal,** *sauce épicée et souvent imentée, accompagne les plats à base e riz et les snacks.*

Langouste
Crabe
Crevettes
Poulpe

'ikan bakar (poisson grillé) *rend toute sa saveur avec es tranches de citron vert.*

Un plateau de fruits de mer *comporte de la langouste, du crabe, des crevettes et du poulpe, parfois frits, mais le plus souvent grillés sur un feu de bois ou de coques de noix de coco.*

'urab parfume des crudités e lait de coco et de diverses ices.

Le tahu telur, *composé de beignets de pâte de soja, est servi avec une sauce douce.*

Le gado gado *est un mélange de légumes avec une sauce à l'arachide.*

a crêpe à la anane est très épandue.

Le jalan *a pour base la noix de coco.*

Le bubur hitam *au riz noir est délicieux froid ou chaud.*

L'es campur *(fruits et confitures) se déguste glacé.*

'RUITS TROPICAUX
es fruits abondent à Bali et à ombok et vous verrez partout es vendeurs ambulants en roposer. Pelés ou en brochette, s constitue un en-cas bon marché. es restaurants les servent coupés n morceaux sur de la glace pilée.

Noix de coco

Pastèque
Pamplemousse

Papaye
Ananas

Rambutan   Fruit de la passion   Carambole

Melon

Salak

Mangue

Choisir un restaurant

Les adresses ont été sélectionnées pour le rapport qualité-prix, l'attrait de la cuisine et l'intérêt de l'emplacement. Les restaurants d'hôtel pratiquent souvent des tarifs plus élevés. Le tableau souligne certains éléments pouvant guider votre choix. Les établissements proposant de la cuisine internationale servent aussi des plats locaux.

	CARTES BANCAIRES	CARTE DES VINS	CARTE DES VINS	CUISINE INDONÉSIENNE	TABLES À L'EXTÉRIEUR
SUD DE BALI					
DENPASAR : *Warung Wardani* ℞ Jalan Yudistira. 📞 *(0361) 224 398.* Les Balinais se pressent ici, surtout à midi, pour savourer une cuisine indonésienne authentique.			■	●	
DENPASAR : *Rasa Sayang* ℞℞ Jalan Teuku Umar. 📞 *(0361) 262 006.* Cet excellent restaurant chinois d'une propreté scrupuleuse jouit d'une grande popularité. 🆁 🆈	MC V	●	■		
JIMBARAN : *Jimbaran Seafood Markets* ℞℞ Jimbaran Beach. Des familles de pêcheurs tiennent de petites paillotes où elles font griller sur un feu de coques de noix de coco les poissons et fruits de mer choisis par les clients. Riz, salade, pomme de terre et bière fraîche les accompagnent. Économique et délicieux.		●			■
JIMBARAN : *Nelayan Seafood Restaurant* ℞℞ Jalan Yoga Perkanti. 📞 *(0361) 701 605.* Dans un cadre très agréable, ce bistro en bord de plage sert des plats occidentaux et à base de poisson. 🆃 🎵 🆂 🆁 🆈	AE DC MC V	●	■	●	■
JIMBARAN : *Stiff Chilli* ℞℞ Jalan Uluwatu. 📞 *(0361) 703 517.* @ *rodholt@indo.net.id* Rodney Holt dirigeait auparavant les cuisines d'hôtels internationaux. Il propose une cuisine légère à déguster devant un splendide panorama.	AE DC MC V	●	■		
JIMBARAN : *The Cliff* ℞℞℞ Bali Cliff Resort, Jalan Pura Batu Pageh Unggasan. 📞 *(0361) 771 992.* Le café d'un complexe hôtelier sert le dimanche un brunch copieux. Le prix comprend l'accès à la piscine. 🆃 🎵 🆂 🆁 🆈	AE DC JCB MC V	●	■		■
JIMBARAN : *Ocean Restaurant* ℞℞℞ Bali Cliff Resort, Jalan Pura Batu Pageh Unggasan. 📞 *(0361) 771 992.* Un ascenseur incliné grimpe à flanc de falaise jusqu'à ce restaurant spécialisé dans les produits de la mer. 🆃 🎵 🆂 🆁 🆈	AE DC JCB MC V	●	■		■
JIMBARAN : *PJ's* ℞℞℞ Four Season Resort Bali, Jimbaran Bay. 📞 *(0361) 701 010.* En bord de plage, il est difficile de résister aux plats rafraîchissants, aux superbes cocktails et aux desserts du PJ's. 🆁 🆈	AE DC JCB MC V	●	■		■
KUTA : *Kori Restaurant & Bar* ℞℞ Poppies Lane II. 📞 *(0361) 758 605.* @ *info@Korirestaurant.com* Le Kori offre un choix varié et un bon rapport qualité-prix dans un cadre plein de charme. Le bar remporte un franc succès. 🎵 🆁 🆈	AE MC V	●	■	●	■
KUTA : *Lenny's Seafood* ℞℞ Jalan Pantai. 📞 *(0361) 751 132.* Dans ce grand restaurant chinois, vous choisissez vos fruits de mer, précisez le mode de cuisson et sélectionnez vos sauces. 🆈	MC V	●	■		
KUTA : *TJ's Tex-Mex* ℞℞ Poppies Lane I. 📞 *(0361) 751 093.* L'un des meilleurs restaurants mexicains de l'île possède une ambiance décontractée et un jardin. La musique est bonne. 🆁 🆈	AE MC V	●	■		
KUTA : *Made's Warung 1* ℞℞℞ Jalan Pantai. 📞 *(0361) 755 297.* @ *warmade@indo.net.id* Le plus ancien *warung* de Kuta a été superbement rénové et reste toujours aussi populaire. Il propose dès le petit déjeuner d'excellents mets indonésiens, asiatiques et occidentaux. 🆁 🆈	MC V	●	■	●	

Prix moyen par personne pour un repas de deux plats, service compris, mais sans boisson. ⓇⓅ moins de 25 000 Rp ⓇⓅⓇⓅ de 25 000 Rp à 50 000 Rp ⓇⓅⓇⓅⓇⓅ de 50 000 Rp à 100 000 Rp ⓇⓅⓇⓅⓇⓅⓇⓅ de 100 000 Rp à 250 000 Rp ⓇⓅⓇⓅⓇⓅⓇⓅⓇⓅ plus de 250 000 Rp	**CARTE DES VINS** Une intéressante sélection de vins de qualité est disponible. **SPÉCIALITÉS VÉGÉTARIENNES** Le restaurant offre un bon choix de plats végétariens. **CUISINE INDONÉSIENNE** Des spécialités indonésiennes figurent à la carte. **TABLES À L'EXTÉRIEUR** Des tables se trouvent en terrasse ou dans un jardin ou une cour.	CARTES BANCAIRES	CARTE DES VINS	SPÉCIALITÉS VÉGÉTARIENNES	CUISINE INDONÉSIENNE	TABLES À L'EXTÉRIEUR

Restaurant	Prix	Cartes	Vins	Végé.	Indo.	Ext.
KUTA : Poppies Restaurant Jalan Legian, Poppies Lane I 16. 🕻 *(0361) 751 059*. FAX *(0361) 752 364*. @ info@bali.poppies.net Mieux vaut réserver sa table dans cette institution de Kuta au jardin splendide et à la carte principalement occidentale. 🔲 🔲 🔲	ⓇⓅⓇⓅⓇⓅ	AE DC MC V	●	■	●	■
KUTA : Hard Rock Café Jalan Pantai. 🕻 *(0361) 755 661*. Il règne tous les soirs une joyeuse animation dans ce restaurant de chaîne internationale qui accueille de bons orchestres. 🔲 🔲 🔲	ⓇⓅⓇⓅⓇⓅⓇⓅ	AE DC JCB MC V	●	■		■
LEGIAN : Aroma's Jalan Legian 341. 🕻 *(0361) 751 003*. Pour un en-cas comme pour un repas complet, l'Aroma's propose des recettes végétariennes savoureuses. Il sert d'excellents cafés et desserts.	ⓇⓅⓇⓅ	MC V	●	■	●	■
LEGIAN : Poco Loco Jalan Padma Utara. 🕻 *(0361) 756 079*. Le Poco Loco est apprécié pour son atmosphère, ses généreuses portions de mets mexicains et son bar à cocktails. 🔲 🔲 🔲	ⓇⓅⓇⓅ	AE DC JCB MC V	●	■		■
LEGIAN : Rum Jungle Road Jalan Pura Bagus Taruna 518. 🕻 *(0361) 764 947*. On vient ici se détendre au bar, jouer au billard et profiter d'une riche sélection de plats à prix raisonnables, qu'il s'agisse de classiques indonésiens ou de steaks et de viandes rôties. 🔲 🔲 🔲 🔲	ⓇⓅⓇⓅ	MC V	●	■	●	■
LEGIAN : Warung Kopi Jalan Legian 427. 🕻 *(0361) 753 602*. Surtout connu pour ses desserts et son buffet indien du mercredi soir, le Warung Kopi propose un large choix de plats occidentaux et asiatiques. 🔲	ⓇⓅⓇⓅ		●	■	●	■
LEGIAN : Zanzibar Jalan Pantai Blue Ocean. 🕻 *(0361) 733 527*. Le Zanzibar sert des pizzas et des plats italiens bien adaptés à un déjeuner léger ou un snack au coucher du soleil. 🔲	ⓇⓅⓇⓅ		●	■	●	■
LEGIAN : Macaroni Club Jalan Legian 52X. 🕻 *(0361) 754 662*. Le Macaroni Club possède un décor moderne qui s'harmonise avec sa cuisine italienne légère. Il accueille de temps en temps des orchestres. 🔲 🔲	ⓇⓅⓇⓅⓇⓅ	AE MC V	●	■		■
LEGIAN : Teras Jalan Legian 494. 🕻 *(0361) 730 492*. @ Toma@idola.net.id Un grill de poisson et de viande, un four à pizza une cuisine réservée à la préparation de plats végétariens participent à la variété de la carte. Le restaurant animé ouvre sur l'extérieur. 🔲 🔲	ⓇⓅⓇⓅⓇⓅ	DC JCB MC V	●	■		■
NUSA DUA : Pasar Senggol Nusa Dua. 🕻 *(0361) 771 234*. @ inquiries@grandhyattbali.com Des mets du monde entier couvrent les tables du buffet. Les convives s'installent à des tables éclairées à la bougie pour regarder des danses traditionnelles. 🔲 🔲 🔲 🔲	ⓇⓅⓇⓅ	AE DC JCB MC V	●	■		■
NUSA DUA : Poco Loco Jalan Pantai Mengiat 12. 🕻 *(0361) 773 923*. Comme celui de Kuta, ce Poco Loco propose tacos, fajitas et margaritas au son d'une musique rythmée. 🔲 🔲 🔲	ⓇⓅⓇⓅ	AE MC V	●	■		■
NUSA DUA : The Restaurant Amanusa, Nusa Dua. 🕻 *(0361) 772 333*. @ amanusa@amanresorts.com Le restaurant de l'Amanusa propose une cuisine moderne principalement italienne, à déguster dans la salle ou au bord de la piscine. 🔲 🔲 🔲	ⓇⓅⓇⓅⓇⓅ	AE DC MC V	●	■	●	■

Légende des symboles, voir rabat de couverture

Prix moyen par personne pour un repas de deux plats, service compris, mais sans boisson.

Rp moins de 25 000 Rp
RpRp de 25 000 Rp à 50 000 Rp
RpRpRp de 50 000 Rp à 100 000 Rp
RpRpRpRp de 100 000 Rp à 250 000 Rp
RpRpRpRpRp plus de 250 000 Rp

CARTE DES VINS
Une intéressante sélection de vins de qualité est disponible.

SPÉCIALITÉS VÉGÉTARIENNES
Le restaurant offre un bon choix de plats végétariens.

CUISINE INDONÉSIENNE
Des spécialités indonésiennes figurent à la carte.

TABLES À L'EXTÉRIEUR
Des tables se trouvent en terrasse ou dans un jardin ou une cour.

	CARTES BANCAIRES	CARTE DES VINS	SPÉCIALITÉS VÉGÉTARIENNES	CUISINE INDONÉSIENNE	TABLES À L'EXTÉRIEUR
NUSA DUA : The Terrace RpRpRp Amanusa, Nusa Dua. (0361) 772 333. @ amanusa@amanresorts.com Dominant le golf de Nusa Dua et la plage, cette table réputée propose des recettes métissées d'inspiration thaïlandaise. T R Y	AE DC JCB MC V	●	▣	●	▣
NUSA DUA : On The Rock's RpRpRp Galleria. (0361) 773 653. Cet établissement a pour spécialité les mets cuits en pierrade à la table. Il possède une intéressante carte de cocktails. T R Y	MC V	●	▣	●	▣
NUSA LEMBONGAN : Jojo's Restaurant RpRpRp Nusa Lembongan Resort. (0361) 413 375. Dans un cadre superbe, une petite touche française rehausse des recettes d'horizons divers comme le poisson grillé dans des feuilles de bananier. Y	AE DC JCB MC V	●	▣	●	▣
SANUR : Ketut's Warung Rp Jalan Danau Poso 78, Blanjong. (0361) 289 757. Savourez dans une ambiance détendue des plats locaux, simples et bons. R			▣	●	
SANUR : Terrazza Martini Rp Banjar Semawang. (0361) 288 371. Au bord de l'eau, ce restaurant à l'écart propose des spécialités italiennes peu nombreuses, mais authentiques. R Y		●	▣		▣
SANUR : Café Batujimbar RpRp Jalan Danau Tamblingan 152. (0361) 287 374. Le Batujimbar sert des plats indonésiens et occidentaux préparés avec des ingrédients d'une grande fraîcheur, ainsi que des jus de fruits et de savoureux desserts. Large choix de plats végétariens. ♫ ▣ R	AE JCB MC V	●	▣	●	
SANUR : Café Wayang RpRp Komplek Sanur Raya 12–14. (0361) 287 591. La cuisine de ce café très populaire Asie et Méditerranée. Il accueille des spectacles le vendredi soir. T ♫ R Y	MC V	●	▣	●	
SANUR : Cupak Bistro RpRpRpRp Bali Hyatt, Jalan Danau Tamblingan. (0361) 281 234. @ bhyatt@dps.mega.net.id De grands classiques occidentaux et indonésiens voisinent sur la carte de cet établissement installé dans le jardin du Hyatt. ♫ R Y	AE DC JCB MC V	●	▣	●	▣
SEMINYAK : Puri Seafood Bintang Lima Rp Jalan Lasmana 5. (0361) 733 038. Ce restaurant balinais à l'atmosphère intime propose des spécialités de fruits de mer qui sortent de l'ordinaire. R Y		●	▣	●	
SEMINYAK : Warung Batavia Rp Jalan Raya Kerobokan. (0361) 731 641. Ce warung apprécié prépare d'excellents nasi campur (p. 182).			▣	●	
SEMINYAK : Café Moka RpRp Jalan Raya, Legian Basangkasa. (0361) 731 424. La première pâtisserie française de l'île permet de déguster des quiches et des gâteaux, ainsi que des plats chauds qui changent tous les jours.	JCB MC V	●	▣		
SEMINYAK : Gateway to India RpRp Jalan Dhyana Pura. (0361) 732 940. Les mets indiens authentiques sont proposés à des prix raisonnables. On peut aussi les emporter. Réservation conseillée. R Y		●	▣		
SEMINYAK : Goa 2001 Restaurant RpRp Jalan Raya Seminyak. (0361) 730 592. @ goa2001@indosat.net.id Haut lieu des nuits de Kuta, le Goa 2001 comprend un bar à sushi et sert des fruits de mer et des plats indiens, indonésiens et occidentaux. R Y	DC MC V	●			▣

SEMINYAK : *Made's Warung 2*
Jalan Raya Seminyak. (0361) 732 130. @ warmade@indo.net.id
Le frère du célèbre restaurant de Kuta *(p. 185)* possède un décor moderne balinais. La qualité du service et de la cuisine le rend très populaire. Réservation pour le soir fortement recommandée. 🈁 R Y
(Rp)(Rp) — AE MC V

SEMINYAK : *Ryoshi*
Jalan Raya Seminyak. (0361) 731 152. @ sagon@idola.net.id
De délicieuses spécialités japonaises à prix très modérés valent au Ryoshi une réputation méritée. R Y
(Rp)(Rp) — AE DC JCB MC V

SEMINYAK : *Santa Fe Restaurant*
Jalan Abimanyu 11A. (0361) 731 147.
La carte variée de ce restaurant de bord de route connaît un grand succès auprès des Balinais. Il reste ouvert 24 h/24. 🎵 Y
(Rp)(Rp)

SEMINYAK : *Hana Restaurant*
Jalan Raya Seminyak. (0361) 732 778.
Ce restaurant japonais de bon standing au cadre intime propose des mets crus ou grillés et pratique des tarifs très raisonnables. Y R
(Rp)(Rp)(Rp) — MC V

SEMINYAK : *Kafe Warisan*
Jalan Raya Kerobokan, Banjar Taman. (0361) 731 175.
@ Warisan@dps.mega.net.id Le panorama ménagé par des rizières ajoute au plaisir procuré par une bonne cuisine française. R Y
(Rp)(Rp)(Rp) — AE MC V

SEMINYAK : *La Lucciola Restaurant Bar Beach Club*
Jalan Kayu Aya, Kayu Aya Beach. (0361) 730 838. Sa situation en bord de plage et de succulents desserts contribuent au succès de cet établissement à la carte de style brasserie. Réservez pour dîner. R Y
(Rp)(Rp)(Rp) — AE MC V

TANJUNG BENOA : *Coco's Beach Club*
Novotel Benoa. (0361) 772 239. @ novotelbali@bali-paradise.com
Le Coco's permet, entre autres, de prendre un petit déjeuner sur la plage. Il possède un bar animé. 🈁 R Y
(Rp)(Rp)(Rp)(Rp) — AE DC JCB MC V

TUBAN : *All Star's Surf Café*
Jalan Kartika Plaza 8x. (0361) 757 933.
Ce café abrite des souvenirs liés au surf et une boutique d'accessoires. Il sert des bières étrangères et des plats américains. 🎵 Y
(Rp)(Rp) — AE DC MC V

TUBAN : *Khin Khao Thai Restaurant*
Jalan Kartika Plaza 170. (0361) 757 808. Cet établissement thaïlandais a pour spécialité les grillades à la table. Les clients établissent d'abord leur menu en choisissant parmi des ingrédients d'une grande fraîcheur. Y R Y
(Rp)(Rp) — AE DC MC V

TUBAN : *Golden Lotus*
Bali Dynasti Resort, Jalan Kartika Plaza. (0361) 752 403.
Au *yum-cha* du dimanche, des chariots fumants circulent entre les tables. Le reste de la semaine, le « Lotus d'or » sert d'excellents *dim sum* et des plats chinois à la carte. Y R Y
(Rp)(Rp)(Rp) — AE DC JCB MC V

CENTRE DE BALI

GORGE DE L'AYUNG : *Red Rice*
Banjar Kutuh, Sayan. (0361) 974 433.
Le décor oriental est intime et minimaliste. La carte propose surtout des recettes thaïlandaises. R Y
(Rp)(Rp)(Rp) — AE DC JCB MC

GORGE DE L'AYUNG : *Ayung Terrace Restaurant*
Four Seasons Resort, Sayan. (0361) 977 577. Ce restaurant jouit d'une situation spectaculaire dans un complexe hôtelier de luxe. Il offre un bon choix de plats asiatiques et métissés. Y R
(Rp)(Rp)(Rp)(Rp) — AE JCB MC V

GORGE DE L'AYUNG : *The Restaurant*
Chedi Resort, Melinggih Kelod, Payangan. (0361) 975 963.
Recommandé pour la beauté de la vue comme pour la qualité de la cuisine et du service, The Restaurant sert le dimanche un brunch apprécié. Y 🈁 R Y
(Rp)(Rp)(Rp)(Rp) — AE DC JCB MC V

GORGE DE L'AYUNG : *Amandari Restaurant*
Amandari Resort, Kedewatan. (0361) 975 333.
Cet établissement à l'atmosphère feutrée propose une sélection de plats gastronomiques et une riche carte des vins. Y 🈁 R Y
(Rp)(Rp)(Rp)(Rp)(Rp) — AE DC JCB MC V

Légende des symboles, voir rabat de couverture

		Cartes bancaires	Carte des vins	Spécialités végétariennes	Cuisine indonésienne	Tables à l'extérieur

Prix moyen par personne pour un repas de deux plats, service compris, mais sans boisson.

(Rp) moins de 25 000 Rp
(Rp)(Rp) de 25 000 Rp à 50 000 Rp
(Rp)(Rp)(Rp) de 50 000 Rp à 100 000 Rp
(Rp)(Rp)(Rp)(Rp) de 100 000 Rp à 250 000 Rp
(Rp)(Rp)(Rp)(Rp)(Rp) plus de 250 000 Rp

CARTE DES VINS
Une intéressante sélection de vins de qualité est disponible.

SPÉCIALITÉS VÉGÉTARIENNES
Le restaurant offre un bon choix de plats végétariens.

CUISINE INDONÉSIENNE
Des spécialités indonésiennes figurent à la carte.

TABLES À L'EXTÉRIEUR
Des tables se trouvent en terrasse ou dans un jardin ou une cour.

SANGGINGAN : *Indus*   (Rp)(Rp)   MC V
Jalan Raya Sanggingan. **(** *(0361) 977 684.*
L'Indus appartient au même groupe que le Casa Luna d'Ubud dont il offre une déclinaison plus chic. La carte est alléchante, la décoration soignée et le panorama splendide. **Y**

| | | MC V | ● | ■ | ● | |

TEGALLALANG : *Blue Yogi*   (Rp)
Tegallalang. **(** *(0361) 901 368.*
Le Blue Yogi propose du vin fait maison, des classiques et quelques spécialités françaises et anglaises surprenantes. La vue est superbe.

TEGALLALANG : *Kampung Café*   (Rp)(Rp)   MC V
Tegallalang. **(** *(0361) 901 201.*
Ce café mérite qu'on sorte un peu des sentiers battus pour ses mets savoureux, salades et recettes végétariennes entre autres, et ses prix raisonnables. **Y**

UBUD : *Funky Monkey Café*   (Rp)   V
Monkey Forest Road. **(** *081 2390 3729.* Le soir, des musiciens et de bons plats simples attirent une clientèle nombreuse dans ce bar très populaire. **♫ Y**

UBUD : *Gayatri Café*   (Rp)
Monkey Forest Road 67. **(** *(0361) 973 391.*
Ouvert de longue date, ce restaurant indonésien offre un large choix aux végétariens. Les enfants disposent d'une aire de jeu à l'étage où s'amuser pendant que les parents traînent à table. **T R**

UBUD : *Pizza Bagus*   (Rp)
Padang Tegal Kelod. **(** *(0361) 978 520.*
Ce restaurant italien prépare de bonnes pizzas à déguster sur place ou à emporter. Il se charge sur demande de la livraison.

UBUD : *Tutmak*   (Rp)
Jalan Dewi Sita. **(** *(0361) 975 754.*
Le Tutmak fut l'un des premiers établissements d'Ubud à proposer des cafés sélectionnés. Une riche carte de plats légers en fait un bon endroit pour combler un petit creux dans l'après-midi.

UBUD : *Batan Waru*   (Rp)(Rp)   AE MC V
Jalan Dewi Sita. **(** *(0361) 977 528.*
Propreté et efficacité règnent au Batan Waru inspiré du Made's Warung de Kuta *(p. 185)*. Des ingrédients de qualité entrent dans la confection de délicieuses spécialités indonésiennes et occidentales. **R Y**

UBUD : *Café Gaia*   (Rp)(Rp)
Jalan Raya Ubud. **(** *(0361) 975 123.*
Ce petit café propose une intéressante sélection de mets digestes qui n'oublie pas les végétariens. **Y**

UBUD : *Café Wayan*   (Rp)(Rp)   JCB MC V
Monkey Forest Road. **(** *(0361) 975 447.*
Une savoureuse cuisine de famille et un gâteau au chocolat sans égal justifient le succès du Wayan. **Y**

UBUD : *Casa Luna*   (Rp)(Rp)   MC V
Jalan Raya Ubud. **(** *(0361) 973 283.*
Réputé pour ses pâtisseries et son brunche du dimanche, ce restaurant décontracté projette des films le soir. **T R**

UBUD : *Darimana*   (Rp)(Rp)
Monkey Forest Road. **(** *(0361) 975 715.*
Une Française sert au Darimana des spécialités du pays natal comme le poulet à l'estragon. À l'étage, on mange assis sur des coussins. **R**

UBUD : *Dirty Duck (Bebek Bengil)* ⓇⓇ Jalan Hanoman and Monkey Forest Road. 【 (0361) 975 489. La spécialité de cette institution d'Ubud est, comme son nom l'indique, le canard. Sur la carte figurent aussi des classiques meilleur marché. Le bar est très agréable. 🏠 R Y	AE MC V	●	▦	●	▦
UBUD : *Ryoshi* ⓇⓇ Jalan Raya Ubud. 【 (0361) 976 362. Ce restaurant japonais possède une atmosphère traditionnelle mais enjouée. Il pratique des tarifs très raisonnables. R Y	AE MC V	●	▦		
UBUD : *Ary's Warung* ⓇⓇⓇ Jalan Raya Ubud. 【 (0361) 975 053. Des déclinaisons inventives de classiques locaux et occidentaux séduisent au déjeuner comme au dîner. Un bar élégant ajoute à l'attrait du lieu. Y	AE DC MC V	●	▦	●	
UBUD : *Biji* ⓇⓇⓇ Begawan Giri Estate, Banjar Begawan. 【 (0361) 978 888. La cuisine thaïlandaise domine la carte de ce restaurant isolé dans un cadre spectaculaire. Le brunche au champagne du dimanche est délicieux. Y R Y	AE JCB MC V	●	▦	●	▦
UBUD : *Café Lotus* ⓇⓇⓇ Jalan Raya Ubud. 【 (0361) 975 660. Le *bebek betutu* (p. 182) et le *babi kecap* (porc en sauce douce), parmi une sélection de plats italiens et indonésiens, sont réputés. Le bassin à lotus qui s'étend devant l'établissement a donné son nom au café. ♬ 🏠	AE DC MC V	●	▦	●	▦
EST DE BALI					
CANDI DASA : *Raja's* Ⓡ Jalan Raya. 【 (0363) 41 786. Le Raja's organise des soirées grillades et buffet et projette des films récents qui le rendent très populaire. ♬ 🏠 Y	MC V	●	▦	●	▦
CANDI DASA : *Warung Astawa* Ⓡ Jalan Raya. 【 (0363) 41 363. Spécialisé dans les produits de la mer, l'Astawa offre un bon rapport qualité-prix, une ambiance animée et un service souriant. 🏠		●	▦	●	▦
CANDI DASA : *Candi Bagus Pub* ⓇⓇ Jalan Raya. 【 (0363) 41 377. Ce pub tenu par des Occidentaux permet le soir de regarder des films ou des programmes sportifs. Les tartes et les gâteaux sont succulents. Y	MC V	●	▦	●	▦
CANDI DASA : *TJ's Café* ⓇⓇⓇ Jalan Raya. 【 (0363) 41 540. Ce restaurant sur la grand-rue propose une large sélection de sandwiches, de salades, de savoureux desserts et de plats mexicains. Y	AE JCB MC V	●	▦	●	▦
MANGGIS : *Ramajana* ⓇⓇ Balina Beach Resort. 【 (0363) 41 002. Les prix restent modérés pour un restaurant d'hôtel et le cadre est superbe. Les pizzas et les steaks sont bons. 🏠 Y	MC V	●	▦	●	▦
MANGGIS : *The Serai Restaurant* ⓇⓇⓇ The Serai Resort. 【 (0363) 41 041. Cette excellente table possède une école de cuisine renommée. Sur la carte, des spécialités locales voisinent avec d'inventives recettes métissées. Y R Y	AE DC MC V	●	▦	●	▦
MANGGIS : *Amankila Beach Club* ⓇⓇⓇⓇ Amankila. 【 (0363) 41 333. Le plus détendu et le moins onéreux des deux restaurants de l'Amankila sert une cuisine moderne de classe internationale. Y 🏠 R Y	AE DC JCB MC V	●	▦	●	▦
PADANG BAI : *Pantai Ayu* Ⓡ Jalan Silayukti. 【 (0363) 41 396. Sur la plage, le Pantai Ayu offre une grande variété de plats bon marché, des snacks indonésiens notamment.			▦		▦
PADANG BAI : *Puri Rai Restaurant and Bar* Ⓡ Jalan Silayukti. 【 (0363) 41 187. Des mets végétariens et des pizzas figurent à la carte d'un des meilleurs restaurants de la ville. La carte des boissons ne manque pas d'intérêt. Y		●	▦	●	▦

Légende des symboles, voir rabat de couverture

		CARTES BANCAIRES	**CARTE DES VINS**	**SPÉCIALITÉS VÉGÉTARIENNES**	**CUISINE INDONÉSIENNE**	**TABLES À L'EXTÉRIEUR**

Prix moyen par personne pour un repas de deux plats, service compris, mais sans boisson.

Ⓡ moins de 25 000 Rp
ⓇⓇ de 25 000 Rp à 50 000 Rp
ⓇⓇⓇ de 50 000 Rp à 100 000 Rp
ⓇⓇⓇⓇ de 100 000 Rp à 250 000 Rp
ⓇⓇⓇⓇⓇ plus de 250 000 Rp

CARTE DES VINS
Une intéressante sélection de vins de qualité est disponible.

SPÉCIALITÉS VÉGÉTARIENNES
Le restaurant offre un bon choix de plats végétariens.

CUISINE INDONÉSIENNE
Des spécialités indonésiennes figurent à la carte.

TABLES À L'EXTÉRIEUR
Des tables se trouvent en terrasse ou dans un jardin ou une cour.

SIDEMAN : *Sacred Mountain* ⓇⓇ
Banjar Budamanis. ☎ *(0366) 24 330.*
La carte à dominante thaïlandaise comprend une belle sélection de mets végétariens à déguster dans une ambiance calme. 🎵 🅡 🍸
MC V | ▪ | | ▪

TULAMBEN : *Tunjung Restaurant* ⓇⓇⓇ
Mimpi Resort. ☎ *(0363) 21 642. service en chambre 24 h/24.*
Dans un village offrant peu de choix, la cuisine du Tunjung est parfumée, variée et de bonne qualité. 🎵 🅡 🍸
AE JCB MC V | ▪ | ● | ▪

NORD ET OUEST DE BALI

LAC BRATAN ET BEDUGUL : *Strawberry Hill* Ⓡ
Jalan Bedugul. ☎ *(0368) 21 265.*
Géré par l'équipe du Poppies de Kuta, ce joli établissement fait aussi bar et abrite une cheminée, un billard et un jeu de fléchettes. 🍸
| | | ● |

LOVINA : *Warung Bamboo* Ⓡ
Pantai Anturan. ☎ *(0362) 41 882.*
Accessible uniquement à pied par la plage, ce *warung* sert de bons classiques indonésiens et occidentaux à arroser de bière fraîche. 🥗 🍸
| ● | ▪ | ● | ▪

LOVINA : *Khi Khi Restaurant* ⓇⓇ
Kalibukbuk. ☎ *(0362) 41 548.*
Le Khi Khi propose dans un cadre agréable des spécialités japonaises et indonésiennes, sushi, pâtes et grillades notamment.
| | ▪ | ● |

LOVINA : *Sea Breeze* ⓇⓇ
Jalan Binaria. ☎ *(0362) 41 138.*
En bord de plage, savourez face à la mer des plats européens et indonésiens, des jus de fruits frais et de bons desserts. 🎵 🥗 🍸
| | ▪ | ● | ▪

LOVINA : *Warung Kopi Bali* ⓇⓇ
Jalan Binaria. ☎ *(0361) 752 602.*
Des portions copieuses, une nourriture goûteuse et des prix raisonnables valent à ce café-restaurant une clientèle fidèle. Les spécialités occidentales et locales les plus appréciées comprennent le poisson grillé, les brochettes *(satay)* et le gâteau au fromage blanc et à la mangue.
| | | |

LOVINA : *Saraswati Restaurant* ⓇⓇⓇ
Puri Bagus Hotel. ☎ *(0362) 21 403.*
Cet élégant restaurant domine le jardin et la piscine du Puri Bagus Hotel. Ouvert 24 h/24, il sert des classiques occidentaux et des mets balinais authentiques. 🎵 🥗 🍸
AE DC JCB MC V | ▪ | ● | ▪

LOVINA : *Damai's Restaurant* ⓇⓇⓇⓇ
Damai Lovina Villas. ☎ *(0362) 41 008.*
L'une des meilleures tables d'Asie du Sud-Est se perche au sommet d'une colline. Les convives ont le choix à midi, mais le menu du dîner est fixe. Le Damai organise des cours de cuisine. 🍽 🥗 🅡 🍸
AE DC JCB MC V | ▪ | ● | ▪

PEMUTERAN : *Puri Ganesha* ⓇⓇ
Pemuteran. ☎ *(0362) 93 433.*
L'excellent petit restaurant d'un complexe de villas propose, entre autres, une carte ayurvédique sans viande rouge, mais où figurent poisson et poulet. S'il est prévenu suffisamment à l'avance, le chef répondra aux désirs particuliers. Il propose aussi des cours de cuisine. 🥗
AE MC V | ● | ▪ | | ▪

PEMUTERAN : *Taman Selini Restaurant* ⓇⓇ
Pemuteran. ☎ *(0362) 93 449.*
Le Taman Selini occupe une position stratégique au-dessus de la plage et les prix restent raisonnables pour des mets soignés. Comme le révèle la carte, le chef connaît bien la cuisine grecque.
MC V | ● | ▪ | | ▪

PUAN : *Star Fruit Café*
njar Suradadi, Blimbing.
a cadre superbe ajoute au plaisir d'une excellente cuisine. Les salades
les plats du jour sont savoureux. Les environs permettent de belles
omenades.

| | Rp | MC V | ● | ▦ | ● | ▦ |

LOMBOK

ES GILI : *Big Chili*
ntai Gili Trawangan.
petit restaurant indonésien en bord de plage prépare, entre autres, un
cculent *nasi campur (p. 182)*. ▦

| | Rp | | ● | ▦ | ● | ▦ |

ES GILI : *Borneo Café*
ntai Gili Trawangan. Vous arroserez de bière fraîche des fruits de mer et
s plats traditionnels comme le *nasi kuning* (riz jaune) et le *kangkung*
reng (liseron d'eau frit). ♫ ▦

| | Rp | | | ▦ | ● | ▦ |

ES GILI : *Borobudur*
ntai Gili Trawangan. ℂ (0370) 634 893.
n des meilleurs restaurants de la plage sert d'excellents poissons et
its de mer grillés. Il permet l'accès à l'Internet. ▦

| | Rp | MC V | ● | ▦ | ● | ▦ |

ES GILI : *Rudy's Pub & Restaurant*
ntai Gili Trawangan. ℂ (0370) 642 311.
Rudy's offre de bons plats occidentaux et une belle vue. Le vendredi,
fête bat son plein jusqu'à 3 h du matin. ▦

| | Rp | | ● | ▦ | ● | ▦ |

ES GILI : *Dino Restaurant*
obai Hotel, Gili Trawangan. ℂ (0370) 643 152.
restaurant domine l'océan et un bateau renferme le bar. Des spécialités
noises, occidentales et indonésiennes se partagent la carte. ▦

| | Rp Rp | | | ▦ | ● | |

ES GILI : *Waves Restaurant*
tel Vila Ombak, Gili Trawangan. ℂ (0370) 642 336.
r une terrasse, face à l'océan, des groupes de musiciens, des guitaristes
oustiques et des danses traditionnelles animent les soirées du Waves.
▦ ▦

| | Rp Rp | MC V | | ▦ | ● | |

NGGIGI : *Asmara Restaurant*
an Raya. ℂ (0370) 693 619.
écialisé dans les steaks et les fruits de mer, l'Asmara abrite une aire de
, une pataugeoire, une piscine et un billard. ▦ ▦

| | Rp Rp | MC V | ▦ | ● | ▦ |

NGGIGI : *Bayan Restaurant*
an Raya. ℂ (0370) 693 616.
cœur de Senggigi, l'Est et l'Ouest se rejoignent au Bayan dans un
élange de tradition et de modernisme. ♫ ▦

| | Rp Rp | MC V | ● | ▦ | ● | ▦ |

NGGIGI : *Café Wayan*
tubulan. ℂ (0370) 693 098.
pain frais, le gâteau au chocolat et de somptueux plats indonésiens et
liens justifient la promenade depuis Senggigi. ▦

| | Rp Rp | | ● | ▦ | ● | ▦ |

NGGIGI : *Restoran Taman Senggigi Lombok*
an Raya. ℂ (0370) 693 842.
écialisé dans les fruits de mer grillés, cet établissement relativement
cent possède une atmosphère très agréable. ▦ ♫ ▦ ▦

| | Rp Rp | MC V | ● | ▦ | | ▦ |

NGGIGI : *Senggigi Sunset Bar and Restaurant*
an Raya. ℂ (0370) 693 197.
règne une ambiance de vacances dans ce restaurant spacieux et
opre, situé au cœur de la ville. Un personnel souriant sert des mets
donésiens et italiens, des grillades notamment. ▦ ♫ ▦ ▦

| | Rp Rp | V | ● | ▦ | | |

NGGIGI : *Sun Shine Restaurant*
an Raya. ℂ (0370) 693 232.
Sun Shine propose sur la plage une cuisine chinoise authentique.
s fruits de mer sont recommandés.

| | Rp Rp | MC V | ● | ▦ | | |

NJUNG : *Lumbung Restaurant*
eroi Hotel, Mendana Beach. ℂ (0370) 638 444.
nez fêter un événement spécial dans cet établissement de grand luxe
i fait face à la mer. ▦ ♫ ▦ ▦ ▦

| | Rp Rp Rp Rp | AE DC JCB MC V | ● | ▦ | ● | ▦ |

Légende des symboles, voir rabat de couverture

FAIRE DES ACHATS À BALI ET À LOMBOK

Le choix de souvenirs, de cadeaux et d'objets artisanaux disponibles en Indonésie est si vaste, et à des prix si modérés, que certains étrangers ne se déplacent dans les îles que pour faire des achats. Il faut cependant aimer marchander. Les articles « de marque » proposés sont pour certains fabriqués sous licence dans le pays, mais comptent aussi beaucoup de contrefaçons illégales, difficiles à distinguer des originaux mais rarement de la même qualité.

Lampe en bambou et en bois

C'est dans les quartiers marchands de Kuta, de Sanur et d'Ubud, et à la Galleria, le centre commercial de Nusa Dua, que vous trouverez le plus large éventail de produits provenant de tout l'archipel. En général, l'aspect d'une boutique est révélateur des tarifs qu'elle pratique. Les quartiers ou villages spécialisés par exemple dans la vannerie, les bijoux, le tissage ou le mobilier, permettent de comparer aisément les prix des différents articles.

Kuta Square, un haut lieu du shopping à Bali

LES HEURES D'OUVERTURE

En dehors de variations locales, les boutiques ouvrent en général de 10 h jusqu'à au moins 18 h (22 h à Kuta). La majorité des marchés commencent très tôt et beaucoup d'éventaires commencent à fermer vers 15 h. La chaleur peut rendre le shopping fatiguant en milieu de journée.

LES MODES DE PAIEMENT

Dans les petits commerces, vous ne pourrez payer qu'en liquide. Les nombreuses boutiques à la clientèle touristique qui libellent leurs prix en dollars acceptent aussi les rupiahs. Les boutiques les plus chic et les grands magasins prennent les cartes bancaires : MasterCard, Visa et American Express sont les plus courantes. Certains commerçants imposent une surtaxe de 3 à 5 %.

LE MARCHANDAGE

Hormis dans les boutiques haut de gamme qui affichent clairement des prix fixes, il vous faudra marchander chacun de vos achats. Essayez d'abord de vous renseigner sur les tarifs pratiqués. Dans les zones touristiques, la première offre du vendeur peut dépasser le triple de la valeur de l'objet.

LES VENDEURS AMBULANTS

Le démarchage insistant des vendeurs qui arpentent les rues et les plages de Bali peut se révéler agaçant. Les articles qu'ils proposent sont souvent de mauvaise qualité et pas toujours bon marché. À moins d'être intéressé, évitez de croiser leur regard. S'ils vous abordent quand même, un « non » ferme, mais souriant, devrait suffire à les éconduire. À Kuta, ils n'ont théoriquement pas le droit de venir jusqu'en bord de mer.

Discussion avec des vendeurs ambulants

Entrée d'un des grands magasins de la principale chaîne de Bali

LES GRANDS MAGASINS ET LES CENTRES COMMERCIAUX

Les grands magasins sont climatisés et vendent des produits locaux et étrangers, notamment des vêtements, des chaussures et des cosmétiques à des prix intéressants. La plus grande chaîne, **Matahari,** possède quatre succursales à Legian, Denpasar et Kuta. Près du Matahari de Denpasar, le **Ramayana** abrite des commerces variés. À Nusa Dua, la **Keris Galleri** offre un large choix de soieries de bonne qualité et de prêt-à-porter de marque. Il existe à Bali deux principaux centres commerciaux : le Kuta Centre, où abondent des boutiques de sport, de mode, de chaussures et de produits détaxés, et **Nusa Dua Galleria** qui renferme des centaines de magasins spécialisés.

objets en bambou et en rotin au Pasar Ubud

LES MARCHÉS

Tout visiteur se doit de se mêler au moins une fois à la foule dans un des marchés de Bali et de Lombok, même si ceux-ci occupent parfois des bâtiments un peu étouffants. Le **Kumbarasi Market** de Denpasar se présente comme un dédale de petites échoppes vendant des produits de toute l'Indonésie. Les étals du **Pasar Ubud** *(p. 89)* proposent des vêtements, des tissus traditionnels et toutes sortes d'articles divers. Le **Sukawati Art Market** de Gianyar est bruyant, mais constitue une excellente source d'artisanat local. À Lombok, le vaste **marché de Bertais**, à l'est de Sweta *(p. 154)*, mérite une visite pour ses éventaires de tanneries, de poteries et de tissus, *ikat* et *songket*, entre autres.

LES SUPERMARCHÉS

Le plus grand supermarché de Bali, le **Hero Supermarket** de Denpasar, renferme une large gamme de produits locaux et occidentaux. À Seminyak, le **Bintang Supermarket** et **Alas Arum** vendent des produits frais et des conserves locales et importées. À Lombok, c'est au **Pacific Supermarket** de Mataram que vous trouverez le choix le plus intéressant.

LES TRAITEURS ET LES BOULANGERIES

Les visiteurs lassés des en-cas indonésiens apprécieront

les pains, les pâtisseries et les sandwiches vendus dans des établissements comme le **Café Moka** et le **Krakatoa** de Seminyak, la **Bali Bakery** et le **Dijon Deli** de Kuta, la **Radissan Suites Drive-in Bakery** de Sanur et le **Casa Luna** d'Ubud.

LES TISSUS

Les nombreux tailleurs de Bali permettent de se faire couper des vêtements sur mesure à des prix très avantageux. Le plus grand centre de vente de tissus se trouve sur **Jalan Sulawesi** à Denpasar *(p. 160)*. Vous y trouverez soieries, cotonnades, lainages et rayonnes de toutes couleurs. Près du grand magasin Matahari, **Duta Silk** jouit d'une bonne réputation pour les soieries, les dentelles et le linge de maison. **Wira's** à Kuta et **Wardani's** à Ubud offrent un bon choix.

LE PRÊT-À-PORTER

Les meilleures boutiques de mode féminine se trouvent dans la **Keris Gallery,** à Kuta Square et le long de la route qui traverse Legian et Seminyak. **Milo's** et **Body and Soul** à Kuta, **Warisan** à Seminyak et **Mama and Leon** à Nusa Dua comptent parmi les enseignes les plus réputées. Les magasins du Sheraton Nusa Indah de Nusa Dua, du Novotel de Tanjung Benoa et du Four Seasons Resort de Jimbaran méritent aussi une visite. À Kuta, **Wira's** vend de beaux vêtements balinais, des sarongs en soie notamment.

LES VÊTEMENTS POUR ENFANTS

Le prêt-à-porter pour enfants vendu dans les

Devanture d'une boutique de styliste dans le sud de Bali

grands magasins est en général d'un bon rapport qualité-prix. **Kuta Kids** habille les moins de dix ans, tandis que **Kid's Campur** propose robes brodées et batiks. **Kahuna Kids,** vend du « surfwear ».

À Kuta, les adolescentes s'habillent chez **Surfer Girl.** Les passionnés de surf trouveront des articles de marque chez **Billabong** et Rip Curl.

Boutique de mode et d'articles de surf à Kuta

LES BIJOUX

Les bijoux en argent proviennent pour la plupart du village de Celuk *(p. 82)* situé sur la route entre Denpasar et Ubud. **Suarti** y a un grand atelier. Bien achalandés, ses points de ventes situés dans toute l'île vendent aussi des articles à la pointe de la mode. À Kuta, essayez **Jonathan Silver** et **Yusuf Silver.** À Seminyak, **Talismans of Power** propose une gamme intéressante de pierres serties. À Ubud, l'Ary's Warung abrite **Treasures,** spécialisé dans les créations de stylistes.

Les Balinais aiment les bijoux très ouvragés façonnés dans un or 24 carats éclatant. Leur coût est calculé au poids à un taux qui dépend du travail qu'ils ont demandé. Les nombreuses joailleries qui bordent **Jalan Hasanuddin** à Denpasar vous permettront de comparer modèles et prix.

LES ARTICLES EN CUIR

Les vêtements et les articles de mode en cuir ne coûtent pas cher à Bali. À Legian, vestes, jupes, chaussures et bottes abondent dans les nombreuses boutiques spécialisées bordant **Jalan Padma** et **Jalan Menu,** deux rues qui se croisent.

LES MARIONNETTES

Découpées dans du cuir de buffle, les marionnettes aux silhouettes raffinées du théâtre d'ombre *wayang kulit* font de très jolis souvenirs. Vous les trouverez dans des boutiques d'art et d'antiquités et dans le quartier de Babakan, près du Pasar Seni de Sukawati. Dans cette même ville, vous pourrez assister à leur fabrication chez **Wayan Mardika.** La **Bali Puppet Factory** vend à Kuta des marionnettes en bois et en batik utilisées dans le *wayang golek* javanais pour illustrer des légendes populaires. À Peliatan, **Wayan Wija** est réputé pour ses représentations d'animaux.

Marionnette de *wayang golek*

LA VANNERIE

Les boutiques de Bali proposent des objets en vannerie extrêmement variés. Les paniers les plus réputés proviennent du village balinais de Tenganan *(p. 110-111)*. Ils sont relativement chers, aussi peut-il être intéressant de faire le déplacement afin de les acheter sur place. Les paniers de qualité sont moins chers à Lombok. Vous en trouverez un large choix au **marché de Bertais** de Sweta.

LES SCULPTURES SUR BOIS ET SUR PIERRE

Mas est à Bali le centre traditionnel de la sculpture sur bois et les visiteurs passent d'un atelier à l'autre pour effectuer leur choix. Les plus grosses concentrations de sculpteurs sur pierre se trouvent à Batubulan et dans les villages des alentours de Singapadu. Les magasins bordant Jalan Bypass Ngurah Rai, dans le sud de l'île, méritent également une visite, à l'instar de la **Jimbaran Gallery** qui abrite des œuvres d'origines variées.

Atelier de fabrication de meubles à Seminyak

LA POTERIE

Les céramistes de Lombok continuent de fabriquer selon de très anciennes techniques une élégante poterie cuite à basse température dans des trous creusés dans le sol *(p. 37)*. Le **Lombok Pottery Centre** possède des succursales à Mataram, la capitale de l'île, et à Kuta dans le sud de Bali. À Jimbaran *(p. 74)*, **Jenggala Keramik** offre un large choix et permet de s'initier aux bases de la céramique.

LA PEINTURE

Bali compte de nombreux artistes talentueux, mais la demande liée au tourisme tend à favoriser une production de masse au détriment d'œuvres de qualité. Vous trouverez des peintures de styles variés dans les petites galeries d'Ubud et au **Kekasihku Artshop** de Denpasar. Vous pourrez aussi en acquérir dans les boutiques du **Neka Art Museum** et de l'**Agung Rai Museum.** La **Ganesha Gallery** du Four Seasons de Sayan organise des expositions mensuelles.

Peinture balinaise

LES MEUBLES

Le mobilier en teck indonésien connaît un grand succès dans le monde entier et les véritables antiquités sont rares à Bali et à Lombok. Il est toujours préférable de les étudier de près. Souvent, des pièces neuves ont remplacé des éléments abîmés.

Sur la grand-route au nord de Seminyak, un centre de fabrication de meubles regroupe de nombreux magasins proposant un vaste choix, y compris d'articles ménagers. **Warisan** est l'un des meilleurs… mais également l'un des plus chers. Vous aurez un plus large aperçu de sa production à l'usine de Sempidi. **Asa Pura** et **Ibis** vendent tous deux des meubles modernes et des reproductions d'ancien. **Sarasah** expose des pièces à la finition soignée. Un autre zone spécialisée dans le mobilier se trouve sur Jalan Bypass Ngurah Rai entre Sanur et Kuta. **Nostalgia** et **Victory** comptent parmi les enseignes les plus appréciées.

Avant de conclure un achat, n'oubliez pas que le bois se comporte différemment selon le climat. Vous risquez de voir se fendre des objets taillés dans une essence de mauvaise qualité ou mal séchée. Mieux vaut parfois dépenser un peu plus pour éviter ce risque. Si vous devez faire expédier vos articles, adressez-vous à une compagnie sûre comme **Bali Trust.**

CARNET D'ADRESSES

GRANDS MAGASINS

Keris Gallery
Nusa Dua Galleria.
(0361) 771 303.

Matahari
Jalan Dewi Sartika,
Denpasar.
(0361) 237 365.

Jalan Legian Kuta,
Legian.
(0361) 754 195.

Kuta Square, Kuta.
(0361) 757 588.

Simpung Siur, Jalan
Bypass, Kuta.
(0361) 758 540.

Nusa Dua Galleria
Nusa Dua.
(0361) 771 662.

Ramayana
Mal Bali, Jalan
Diponegoro, Denpasar.
(0361) 246 306.

MARCHÉS

Kumbasari Market
Jalan Gajah Mada,
Denpasar.

Pasar Ubud
Jalan Raya Ubud, Ubud.

Sukawati Art Market
Sukawati, Gianyar.

Sweta Market
Jalan Sandubaya,
Sweta, Lombok.

SUPERMARCHÉS

Alas Arum
Jalan Raya Seminyak,
Seminyak.
(0361) 730 914.

Bintang Supermarket
Jalan Raya Seminyak,
Seminyak.
(0361) 730 552.

Hero Supermarket
Jalan Teuku Umar,
Denpasar.
(0361) 262 038.

Pacific Supermarket
Jalan Langko, Mataram,
Lombok.
(0370) 623 477.

TRAITEURS ET BOULANGERIES

Bali Bakery
Jalan Iman Bonjol, Kuta.
(0361) 755 149.

Café Moka
Jalan Raya Seminyak,
Seminyak.
(0361) 731 424.

Casa Luna
Jalan Raya Ubud, Ubud.
(0361) 973 283.

Dijon Deli
Kuta Ploeng Art and
Antique Mall, Blok A1-A2,
Jalan Setiabudi, Kuta.
(0361) 759 636.

Krakatoa
Jalan Raya Seminyak,
Seminyak.
(0361) 730 849.

Radissan Suites Drive-in Bakery
Jalan Bypass Ngurah Rai,
Sanur.
(0361) 281 481.

TISSUS

Duta Silk
Près du Matahari,
Denpasar.
(0361) 232 818.

Jalan Sulawesi
Denpasar. Shops on street.

Wardani's
Monkey Forest Road, Ubud.
(0361) 975 538.

Wira's
Jalan Raya Kuta, Kuta.
(0361) 753 253.

PRÊT-À-PORTER

Body and Soul
Kuta Square and
Jalan Legian, Kuta.
(0361) 756 297.

Keris Gallery
Nusa Dua Galleria.
(0361) 771 303.

Mama and Leon
Nusa Dua Galleria.
(0361) 288 044.

Milo's
Kuta Square, Kuta.
(0361) 754 081.

Warisan
Jalan Kerobokan, Seminyak.
(0361) 731 175.

VÊTEMENTS POUR ENFANTS

Billabong
Jalan Benesa, Kuta.
(0361) 756 296.

Kahuna Kids
Jalan Legian, Kuta.
(0361) 755 927.

Kuta Kids
Bemo Corner, Kuta.
(0361) 755 810.

Kid's Campur
Jalan Legian 433X, Kuta.
(08123) 801 538.

Rip Curl
Jalan Legian, Kuta.
(0361) 757 404.

Surfer Girl
Jalan Legian, Kuta.
(0361) 752 693.

BIJOUX

Jalan Hasanuddin
Denpasar. Shops on street.

Jonathan Silver
Jalan Legian, Kuta.
(0361) 754 209.

Suarti
Jalan Raya Celuk 100X,
Celuk.
(0361) 751 660.

Talismans of Power
Jalan Seminyak 30,
Seminyak.
(0361) 732 959.

Treasures
Ary's Warung, Ubud.
(0361) 976 697.

Yusuf Silver
Jalan Legian, Kuta.
(0361) 758 441.

ARTICLES EN CUIR

Jalan Padma
Legian. Shops on street.

Jalan Menu
Legian. Shops on street.

MARIONNETTES

Bali Puppet Factory
Jalan Legian, Kuta.
(0361) 751 468.

Wayan Mardika
Banjar Babakan, Sukawati.
(0361) 299 646.

Wayan Wija
Banjar Kalah, Peliatan.
(0361) 973 367.

SCULPTURES SUR BOIS ET SUR PIERRE

Jimbaran Gallery
Jalan Bypass Ngurah Rai,
Jimbaran.
(0361) 774 957.

POTERIE

Jenggala Keramik
Jalan Uluwatu II, Jimbaran.
(0361) 703 310.

Lombok Pottery Centre
Jalan Kartika Plaza 8X, Kuta.
(0361) 753 184.

Jalan Sriwijaya 111A,
Mataram, Lombok.
(0370) 640 351.

PEINTURE

Agung Rai Museum
Jalan Pengosekan, Ubud.
(0361) 975 449.

Ganesha Gallery
Four Seasons, Sayan.
(0361) 977 577.

Kekasihku Artshop
Jalan Raya Sesetan 145,
Denpasar.
(0361) 226 244.

Neka Art Museum
Jalan Raya Campuhan,
Ubud.
(0361) 975 074.

MEUBLES ET EXPÉDITION

Asa Pura
Jalan Kerobokan, Seminyak.
(0361) 730 878.

Bali Trust
Jalan Raya Kuta 98, Kuta.
(0361) 758 151.

Ibis
Jalan Kerobokan, Seminyak.
(0361) 730 259.

Nostalgia
Jalan Bypass Ngurah Rai,
Sanur.
(0811) 395 082.

Sarasah
Jalan Kerobokan, Seminyak.
(0361) 731 739.

Victory
Jalan Bypass Ngurah Rai,
Sanur.
(0361) 722 319.

Warisan
Jalan Kerobokan, Seminyak.
(0361) 731 175.

Qu'acheter à Bali et à Lombok ?

Chaussures en batik

L es objets décoratifs en vente dans les principaux centres touristiques donnent envie de rentrer avec beaucoup plus de bagages que n'en acceptent les compagnies aériennes. Rien n'interdit toutefois d'expédier ses achats par la poste ou une compagnie de fret. Certaines régions ont des spécialités. L'est de Bali est ainsi réputé pour les étoffes, notamment *ikat* et *songket*, tandis que beaucoup de bijoux proviennent de Celuk, au sud d'Ubud. Vous trouverez à Lombok une belle poterie rustique, de la vannerie et des tissages de qualité.

Masques
Inspirés de la mythologie, ils servent traditionnellement aux représentations théâtrales.

Sculptures
Les artisans ont pour matériaux préférés le bois et un tuf volcanique appelé paras. *Garuda et le Bouddha font partie des nombreux sujets représentés.*

Sculpture sur bois   **Sculpture sur *paras***

Poterie de Lombok
Cette poterie rustique rouge ou noire est aujourd'hui exportée dans le monde entier. Les meilleurs revendeurs se chargent des expéditions.

Marionnettes
Outre les marionnettes en cuir du wayang kulit (p. 31), les boutiques vendent des figurines javanaises en bois et batik.

Gravures sur feuilles de palmier lontar
C'est une des spécialités du village de Tenganan (p. 110-111).

Meubles
Teck et acajou sont utilisés pour fabriquer des reproductions et des pièces modernes. Malgré le succès du style colonial, il existe peu d'antiquités. Les meubles les plus fiables sont en bois de récupération.

Chaise en teck   **Table en bambou**   **Panneau de bois sculpté**

Cerfs-volants
Les cerfs-volants destinés aux visiteurs sont produits à la chaîne ; ils sont malgré tout séduisants.

Bracelet

Pendentif

Boucles d'oreilles

Collier

Bijoux
Celuk est le grand centre de la joaillerie balinaise. Qu'ils travaillent l'or ou l'argent, les artisans suivent aussi bien des modèles contemporains que traditionnels.

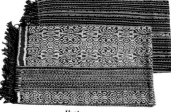

Ikat

Étoffes
*L'étoffe artisanale la plus répandue est l'*endek, *une forme d'*ikat *(p. 37). Les habitants de Tenganan sont les seuls à maîtriser le double* ikat *appelé* geringsing. *Du fil d'or ou d'argent dessine les motifs du* songket.

Ceinture

Tenue d'enfant

Vêtements à façon
Bali abrite de nombreux tailleurs et vous pourrez commander à bas prix des vêtements réalisés sur mesure ou d'après un modèle. Jalan Sulawesi, à Denpasar, offre un grand choix de tissus.

Robe en batik

Vannerie de Lombok
Une visite dans les villages où vivent les artisans permet de les regarder travailler.

Bagages
Les bagages fabriqués à Bali, en rotin ou en cuir, portent généralement des motifs géométriques.

Sac en cuir

Sac tressé

Carambole

Noix muscade

Mangue

Papaye

Ananas

Salak

Fruits secs
Très variés, les fruits secs offrent une large palette de saveurs, du très sucré à l'acide en passant par le pimenté. Les supermarchés les commercialisent tout emballés. Certains warung *et étals de marché vendent des lanières composées de plusieurs fruits : mangue, papaye et ananas par exemple.*

SE DISTRAIRE

La musique, la danse et le théâtre balinais ont traditionnellement une vocation rituelle, mais ils ont acquis une dimension profane au contact de la culture européenne. Désormais de nombreuses représentations sont organisées dans le seul but de satisfaire un public de visiteurs. Les distractions nocturnes à l'occidentale n'existent que dans les zones

Masque de théâtre

touristiques. Les stations du sud de Bali offrent le plus large choix avec des discothèques et des bars convenant à tous les âges à tous les goûts musicaux et à tous les budgets. Kuta possède l'ambiance la plus animée. L'atmosphère est plus chic à Seminyak et plus familiale à Sanur et Nusa Dua. Les amateurs de musique et de théâtre seront comblés.

LES SOURCES D'INFORMATION

Il existe d'excellents magazines de programmes : *Hello Bali*, le *Bali Plus*, *The Beat* et le *Bali Advertiser*. Vous trouverez aussi des informations dans le *Bali Echo* et le *Jakarta Post,* quotidien en anglais, dans des brochures disponibles à votre hôtel. Surveillez les affichettes à l'entrée des lieux de spectacle.

ACHETER SA PLACE

Des représentations de danses balinaises sont proposées pratiquement tous les soirs dans presque tous les centres touristiques. Les places les moins onéreuses coûtent environ 30 000 Rp. Elles vous coûteront plus cher si vous passez par une agence de voyages, mais celle-ci se charge généralement du transport jusqu'au lieu de spectacle. Les hôtels et les bureaux de change vendent aussi des billets. Les paiements doivent être effectués en liquide, en rupiahs ou en dollars.

Artistes en tenue pour une représentation à Denpasar

LA DANSE TRADITIONNELLE

Si les danses interprétées dans les temples lors des fêtes restent authentiques, la plupart des spectacles montés spécialement pour les touristes adaptent la tradition à leur intention. Beaucoup se composent d'un pot-pourri d'extraits ou de temps forts appartenant à des œuvres différentes. Sauf exception, il s'agit néanmoins de

prestations de qualité. Les spectateurs reçoivent un feuillet d'explication rédigé normalement en plusieurs langues, dont le français. On ne peut pas réserver sa place et mieux vaut arriver tôt.

Ubud reste le haut lieu de la culture à Bali et les étrangers qui y séjournent passent une bonne part de leurs soirées à assister aux nombreuses représentations données tous les jours, entre autres, à 19 h 30, dans le cadre historique de la cour extérieure du *Puri Saren* (*p. 90*). Le programme proposé dans ce palais comprend surtout des ballets illustrant le *Ramayana* et du *legong,* une danse pleine de grâce exécutée par de très jeunes filles. On peut acheter les billets sur place ou par l'intermédiaire d'une agence.

Le village de Batubulan (*p. 82*) est réputé pour ses troupes de danse. La célèbre compagnie Denjalan fait revivre le mythe de Barong (*p. 25*) tous les jours à 9 h 30 au **Pura Puseh.** La « Barong and Keris Dance » est également donnée à la même heure dans le théâtre de verdure Sila Budaya du **Puri Anom Tegehe Batubulan.** Celui-ci accueille à 18 h 30 des représentations de *kecak* (*p. 30*) et de danse du feu.

La principale manifestation culturelle de Bali, le Festival des arts, se déroule en juin et juillet au **Taman Werdhi Budaya** (*p. 61*) de Denpasar. Ce centre culturel présente des expositions et des spectacles toute l'année. Vous en trouverez le détail dans le *Bali Post*. Les événements les plus importants ont en général lieu le samedi soir.

Jeunes danseuses de *legong* en costume doré

...melan accompagnant un *...ectacle* de danse à Ubud

LA MUSIQUE TRADITIONNELLE

Chaque communauté de quartier balinaise possède son *gamelan (p. 32-33)*, orchestre où dominent les instruments de percussion et dont les mélodies syncopées rythment les danses. Ces formations composées d'amateurs se produisent désormais aussi dans les hôtels. Un temple reste le meilleur endroit pour écouter un *gamelan*. Les offices locaux du tourisme, ou votre hôtel, pourront vous indiquer dates et lieux. À Ubud, les représentations de **Semara Ratih** à Kutuh et **Cudamani** à Pengosekan jouissent d'une haute réputation. Cudamani donne aussi des cours d'initiation aux enfants du village et aux adultes étrangers.

LE THÉÂTRE D'OMBRES

Le théâtre d'ombre *wayang kulit* reste extrêmement populaire auprès des Balinais et des représentations se déroulent aussi bien dans le cadre de réunions familiales que lors de fêtes publiques. Très sophistiquées, les marionnettes découpées dans de la peau de buffle, puis dorées et peintes de couleurs vives, représentent les dieux et les très nombreux personnages de grandes épopées comme le *Ramayana* et le *Mahabharata*. C'est le *dalang* qui leur donne vie en manipulant les silhouettes devant une lanterne et en prêtant à chacune un son de voix différent.

Les spectacles durent normalement des heures, parfois jusqu'à l'aube, et les dialogues y jouent un grand rôle. Les séances organisées pour des étrangers, dans les hôtels notamment, offrent des versions écourtées mettant l'accent sur le jeu dramatique.

Vous pourrez avoir un aperçu plus authentique du *wayang kulit* le mercredi et le samedi soir à 20 h chez **Oka Kartini** à Ubud. Pour une occasion spéciale, il est aussi possible d'engager des artistes comme **Wayan Mardika, Wayan Wija** et **Nyoman Sumandhi**.

Le *wayang listrik*, utilise des marionnettes géantes.

Marionnette de *wayang kulit*

DISTRAIRE DES ENFANTS

Trouver des occupations aux enfants ne pose pas de problème à Bali où de nombreuses plages permettent la baignade et une vaste palette de jeux aquatiques. Les grands complexes hôteliers comme le **Sheraton Nusa Indah** *(p. 171)*, possèdent souvent un club d'activités auxquelles peuvent participer, en payant, les enfants de l'extérieur. Les non-résidents peuvent aussi profiter de la piscine du **Bali Cliff** *(p. 174)*, un service au coût relativement élevé en temps normal, mais inclus le dimanche dans le prix du brunche copieux servi au café.

Quelques établissements organisent de temps en temps des ateliers d'initiation aux arts de la scène balinais. Les petits auront du mal à tenir en place pendant toute une représentation de danse traditionnelle. Le **Bali Cliff** propose un spectacle de *kecak (p. 30)* adapté aux petits et aux grands dont les danseurs se produisent sur la plage et escaladent la falaise. Pour un prix forfaitaire, le Pasar Senggol du **Grand Hyatt** permet de regarder le spectacle en dînant. Pour les plus grands, des sociétés comme **Bali Adventure Tours** et **Sobek** organisent des randonnées à pied, des excursions en vélo et des descentes de rapides en canot pneumatique bien encadrées. Une promenade à dos de chameau (près du Nikko à Nusa Dua) ou d'éléphant *(p. 206)* amusera tous les membres de la famille. Les **Pemuteran Stables** et **Umalas Stables** proposent des cours d'équitation et des promenades à cheval surveillées.

Il existe plusieurs parcs de loisirs. Le plus populaire, le **Waterbom Park and Spa**, se trouve près de Kuta. Au sud d'Ubud, le **Parc ornithologique de Bali** *(p. 84-85)* abrite des milliers d'oiseaux. Les pensionnaires du **Parc de reptiles** *(p. 82)* voisin connaissent eux aussi un grand succès.

Toute la famille appréciera le Waterbom Park and Spa de Tuban

LA VIE NOCTURNE

Depuis l'arrivée des premiers surfeurs au début des années 70, Bali est aussi un endroit où l'on vient pour s'amuser. Tous les grands complexes hôteliers proposent à leurs clients des distractions le soir. Hors de ces enclaves, il n'existe de réelle vie nocturne que dans les zones touristiques comme Kuta, Sanur, Seminyak, Ubud et Nusa Dua. Chacune de ces localités a un caractère propre qui influe sur les distractions offertes le soir. Nombre des établissements ouverts récemment s'adressent à une clientèle aisée, mais il existe encore des clubs qui font des affaires florissantes en servant de l'*arak* (eau-de-vie de palme) dans des pots de confiture.

À Kuta, les bars du **Kori**, du **Peanuts**, du **Poppies Restaurant**, du **Sea Breeze Café**, du **Bounty**, du **TJ's Tex-Mex** et d'**Un's** attirent souvent la foule. Le **Macaroni Club** accueille un orchestre de jazz et sert des cocktails aux clientèles sophistiqués. Pour les voyageurs à petits budgets, les Poppies Lanes I et II abritent de nombreux lieux où se détendre en buvant une bière bon marché.

Le **Hard Rock Beach Hotel** possède un bar à cocktails où se produisent des groupes acoustiques. Le **Hard Rock Café** propose à partir de 23 h une bonne programmation d'orchestres locaux et étrangers. Il y a toujours foule et le bar est un lieu de rencontre très animé. Les couples préféreront parfois l'isolement et le romantisme offerts par la terrasse d'un des bars de l'**Holiday Inn Bali**

Le Peanuts, un bar très apprécié de Kuta

Hai. Climatisé, le fumoir du restaurant **Ku Dé Ta** dispose d'un large choix de cocktails. À Tuban, l'**All Stars Surf Café** organise d'intéressantes soirées musicales à thèmes.

Le meilleur club de Sanur, le **Koki Bar,** attire une clientèle jeune, de Balinais notamment. **The Jazz Bar and Grill** reçoit des musiciens tous les soirs. Le vendredi est le soir le plus animé de la semaine au **Café Wayang** et au **Trophy Pub.**

À Seminyak, c'est sur la plage entre l'**Hotel Padma** et **La Lucciola** que visiteurs et Balinais se retrouvent au coucher du soleil pour jouer au volley-ball ou boire une bière. Après une douche, puis un repas au restaurant, les noctambules rejoignent des bars à l'atmosphère détendue comme le **Goa 2001,** le **Warisan** et le **Jaya Pub.** Le **Café Luna** propose des soirées musicales à thèmes. La boîte

de nuit la plus populaire de Bali, le **Double Six,** abrite une rampe de saut à l'élastique. Un haut lieu de la vie nocturne de Seminyak est aussi, désormais, Jalan Dhyana Pura où se trouvent, entre autres, l'**A-Bar,** le **Café del Mar,** le **Gado Gado** et le **Santa Fe.**

Ubud n'est pas une ville de la nuit et tous les établissements ferment vers 1 h du matin. Des musiciens jouent au **Jazz Café** du mardi au samedi. La techno et le funk ont la faveur du **Funky Monkey** et le **Sai Sai Bar** accueille des jam sessions.

À Lovina, la guerre de l'apéritif fait rage le soir entre les bars de la rue menant à la plage. Ils offrent deux consommations pour le prix d'une au moment de l'*happy hour.* Le **Planet Lovina** passe un reggae acceptable et accueille des groupes de reprises.

À Sayan, près d'Ubud, le **Four Seasons Resort** renferme un bar dont la situation spectaculaire justifie de dépenser le prix qu'y coûte une boisson. Ceux qui aiment le luxe apprécieront une soirée passée au **Serai** ou à l'**Amankila** de Manggis.

Les complexes hôteliers de Nusa Dua possèdent en général plusieurs bars et une boîte de nuit. Les fêtes organisées sur la plage à la pleine lune s'adressent plutôt aux jeunes.

Le Bounty fait partie des grands clubs du sud de Bali

CARNET D'ADRESSES

DANSE TRADITIONNELLE

Pura Puseh
Jalan Raya, Batubulan, Gianyar.
(0361) 298 038.

Puri Anom Tegehe Batubulan
Jalan Raya Batubulan, Gianyar.
(0361) 298 505 ou (0361) 298 092.

Puri Saren
Jalan Raya Ubud, Ubud.
(0361) 975 957.

Taman Werdhi Budaya
Jalan Nusa Indah, Denpasar.
(0361) 222 776.

MUSIQUE TRADITIONNELLE

Cudamani
Jalan Raya Pengosekan, Ubud.
(0361) 977 068.

Semara Ratih
Banjar Kutuh, Ubud.
(0361) 973 277.

THÉÂTRE D'OMBRES

Nyoman Sumandhi, M.A.
Jalan Katrangan Lane 5B/6, Denpasar.
(0361) 246 216.

Oka Kartini's
Jalan Raya Ubud, Ubud.
(0361) 975 193.

Wayan Mardika
Banjar Babakan, Sukawati.
(0361) 299 646.

Wayan Wija
Banjar Kalah, Peliatan.
(0361) 973 367.

DISTRACTIONS POUR ENFANTS

Bali Adventure Tours
Adventure House, Jalan Bypass Ngurah Rai, Pessanggaran.
(0361) 721 480.
FAX *(0361) 721 481.*

Parc ornithologique
Jalan Serma Cok Ngurah Gambir, Singapadu, Batubulan, Gianyar.
(0361) 299 352.

Bali Cliff
Jalan Pura Batu Pageh, Uluwatu.
(0361) 771 992.

Parc de reptiles
Jalan Serma Cok Ngurah Gambir, Singapadu, Batubulan, Gianyar.
(0361) 299 344.

Grand Hyatt
Nusa Dua.
(0361) 771 234.

Pemuteran Stables
Jalan Singaraja, Gilimanuk.
(0362) 92 339.
FAX *(0362) 92 339.*

Sheraton Nusa Indah
Kawasan BTDC, Lot 2, Nusa Dua.
(0361) 771 006.

Sobek
Jalan Tirta Ening 9, Sanur.
(0361) 287 059.
FAX *(0361) 289 448.*

Umalas Stables
Banjar Umalas, Kerobokan.
(0361) 731 402.

Waterbom Park and Spa
Jalan Kartika Plaza, Tuban.
(0361) 755 676.

VIE NOCTURNE

A-Bar
Jalan Dhyana Pura 10, Seminyak.
(0361) 733 270.

All Stars Surf Café
Kuta Centre, Jalan Kartika Plaza, Tuban.
(0361) 757 933.

Amankila
Manggis, près de Candi Dasa.
(0363) 41 333.

Café del Mar
Jalan Dhyana Pura, Seminyak.
(0361) 734 298.

Café Luna
Jalan Raya Seminyak, Seminyak.
(0361) 730 805.

Café Wayang
Lippo Plaza, Sanur.
(0361) 283 183.

Double Six
Jalan Double Six, Seminyak.
(0361) 731 266.

Four Seasons Resort
Sayan, Ubud.
(0361) 977 577.

Funky Monkey
Monkey Forest Road, Ubud.
081 2390 3279.

Gado Gado
Jalan Dhyana Pura, Seminyak.
(0361) 730 955.

Goa 2001
Jalan Raya Seminyak, Seminyak.
(0361) 730 592.

Hard Rock Beach Hotel
Jalan Pantai, Kuta.
(0361) 731 869.

Hard Rock Café
Jalan Pantai, Kuta.
(0361) 731 869.

Holiday Inn Bali Hai
Jalan Wanasegara 33, Tuban.
(0361) 753 035.

Hotel Padma
Jalan Padma 1, Legian.
(0361) 752 111.

Jaya Pub
Jalan Raya Seminyak 1, Seminyak.
(0361) 730 973.

Jazz Café
Jalan Sukma 2, Tebesaya, Ubud.
(0361) 976 594.

Koki Bar
Jalan Bypass Ngurah Rai 9X, Sanur.
(0361) 287 503.

Kori
Poppies Lane II, Kuta.
(0361) 758 605.

Ku Dé Ta
Jalan Kayu Aya 9, Seminyak.
(081) 1388 801.

La Lucciola
Jalan Kayu Aya, Kayu Aya Beach, Seminyak.
(0361) 261 047.

Macaroni Club
Jalan Raya Kuta, Kuta.
(0361) 730 428.

Peanuts
Jalan Raya Kuta, Kuta.
(0361) 752 364.

Planet Lovina
Jalan Lovina, Lovina.
(0361) 41 474.

Poppies Restaurant
Poppies Lane I 16, Kuta.
(0361) 751 059.

Sai Sai Bar
Monkey Forest Road, Ubud.
(0361) 976 698.

Santa Fe
Jalan Dhyana Pura, Seminyak.
(0361) 731 147.

Sea Breeze Café
Jalan Legian, Kuta.
(0361) 751 963.

Serai
Manggis.
(0363) 41 011.

The Bounty
Jalan Legian Kelod, Kuta.
(0361) 754 040.

The Jazz Bar and Grill
Jalan Bypass Ngurah Rai 15-16, Sanur.
(0361) 285 892.

The Trophy Pub
Jalan Cemara, Sanur.
(0361) 286 230.

TJ's Tex-Mex
Poppies Lane I, Kuta.
(0361) 751 093.

Un's
Poppies Lane I, Kuta.
(0361) 752 607.

Warisan
Jalan Raya Seminyak.
(0361) 731 175.

ACTIVITÉS DE PLEIN AIR

Les amateurs de sports nautiques n'ont que l'embarras du choix à Bali. Ils peuvent y pratiquer le surf, la voile, la planche à voile, la plongée sous-marine et la pêche au gros. Le visiteur sportif aura aussi la liberté de se promener à dos d'éléphant, de galoper au bord de l'eau sur la plage ou de se lancer dans l'inconnu en moto. S'il a un faible pour les émotions fortes, il sautera à l'élastique, descendra des rapides en canot ou fera du parapente

La planche à voile est un sport populaire à Bali

ou du parachute ascensionnel. Des randonnées à pied ou des excursions à vélo organisées lui permettront de sortir des sentiers battus. L'île abrite deux superbes terrains de golf et de nombreux hôtels possèdent des courts de tennis. Lombok ne connaît que depuis peu un réel développement touristique et les activités proposées aux visiteurs sont principalement le surf, la plongée avec tuba et la randonnée.

Location de planches de surf sur la plage de Legian

LE SURF

Bali offre presque toute l'année d'excellentes conditions pour la pratique du surf, y compris pour les débutants. Vous trouverez planches et matériel complémentaire à louer ou à acheter sur les plages les plus fréquentées. À Sanur et à Kuta, des écoles sérieuses comme la **Cheyne Horan School of Surf** proposent des cours à la journée ou à l'heure.

Pour plus de renseignements sur les meilleurs spots de surf de Bali et Lombok, consultez les pages 208-209.

LA PLONGÉE AVEC BOUTEILLES OU AVEC TUBA

Qu'il s'agisse d'un simple aller-retour dans la journée, d'une croisière passant par plusieurs sites ou d'une expédition jusqu'à des îles comme Komodo et Sumbawa, les excursions organisées constituent un bon moyen de partir à la découverte des fonds sous-marins de Bali, de Lombok et d'une partie du reste de l'archipel. Pour la plongée avec bouteilles, les clubs exigent des certificats d'aptitude (PADI ou équivalent). La plupart permettent de suivre une formation et louent du matériel de bonne qualité. **Bali Marine Sports, Baruna Dive, Geko Dive** et **Reefseekers Dive Centre** comptent parmi les plus sérieux. Les pages 210-211 fournissent plus d'informations sur les sites de plongée.

LA PLANCHE À VOILE ET LE SKI NAUTIQUE

La plupart des hôtels en bord de plage de Bali et Lombok louent des planches à voile. Bien protégé des vagues, le lagon de Sanur *(p. 64-65)* offre des conditions particulièrement agréables. Plusieurs champions asiatiques proposent des cours pour tous niveaux. Ils durent de quatre à six heures.

Le **Blue Oasis Beach Club** de Sanur possède le meilleur équipement de l'île et un personnel très qualifié. Outre la planche à voile, on peut y pratiquer toutes les formes de ski nautique.

LA PÊCHE

Les agences spécialisées dans la pêche au large comme **Indonusa Segara Marine** et **Sea Star Dive Centre** ont des bureaux dans la région de Kuta et Legian *(p. 68-69),* dans l'est autour de Padang Bai et Candi Dasa *(p. 108)* et dans le nord à Singaraja *(p. 146).* Bien qu'il y ait des bateaux à Padang Bai, Candi Dasa, Amed, Tulamben, Singaraja et Sanur, la majorité des sorties ont Pelabuhan Benoa *(p. 71)* comme point de départ. Les plus courantes durent une journée.

La gamme d'embarcations disponibles va de la pirogue à balancier au yacht fourni avec un équipage complet et un équipement de détection sophistiqué. La morue, le *snapper (Chrysophrys auratus)* et la truite de corail fréquentent les récifs. Les proies de haute mer comprennent le thon, la dorade coryphène, le maquereau et le marlin. Il est possible de s'inscrire à une croisière de plusieurs jours au large de Lombok et d'autres îles de l'archipel.

Pirogues disponibles pour des sorties de pêche à Lombok

Pelabuhan Benoa est le plus grand port de plaisance de Bali

LES CROISIÈRES

Les visiteurs jouissent d'un large choix de promenades en bateaux à voile ou à moteur au large de Bali et Lombok. Un dîner romantique à bord d'un paquebot moderne, d'une goélette bugie ou d'un yacht ou un aller-retour dans la journée jusqu'à une petite île ou un site de plongée comptent parmi les plus simples.

La plupart des compagnies qui proposent des croisières ont leur siège à Pelabuhan Benoa, le principal port de plaisance de Bali. L'endroit séduira tous les amateurs de construction navale et la vue offerte par le bar bien achalandé qui domine les pontons donne un peu l'impression d'être déjà en mer. Des croisières en voilier de trois à quatorze jours, une traversée jusqu'aux îles Gili, au large de Senggigi *(p. 156)*, à bord d'un bâtiment gréé en carré et la location d'un yacht de luxe pour une lune de miel hors du commun sont possibles. La plupart des visiteurs se contentent d'une excursion d'une journée à Nusa Lembongan ou à Nusa Penida *(p. 75)*.

Mabua Lombok propose des départs quotidiens depuis Pelabuhan Benoa à Bali et Lembar à Lombok. **Island Explorer Cruises** offre le choix entre différents bateaux, dont la vedette rapide *Quick Cat*. Les luxueux catamarans de **Sojourn Cruise** séduiront tous ceux qui aiment les beaux voiliers. Ils sont entièrement équipés pour la plongée avec bouteilles ou tuba. Les clients de **Waka Louka Cruises** ont droit à un petit déjeuner à bord, un barbecue à midi sur Nusa Lembongan et un cocktail au coucher du soleil pour

égayer le retour. Sur la plupart des compagnies, les enfants de moins de 14 ans bénéficient d'une réduction de 50 %.

Si vous préférez rester maître de votre itinéraire, vous pouvez louer un dériveur à Sanur, Nusa Dua et Jimbaran, ou affréter avec son équipage un yacht ou une goélette comportant de deux à quinze cabines.

LES DESCENTES DE RAPIDES ET PROMENADES EN CANOT PNEUMATIQUE ET EN KAYAK

Plusieurs compagnies fiables organisent des descentes en canot pneumatique (rafting) de rapides de classe II (relativement facile) à IV (difficile), une expérience intense au sein de paysages impressionnants. L'une des meilleures, **Sobek Bali Utama,** emploie des accompagnateurs très qualifiés sur des rapides de classe III. Les clients de **Bali Safari Rafting** dévalent des rapides de classe IV.

Les points de départ les plus populaires se trouvent sur l'Ayung, au nord-ouest d'Ubud *(p. 96-97)*, et sur l'Unda, au nord de Klungkung *(p. 105)*. Les descentes avec **Ayung River Rafting** durent de trois à quatre heures. Une autre rivière, la Telaga Waja, située dans l'est de l'île près de Muncan et Sidemen *(p. 105)*, connaît une fréquentation grandissante. Le forfait de **Bali Adventure Tours** comprend la nourriture et les boissons, ainsi que la mise à disposition de vestiaires, de douches chaudes et de serviettes. Pensez à prendre des vêtements de rechange, un chapeau et de l'écran solaire. Quelle que soit la société, le prix doit comprendre le transport aller-retour entre votre hôtel et le point de départ, l'initiation, un encadrement qualifié, un déjeuner et une assurance. Pour les plus audacieux, Ayung River Rafting propose également des kayaks gonflables de deux personnes.

Les canots pneumatiques offrent des expériences amusantes sur l'océan. **Captain Zodiac Ocean Rafting** a trois sorties différentes à son catalogue.

Sobek Bali Utama procure des plaisirs plus calmes sur le lac Tamblingan *(p. 140-141)*.

Descentes des rapides de l'Ayung

En groupe sur un gonflable dans le sud de Bali

LA BAIGNADE

Beaucoup de plages de Bali et de Lombok offrent aux baigneurs une eau cristalline et calme dans un cadre splendide. Certaines peuvent toutefois se révéler dangereuses, en particulier sur les côtes sud, y compris dans des stations balnéaires comme Kuta. Contentez-vous des zones surveillées et suivez les conseils des panneaux prévenant des risques de lames de fond et de courants.

La plupart des grands hôtels de Nusa Dua à Bali *(p. 73)* et de Senggigi à Lombok *(p. 156)* possèdent au moins une piscine où vous pourrez nager en toute sécurité.

Le **Club Med** de Nusa Dua propose pour les non-résidents un forfait journalier (jusqu'à 17 h) qui donne accès à la piscine et à un large éventail d'activités sportives. Le prix comprend un déjeuner avec buffet asiatique et occidental.

Près de Kuta, le **Waterbom Park and Spa** abrite diverses attractions aquatiques.

LE GOLF ET LE TENNIS

Les quatre terrains de golf à Bali acceptent des joueurs de l'extérieur.

Nusa Dua abrite le **Bali Golf and Country Club** de dix-huit trous. Non loin, à Sanur, le parc du **Grand Bali Beach Hotel** renferme un golf de neuf trous. Dans les collines dominant le lac Bratan et Bedugul *(p. 141)*, le **Bali Handara Kosaido Country Club** propose un hébergement de luxe et un parcours de dix-huit trous réputé pour sa difficulté. Le **Nirwana Bali Golf Club**, de dix-huit trous également, qui s'étend près de Tanah Lot à Tabanan, est le golf le plus spectaculaire de l'île. La majorité des grands hôtels possèdent d'excellents courts de tennis éclairés pour jouer en nocturne et louent des raquettes.

Calao festonné

LA DÉCOUVERTE DE LA FAUNE

Pour répondre à une demande grandissante, les agences de voyages commencent à proposer à Bali et à Lombok des activités de découverte de la vie sauvage.

L'observation des dauphins est très populaire. Dans le sud, **Bali Hai Cruises** organise des sorties à grande vitesse le long du littoral de Nusa Dua et d'Uluwatu pour aller à leur rencontre au petit matin. Le bateau d'**Ena Dive Centre,** qui propose de nombreuses autres activités nautiques, part à 8 h.

À Lovina *(p. 147)*, sur la côte nord, les pêcheurs du village emmènent les visiteurs sur des pirogues à balancier. Les dauphins sont normalement très nombreux, mais il leur arrive de ne pas respecter le rendez-vous.

Près de Singapadu, l'observation des oiseaux est moins aléatoire au **parc ornithologique de Bali** *(p. 84-85)*. Ce dernier offre dans un beau jardin un large aperçu de la faune ailée de Bali et d'autres régions tropicales. Le **parc des reptiles** *(p. 82)* voisin donne une vision intéressante de la vie des reptiles qui peuplent l'île.

La réserve naturelle du **Taman Nasional Bali Barat** *(p. 136-137)* renferme de nombreux oiseaux adaptés à

Promenade en pirogue sur le lac Bratan près du Bali Handara Kosaido Country Club

les habitats variés. Le guide,
obligatoire, vous permettra
peut-être de surprendre
aussi des singes, des cerfs
ou des iguanes. Les flancs
du Gunung Batukau *(p. 133)*
abritent de nombreux oiseaux.
Dans les villages voisins, des
guides expérimentés vous
emmènent à la découverte
des oiseaux ou organisent des
randonnées.

Le **Bali Bird Club** organise
sur demande des promenades
matinales d'observation des
oiseaux autour d'Ubud. Pour
explorer les environs du lac
Tamblingan *(p. 140-141)*
et sa forêt primitive, adressez-
vous à **Nyoman Witama.**

Le **Taman Kupu Kupu,**
le parc de papillons de
Wanasari, près de Tabanan
(p. 129), abrite des espèces
rares.

Tursiops s'amusant au large de la côte sud de Bali

LA MARCHE À PIED ET CAMPING

Rien n'égale la marche à
pied pour découvrir les
sites les plus préservés de Bali
et Lombok, qu'il s'agisse de
rizières, de villages isolés, de
jungles ou de volcans. Mieux
vaut prendre un guide dans les
endroits les plus reculés, que
vous envisagiez une
promenade d'une journée
ou de quelques heures ou
que vous vous lanciez dans
l'ascension, en plusieurs jours,
du Gunung Rinjani de Lombok
(p. 158-159). Vous pouvez
vous risquer seuls sur les
sentiers bien tracés dans les
collines, notamment autour de
Manggis *(p. 108)*, au nord de
Tenganan *(p. 109)*, à Ubud
(p. 94-95) et dans la gorge de
Ayung *(p. 96-97)*. Les îles Gili
(p. 156), au large de Lombok,
se prêtent à d'agréables balades
de quelques kilomètres.

Il est également intéressant

La marche offre le meilleur moyen de découvrir la nature à Bali

de découvrir à pied des villages
traditionnels comme les
communautés Bali Aga de
Tenganan *(p. 110-111)* et
Trunyan *(p. 121)*. Les parcs
nationaux de Bali Ouest
(p. 136-137) et du Gunung
Rinjani *(p. 158-159)* permettent
de camper dans un cadre
superbe et sauvage. **Bali
Camping Tours** organise
des promenades guidées avec
hébergement sous la tente.

LA RANDONNÉE EN MONTAGNE

L'ascension des volcans de
Bali et Lombok, en
particulier le Gunung Agung
(p. 114), le Gunung Batur
(p. 120-121) et le Gunung
Rinjani *(p. 158-159)*, offre
des panoramas exceptionnels.
Elles sont à éviter en saison
pluvieuse et, hormis celle du
Gunung Batur, doivent toujours
être faites en compagnie d'un
guide expérimenté. Des
organisateurs de voyages
comme **Mandalika Tours**
incluent dans certaines de leurs
offres des promenades dans la
forêt pluviale du Gunung
Batukau *(p. 133)*. **Bali
Sunshine Tours** propose
une marche au lever du soleil
sur la crête de la caldeira du
Gunung Batur.

LES EXCURSIONS EN VOITURE ET À MOTO

Des sorties organisées en
véhicule tout-terrain
offrent un bon moyen de sortir
des sentiers battus. **Waka Land
Cruise** propose une excursion
en Land-Rover jusqu'à un
restaurant en bambou au cœur
de la forêt pluviale du Gunung

Batukau. Si vous préférez tenir
le volant et garder la maîtrise
de votre destination, **Toyota
Rent-a-Car** loue un bon choix
de véhicules à des prix
raisonnables. Il est parfois
difficile de trouver en
Indonésie des cartes très
détaillées ou fiables. Les routes
de Bali sont généralement en
bon état, mais il faut être très
vigilant. Les piétons n'utilisent
que rarement les trottoirs et des
animaux peuvent à tout
moment jaillir devant votre
capot. Rouler la nuit est
fortement déconseillé.

Avant de louer une moto,
vérifiez l'état des pneus, des
freins et de l'éclairage. Exigez
un contrat d'assurance et
portez un casque car les
accidents sont nombreux ;
méfiez-vous, en particulier,
des gravillons.

Bali Adventure Tours
organise des excursions hors
route en moto-cross.

À moto sur la route panoramique qui longe le lac Batur

À BICYCLETTE

Il est possible de louer des
bicyclettes dans toutes les
zones touristiques. Une
promenade organisée à vélo
tout terrain permet de
découvrir des paysages
spectaculaires autour d'Ubud,
du Gunung Batur *(p. 120-121)*
ou de Sangeh *(p. 132)*. **Bali
Adventure Tours** propose un
trajet de 25 km dans le centre
de Bali. Le prix comprend le
déjeuner, une assurance et le
transfert depuis l'hôtel.

L'ÉQUITATION

Bali offre aux amateurs d'équitation de magnifiques promenades à cheval, le long de plages désertes ou à travers les rizières du centre. **Jaran Jaran, Umalas Stables** et **Pemuteran Stables** proposent ces balades aux débutants et aux cavaliers confirmés. Ces trois centres possèdent des montures de toutes tailles et offrent la possibilité de partir avec ou sans guide. Munissez-vous de filtre solaire et de chaussures fermées. Préférez les pantalons sans couture à l'intérieur des jambes.

Sur le dos d'un des pensionnaires de l'Elephant Safari Park

LES PROMENADES À DOS D'ÉLÉPHANT

À environ vingt minutes de voiture au nord d'Ubud, à Desa Taro, dans un décor végétal superbement entretenu, l'**Elephant Safari Park** *(p. 99)* abrite une vingtaine d'éléphants de Sumatra. Les visiteurs peuvent les approcher et même les nourrir. Les excursions d'une demi-heure dans la forêt sont destinées aux adultes. Les promenades des enfants, à l'intérieur du parc, durent entre cinq et dix minutes. La réception abrite un squelette de mammouth et une exposition sur les éléphants.
Bali Adventure Tours, la société mère du parc, propose des forfaits comprenant le trajet depuis l'hôtel et le retour, l'entrée, un déjeuner en buffet et une assurance.

En plein saut à la Bali Bungy Company de Kuta

LE SAUT À L'ÉLASTIQUE

C'est le Néo-Zélandais A.J. Hackett qui a popularisé le saut à l'élastique à Bali et l'**A.J. Hackett Company** possède à Legian une impressionnante tour de fabrication australienne de 44 m de hauteur. Les spectateurs peuvent emprunter son ascenseur uniquement pour admirer la vue. Le samedi, il est possible de sauter en nocturne.

Plusieurs autres sociétés offrent désormais des prestations similaires, y compris dans une des boîtes de nuit les plus fréquentées de Kuta où les audacieux peuvent s'élancer à 3 h du matin d'une hauteur de 30 m. Toujours dans la région de Kuta-Legian, la **Bali Bungy Company** propose, en plus du saut à l'élastique, le Sky Surfer, une attraction qui donne les sensations d'un vol à haute vitesse. Au cœur de Kuta, l'**Adrenalin Park** abrite une tour de 50 m dominant une piscine, un mur d'escalade, des restaurants, un bar et le Slingshot, une nacelle propulsée à 50 m de hauteur en deux secondes.

Le Sky Surfer et le Slingshot reviennent environ deux fois moins cher qu'un saut à l'élastique, mais le prix de celui-ci donne le plus souvent droit à un T-shirt et une photo souvenir. Quand elle est disponible, la vidéo de l'expérience est payante.

LE PARAPENTE ET LE PARACHUTE ASCENSIONNEL

Bali Adventure Tours organise des vols en parapente depuis les falaises d'Uluwatu dans le sud de Bali *(p. 76)*. Ils ont lieu l'après-midi quand les conditions climatiques le permettent. Tous les moniteurs ont une solide formation et une longue pratique. Lors d'une première expérience, ils accompagnent les débutants en tandem. Le tarif comprend une assurance et l'aller-retour entre l'hôtel et le site.

Tanjung Benoa *(p. 72)* offre le meilleur choix aux amateurs de parachute ascensionnel. Vous pouvez notamment vous adresser à **Bali Hai Cruises.**

LE PARACHUTISME

Un saut en parachute donne une vue inoubliable de Bali et de Lombok. **Skydive Bali** emploie un personnel très qualifié, s'adresse aux débutants comme aux personnes expérimentées et propose, entre autres, des sauts en tandem. Le parachutisme, comme le parapente, ne convient pas aux enfants de moins de dix ans.

Parachute ascensionnel au-dessus du lac Bratan dans les montagnes du centre de Bali

CARNET D'ADRESSES

SURF

Cheyne Horan School of Surf
Jalan Legian 406, Kuta.
☎ (0361) 756 735.

PLONGÉE

Bali Marine Sports
Jalan Bypass Ngurah Rai,
Sanur. ☎ (0361) 289 308.

Baruna Dive
Jalan Bypass Ngurah Rai 300B, Tuban.
☎ (0361) 753 820.
Jalan Candi Dasa,
Candi Dasa.
☎ (0363) 41 185.

Geko Dive
Jalan Silayukti, Padang Bai.
☎ (0363) 41 516.

Reefseekers Dive Centre
Port de Gili Air, Lombok.
☎ (0370) 641 008.

PLANCHE À VOILE ET SKI NAUTIQUE

Blue Oasis Beach Club
Sanur Beach Hotel, Sanur.
☎ (0361) 288 011.

PÊCHE

Indonusa Segara Marine
Pelabuhan Benoa.
☎ (0361) 282 080.

Sea Star Dive Centre
Jalan Bypass Ngurah Rai 45XY, Sanur.
☎ (0361) 286 492.

CROISIÈRES

Bounty Cruises
Benoha Harbour.
☎ (0361) 733 333.
FAX (0361) 730 404.

Island Explorer Cruises
Jalan Bypass Ngurah Rai 622, Suwung, Badung.
☎ (0361) 728 088.
FAX (0361) 728 089.

Mabua Lombok
Senggigi Arcade,
Jalan Raya Senggigi Km 1,
Senggigi, Lombok.
☎ (0370) 93 860.

Sojourn Cruise
Jalan Hang Tuah Raya 11,
Sanur. ☎ (0361) 287 450.

Waka Louka Cruises
Pelabuhan Benoa.
☎ (0361) 723 629.
FAX (0361) 722 077.

DESCENTES DE RAPIDES ET PROMENADES EN CANOT PNEUMATIQUE ET EN KAYAK

Ayung River Rafting
Jalan Diponegoro 150B-29, Denpasar.
☎ (0361) 238 759.
FAX (0361) 224 236.

Bali Adventure Tours
Adventure House,
Jalan Bypass Ngurah Rai,
Pesanggaran.
☎ (0361) 721 480.

Bali Safari Rafting
Rivière de Telaga Waja.
☎ (0361) 221 315.

Captain Zodiac Ocean Rafting
Jalan Majapahit 54, Kuta.
☎ (0361) 761 660.

Sobek Bali Utama
Jalan Tirta Ening 9, Sanur.
☎ (0361) 287 059.

BAIGNADE

Club Med
Lot N-6, Nusa Dua.
☎ (0361) 771 521.

Waterbom Park and Spa
Jalan Kartika Plaza, Tuban.
☎ (0361) 755 676.
FAX (0361) 753 517.

GOLF ET TENNIS

Bali Golf and Country Club
Nusa Dua.
☎ (0361) 771 791.

Bali Handara Kosaido Country Club
Village de Pancasari,
Bedugul.
☎ (0361) 288 944.

Grand Bali Beach Hotel
Jalan Hang Tuah, Sanur.
☎ (0361) 288 511.

Nirwana Bali Golf Club
Jalan Raya Tanah Lot,
Kediri, Tabanan.
☎ (0361) 815 970.

DÉCOUVERTE DE LA FAUNE

Bali Bird Club
Beggar's Bush Restaurant,
Ubud. ☎ (0361) 95 009.

Bali Hai Cruises
Pelabuhan Benoa.
☎ (0361) 720 331.

Parc des reptiles
Jalan Serma Cok Ngurah Gambir, Gianyar.
☎ (0361) 299 344.

Ena Dive Centre
Jalan Tirta Ening 1, Sanur.
☎ (0361) 288 829.

Nyoman Witama
Puri Lumbung Cottages,
Munduk.
☎ (0362) 92 514.

Parc ornithologique
Jalan Serma Cok Ngurah Gambir, Gianyar.
☎ (0361) 299 352.

Taman Kupu Kupu
Wanasari, Tabanan.
☎ (0361) 814 282.

Taman Nasional Bali Barat
Jalan Raya Gilimanuk,
Cekik. ☎ (0365) 40 060.

CAMPING ET RANDONNÉE

Bali Sunshine Tours
Jalan Pondok Indah Raya II 3, Gatot Subroto Barat,
Denpasar.
☎ (0361) 414 057.

Mandalika Tours
Jalan Hang Tuah Raya 11,
Sanur. ☎ (0361) 287 450.

EN VOITURE, À MOTO ET À BICYCLETTE

Bali Adventure Tours
Adventure House,
Jalan Bypass, Pesanggaran.
☎ (0361) 721 408.

Toyota Rent-a-Car
☎ (0361) 751 282.

Waka Land Cruise
Jalan Padang Kartika 5X,
Padang Sambian Kelod,
Denpasar.
☎ (0361) 426 972.

ÉQUITATION

Jaran Jaran
Loji Gardens Hotel, Legian.
☎ (0361) 751 672.

Pemuteran Stables
Jalan Singaraja,
Gilimanuk.
☎ (0362) 92 339.
FAX (0362) 92 339.

Umalas Stables
Banjar Umalas, Kerobokan.
☎ (0361) 731 402.

PROMENADES À DOS D'ÉLÉPHANT

Elephant Safari Park
Taro, Tegallalang, Gianyar.
☎ (0361) 721 480.

SAUT À L'ÉLASTIQUE

Adrenalin Park
Jalan Benesa 69, Kuta.
☎ (0361) 757 841.

A.J. Hackett Company
Jalan Double Six,
Double Six Club, Legian.
☎ (0361) 731 144.

Bali Bungy Company
Jalan Pura Puseh, Kuta.
☎ (0361) 752 658.

PARAPENTE ET PARACHUTE ASCENSIONNEL

Bali Adventure Tours
Adventure House,
Jalan Bypass Ngurah Rai,
Pesanggaran.
☎ (0361) 721 480.

Bali Hai Cruises
Pelabuhan Benoa.
☎ (0361) 720 331.
FAX (0361) 720 334.

PARACHUTISME

Skydive Bali
☎ (0361) 764 210.

Le surf et la plage

Coquillage

L es surfeurs qui fréquentent Bali depuis la fin des années 60 y ont exporté la « culture de la plage » si chère aux Australiens. Elle commence à se répandre aussi à Lombok, et la majorité des visiteurs sont attirés par le littoral des deux îles. Les zones touristiques offrent une gamme complète d'activités balnéaires, sportives comme le surf, la planche à voile et le ski nautique, ou plus paresseuses comme le bain de soleil et le massage. La période la plus favorable, y compris pour le surf, dure de mai à septembre. Il n'est pas obligatoire d'apporter son propre équipement, le matériel de location abonde sur les plages les plus fréquentées.

Planches de surf à louer à Kuta

La plage de Canggu attire des surfeurs de haut niveau étrangers comme balinais. Les vagues déferlent sur un fond rocheux et les conditions sont meilleures avant midi.

PLANCHE À VOILE

Les connaisseurs considèrent que Sanur et Tanjung Benoa sont les meilleurs sites pour pratiquer la planche à voile, y compris sur la crête de belles vagues.

La voile permet de s'élancer au-dessus des rouleaux.

La planche en fibre de verre conjugue solidité et légèreté.

LES ZONES DE SURF

Les spots de surf de Bali et Lombok se trouvent en majorité sur les côtes sud où viennent rouler des vagues nées dans le vaste océan Indien. Des horaires des marées sont disponibles dans les boutiques et un magazine local, *Surf Time,* fournit des informations comme les dates de compétitions.

MER DE BALI

BALI

LOMBOK

Canggu • • Sanur
Kuta • • Pulau Serangan • Desert Point
Padang-padang
Maui • • Gerupuk

0   75 km

OCÉAN INDIEN

Des masseuses proposent leurs services sur la plupart des plages touristiques de Bali. Il faut marchander le prix, en général fixé à la durée.

Le parachute ascensionnel, comme ici à Tanjung Benoa, est devenu une activité très populaire, à l'instar du parapente, du jet-ski ou des sorties en canot pneumatique.

Les vagues permettent de spectaculaires acrobaties.

La plage de Kuta est la première plage de Bali fréquentée par des surfeurs. Elle offre de bonnes conditions aux débutants avec ses vagues qui déferlent sur du sable, mais il faut se méfier des lames de fonds.

PRÉCAUTIONS

• Prévoyez une trousse de premiers secours, il n'existe pas partout d'infrastructure médicale.
• Restez entre les drapeaux quand il y en a. Seules les plages les plus fréquentées, comme Kuta et Nusa Dua, sont surveillées.
• Protégez-vous avec un chapeau, des lunettes de soleil et un filtre solaire.

La plage de Sanur permet de louer des dériveurs comme le hobie cat. Ce petit catamaran est réputé pour sa rapidité, mais il peut se révéler particulièrement instable en cas de coup de vent ou de forte mer.

La plongée à Bali et à Lombok

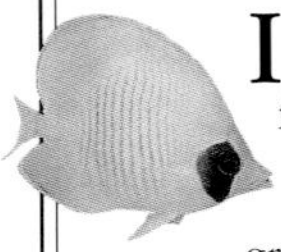

Poisson-papillon

Il existe à Bali et à Lombok de nombreux sites où prospère une faune sous-marine exceptionnelle. Les plus intéressants comprennent l'île de Menjangan *(p. 138)*, d'une grande richesse en coraux durs et mous, Tulamben où repose l'épave du *Liberty*, Nusa Penida et Nusa Lembongan *(p. 74-75)*, aux eaux fréquentées par des poissons-lunes, et les récifs des îles Gili. Les stations du sud de Bali abritent le plus grand nombre de clubs. Ils reconnaissent en général les licences PADI (Professional Association of Dive Instructors).

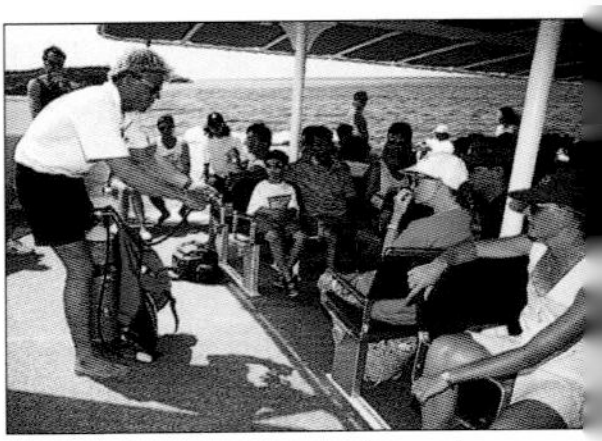

***Stage d'initiation** au large de Pemuteran où le courant est faible et la visibilité bonne. De nombreux clubs de Bali permettent de passer des brevets PADI.*

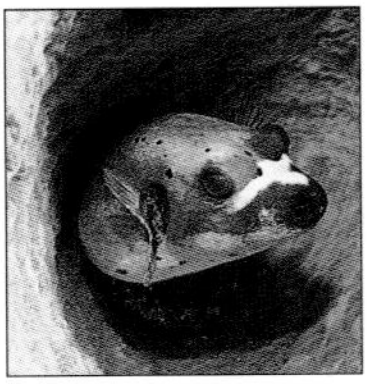

***Des poissons armés** vivent dans les récifs, dominés par des « murs » de corail, qui se trouvent au large de l'île de Menjangan.*

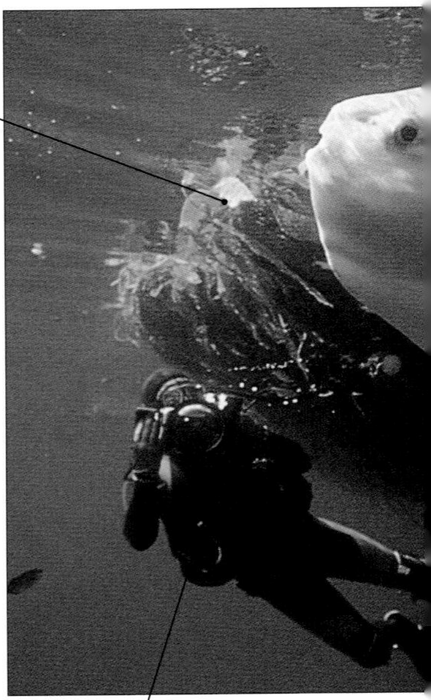

Le « mur » offre un abri à de nombreuses espèces.

L'équipement peut être loué auprès d'un des nombreux clubs qui organisent des sorties.

CLASSEMENT DES SITES DE PLONGÉE
Des conditions variées règnent au large de Bali et de Lombok et mieux vaut connaître celles du site où vous plongez avant de vous jeter à l'eau.

	PLONGÉE AU TUBA	PLONGEURS NOVICES	PLONGEURS EXPÉRIMENTÉS	PLONGEURS CHEVRONNÉS
Candi Dasa ④	●		●	■
Îles Gili ⑧	●	■	●	■
Menjangan ①	●	■	●	■
Nusa Dua ⑦	●	■	●	■
Nusa Penida ⑤			●	■
Pemuteran ②	●	■	●	■
Sanur ⑥	●	■	●	■
Tulamben ③	●	■	●	■

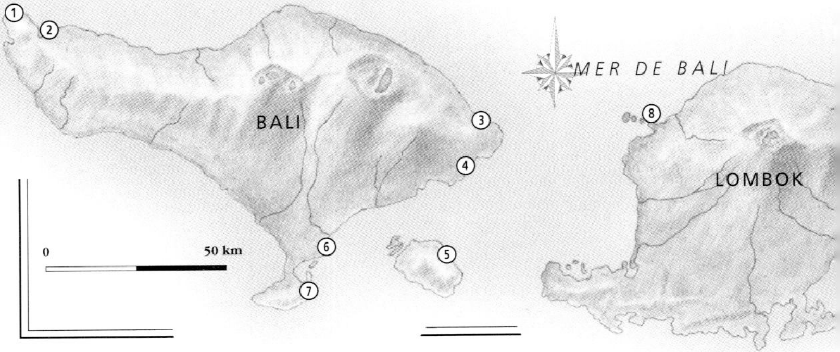

Une plate-forme *accrochée à l'arrière du bateau facilite la formation des débutants. Ceux-ci peuvent explorer les hauts fonds jusqu'à une profondeur d'environ 15 m.*

REJOINDRE LES SITES ISOLÉS

Le prix de la plupart des sorties de plongée organisées comprend le trajet. Il existe aussi des croisières de plusieurs jours. Pour les voyageurs indépendants, mieux vaut disposer d'une voiture ou d'une moto pour rejoindre **Pemuteran** *et l'île de* **Menjangan.** *Des bemo desservent* **Tulamben** *et* **Candi Dasa.** *Il est facile de rejoindre les* **îles Gili** *depuis Senggigi à Lombok.*

Le poisson-épervier *fréquente les eaux de Nusa Penida, à l'instar des thons, des raies manta, des requins de récif et, parfois, de requins-baleines.*

LA FAUNE MARINE

Les poissons à l'apparence spectaculaire qui peuplent les eaux de l'archipel indonésien appartiennent à des centaines d'espèces. Les poissons-lunes, ou « mola mola », font partie des plus prisés. Ils migrent en grand nombre près de Bali de novembre à février.

Un plongeur bien équipé *est en sécurité à condition qu'il tienne compte des courants puissants qui existent dans certains lieux.*

La famille des gobiidés *compte des centaines d'espèces dans la région indo-pacifique. Les plongeurs peuvent voir de nombreux gobiidés dans les crevasses et sur les branches de corail des récifs de Bali et Lombok.*

RENSEIGNEMENTS PRATIQUES

MODE D'EMPLOI

Après avoir connu plusieurs décennies de croissance économique qui ont marqué les paysages, l'urbanisme et le tissu social, l'Indonésie est entrée dans une période d'instabilité depuis la crise financière de 1997 et la chute du régime de Suharto l'année suivante. Les visiteurs doivent s'attendre à des changements imprévus de prix, de réglementation, d'équipement, de numéros de téléphone, d'horaires d'ouverture, de noms de rue et même d'attitudes. L'Internet *(p. 217)* offre les sources d'information les plus à jour.

Logo de l'office de tourisme

Bali est plus évoluée qu[e] Lombok. Denpasar possède u[n] aéroport international et [il] existe une réelle infrastructu[re] touristique dans les stations ba[l]néaires du sud, à Ubud dans l[e] centre et, de plus en plus, da[ns] le nord et l'est. À Lombok, l[e] tourisme reste concentré au nord-oue[st] autour de Senggigi. La plupart des vis[i]teurs s'arrêtent d'abord à Bali pour s'ac[coutumer au climat et profiter de la vi[e] nocturne et d'une culture raffinée. I[ls] prennent ensuite un avion ou un batea[u] pour découvrir la beauté sauvage de l'î[le] voisine de Lombok.

QUAND PARTIR ?

La haute saison s'étend de la mi-décembre à la mijanvier, où affluent les Australiens, et de début juillet à fin août pendant les vacances d'été européennes. C'est de mai à septembre *(p. 40-43)* que le climat est le plus agréable. Il fait plus frais et moins humide malgré des averses occasionnelles.

VISAS ET PASSEPORTS

Les Français, les Belges, les Suisses et les Canadiens ont besoin, pour partir en Indonésie, d'un passeport valide au moins six mois après leur date de retour. Ils doivent pouvoir présenter un billet de retour ou justifier de fonds suffisants pour financer leur séjour et la poursuite de leur voyage. Les services d'immigration octroient, à l'arrivée, un visa touristique de soixante jours. Il ne peut être prolongé, mais rien n'interdit, normalement, d'en obtenir un nouveau après un passage dans un pays voisin comme la Malaisie ou Singapour.

Prenez soin de conserver le formulaire blanc agrafé à votre passeport à votre entrée dans le pays. Vous en aurez besoin quand vous voudrez quitter l'Indonésie.

Visa touristique

PERMIS DE CONDUIRE

Si vous prévoyez de conduire une voiture ou une moto, prenez la précaution de vous munir avant de partir d'un permis international. Il est possible d'obtenir à Bali un permis moto valable sur place, mais cela vous coûtera du temps et de l'argent.

VACCINATION ET PRÉCAUTIONS SANITAIRES

À moins d'arriver d'un pays où sévit la fièvre jaune, aucune vaccination n'est exigée pour entrer en Indonésie, mais il est vivement recommandé d'être immunisé contre le choléra, l'hépatite A, la typhoïde, la poliomyélite et le tétanos.

Vérifiez en particulier vos dates de rappel. La dengue sévit à Bali et à Lombok et la malaria pose un réel problème à Lombok. Consultez un médecin avant le départ pour connaître les mesures à prendre.

QU'EMPORTER ?

Ne vous surchargez pas de vêtements, vous pourrez en acheter sur place à bas prix. Évitez les textiles synthétiques et les coupes serrées au profit de tenues amples et en coton. Prévoyez une tenue moins décontractée au cas où vous auriez à

Planches de surf à louer sur la plage de Sanur

entreprendre une démarche administrative *(p. 218-219)*. Un pull et un blouson sont utiles en montagne.

Les amateurs de sports disposeront sur place d'équipement de location.

Les pharmacies des grande[s] villes sont bien achalandées, mais si vous suivez un traitement particulier, emportez une réserve

Les tenues trop courtes à éviter hors des zones touristique[s]

e médicaments. Une trousse
e secours contiendra un
ntiseptique, de l'aspirine,
es pansements, un remède
ontre la diarrhée et un
nsectifuge.

L'aéroport de Bali renferme
n bureau de change et des
istributeurs de billets, mais
est plus prudent de changer
uelques rupiahs avant
e départ.

**rise mâle à deux fiches du type
tilisé à Bali et Lombok**

LECTRICITÉ ET
PPAREILS ÉLECTRIQUES

L e courant 220 volts est la
tension la plus répandue,
nais quelques zones rurales
estent alimentées en 110 volts
t certaines régions reculées
e peuvent compter que sur
es groupes électrogènes…
uand il y en a.

Les prises femelles ne
omportent que deux trous.
i vous pensez avoir besoin
'un adaptateur, prenez la
récaution de l'acheter
vant de partir.

ÈGLES DOUANIÈRES

L a législation autorise
l'importation de 2 l d'alcool
t de 200 cigarettes (ou
0 cigares ou 100 g de tabac)
ar personne. Les douanes
nregistrent parfois à l'arrivée
certains biens coûteux
comme les appareils
photographiques ou
électroniques. Il est
interdit d'importer ou
d'exporter des
produits comme les
articles en ivoire ou en
écaille de tortue, ainsi
ue de sortir du pays des
ntiquités et certains objets
ulturels. Un consulat ou une
mbassade indonésienne vous
n donneront le détail. Un
ontrôle des changes limite
importation et l'exportation de
evises à 50 000 000 de rupiahs.

VISITEURS
HANDICAPÉS

À Bali et à Lombok, comme
presque partout en Asie,
les aménagements urbains et
architecturaux tiennent
beaucoup moins compte des
handicapés qu'en Europe ou
en Amérique du Nord.

Sur un terrain souvent en
pente, des marches rendent
presque partout l'accès en
fauteuil roulant impossible
ou difficile. Des trottoirs
irréguliers et l'absence de
rampes d'accès dans les
transports et dans les édifices
publics compliquent le
déplacement en ville.

Les hôtels haut de gamme
commencent à prendre
conscience du problème et
quelques cinq-étoiles (les plus
récents) ont des accès
adaptés. Les villas abritent
généralement de spacieuses
salles de bains et des jardins
où les personnes handicapées
ont la possibilité de profiter
du grand air.

**Les marches rendent difficile l'accès
aux temples aux fauteuils roulants**

AVEC DES ENFANTS

L es Indonésiens adorent les
enfants et les traitent avec
beaucoup de respect. Si les
vôtres sont jeunes, ils risquent
même dans certains hôtels
d'être accueillis avec beaucoup
plus d'enthousiasme par le
personnel que par les autres
clients.

Certains complexes hôteliers
proposent des tarifs spéciaux et
des activités surveillées. En
dehors de ces établissements,
cependant, il existe peu de

**Joyeuse baignade dans une
piscine de Bali ou de Lombok**

systèmes de garde : le
fonctionnement de la société
indonésienne fait qu'il y a
toujours des adultes disponibles
pour veiller sur les enfants. Vous
trouverez petits pots et couches
dans les grands magasins et la
plupart des pharmacies.

Il n'est pas difficile
d'occuper les enfants. La mer
offre de très nombreuses
activités ainsi que les piscines
et les parcs aquatiques. Les
enfants pourront vous
accompagner en randonnée
ou en promenade à bicyclette
et, s'ils ont plus de dix ans,
dans la descente de rapides.
Une balade à dos d'éléphant,
à Bali, ou une visite du port
de Tanjung Luar, à Lombok,
où les pêcheurs rapportent
souvent des requins,
devraient aussi les séduire.
Pour plus d'informations,
consultez les pages 199 et
202-207.

PROBLÈMES LÉGAUX

S i vous louez une voiture
ou une moto, vérifiez
qu'elle est bien assurée, et
que cette assurance couvre
les risques aux tiers. Des
policiers, surtout à Bali, ont
pris l'habitude de « verbaliser »
les touristes étrangers en
voiture. Gardez votre sang-
froid, et si vous êtes mis en
état d'arrestation, prévenez
votre consulat. Il faut faire
une déclaration à la police et
au consulat en cas de perte
ou de vol du passeport, ou si
vous êtes victime d'un délit.

> ### ATTENTION !
>
> La loi indonésienne punit
> lourdement la détention
> d'armes. La sanction pour
> trafic de drogue peut aller
> jusqu'à la peine de mort.

INFORMATIONS ET SERVICES TOURISTIQUES

Toutes les capitales régionales abritent des offices de tourisme d'État *(Dinas Pariwisata Pemerintah Propinsi Daerah Tingkat I Bali)*

qui diffusent des brochures sur les principaux sites de visite. Ils ouvrent normalement de 7 h 30 à 15 h du lundi au jeudi et de 7 h 30 à 14 h le vendredi. Il existe aussi des bureaux d'information dans les stations touristiques ; ceux-ci ont des horaires d'ouverture plus étendus dans des villes très fréquentées comme Kuta, Sanur et Ubud.

Brochure touristique

De nombreuses petites officines privées offrent aussi dans ces localités de bonnes sources de renseignements, ainsi que des services tels que

Centre d'information touristique offrant différents services

téléphone, fax, e-mail, visites guidées, location de voitures et de bicyclettes, réservations de billets d'avion, expédition de paquets, change, location de cassettes vidéo, développement de pellicules photographiques et vente de billets de spectacle.

HEURE

Il existe entre Paris, Bruxelles et Genève et le fuseau horaire de Bali et de Lombok un décalage horaire de huit heures en été et de neuf heures en hiver. En Indonésie, très proche de l'équateur, le jour et la nuit ont des durées à peu près égales qui varient peu tout au long de l'année. Le soleil se couche très tôt, vers 18 h-19 h.

Au petit matin sur le marché de Sidemen

HEURES D'OUVERTURE

Pour les agriculteurs et les vendeurs des marchés, la journée commence avant l'aube ; elle est marquée à Lombok par l'appel à la prière diffusé par les mosquées. Vers 14 h arrive le moment de se reposer. Beaucoup de petits commerces suivent un horaire similaire. Dans les zones touristiques, les Indonésiens se plient davantage aux habitudes de leurs clients, sauf pour les grandes fêtes religieuses et laïques *(p. 43)*, ils ouvrent tous les jours du milieu de la matinée à fin de l'après-midi. Les sites de visite comme les temples ferment au coucher du soleil. Les horaires et les jours d'ouverture des musées varient. Les administrations reçoivent en général de 8 h à 16 h, mais certaines ferment plus tôt, en particulier le vendredi. Les banques ouvrent de 8 h à 14 h 30 du lundi au vendredi et parfois le samedi jusqu'à 11 h.

Panneaux : ouverture (buka), fermeture (tutup)

CULTE CHRÉTIEN

Les visiteurs peuvent suivre des services chrétiens interconfessionnels en anglais dans des églises comme la **Legian Church** et, le dimanche, dans quelques hôtels, dont le **Nusa Dua Beach Hotel** et le **Grand Bali Beach Hotel** de Sanur. Ces services sont ouverts aux non-résidents.

CAGAR BUDAYA NASIONAL (SITE DU PATRIMOINE NATIONAL)

Les petits panneaux portant en lettres noires sur fond blanc l'inscription « Cagar Budaya Nasional » signalent des sites enregistrés au patrimoine national indonésien. À Bali, il s'agit en majorité de temples. Jusqu'à récemment, les lieux de culte étaient pour la plupart ouverts à tous les visiteurs à condition qu'ils portent une tenue adéquate et respectent les règles de tabou *(p. 219)*. Désormais, en dehors des sanctuaires les plus importants, et de ceux répertoriés « Cagar Budaya Nasional », les temples sont le plus souvent fermés aux étrangers sauf lors de l'*odalan* fêtant l'anniversaire de leur consécration.

Panneau indiquant qu'un temple appartient au patrimoine national

Il faut acquitter un droit d'entrée pour pénétrer dans certains sites Cagar Budaya Nasional. Ils renferment généralement un kiosque qui abrite un livre d'or et une boîte à donations. On peut aussi y emprunter un sarong et une ceinture.

gnalétique des toilettes hommes
femmes d'un restaurant de Bali

TABLEAU DE CONVERSION

De l'impérial au métrique
1 inch = 2,54 centimètres
1 foot = 30 centimètres
1 yard = 0,9 mètre
1 mile = 1,6 kilomètre
1 ounce = 28 grammes
1 pound = 454 grammes

Du métrique à l'impérial
1 centimètre = 0,4 inche
1 mètre = 3 feet 3 inches
1 mètre = 1,1 yard
1 kilomètre = 0,6 mile
1 gramme = 0,04 ounce
1 kilogramme = 2,2 pounds
1 litre = 0,22 gallon
1 litre = 1,8 pint

OILETTES PUBLIQUES

ormis dans les établissements touristiques, s toilettes *(kamar kecil)* pour ommes *(pria)* et pour femmes *vanita)* sont rares à Bali et à ombok. Les toilettes aditionnelles, à la turque, nferment un pichet d'eau *vak mandi)* utilisé pour se ncer avec la main gauche, les donésiens trouvant que le apier n'est pas hygiénique.

Tissu vendu en coupon dans une boutique de textile

CARNET D'ADRESSES

NUMÉROS DE TÉLÉPHONE UTILES

Horloge parlante
📞 103.

Renseignements de l'aéroport international Ngurah Rai
📞 (0361) 751 011.

SITES INTERNET UTILES

Bali Online
W www.indo.com

IndonesiaNet
W www.indonesianet.com

AMBASSADES ET CONSULATS D'INDONÉSIE

Belgique
294, av. de Tervueren,
1150 Bruxelles.
📞 (2) 771 20 14.
FAX (2) 771 22 91.

Canada
55 Parkdale Ave., Ottawa,
Ontario K1Y 1E5.
📞 (613) 724 11 00.
FAX (613) 724 11 05.

France
47-49, rue Cortambert,
75116 Paris.
📞 (01) 45 03 07 60.
FAX (01) 45 04 50 32.

Consulat de Marseille
25, bd Carmagnole,
13008 Marseille.
📞 (04) 91 23 01 60.
FAX (04) 91 71 40 32.

Suisse
Elfenauweg 51,
3006 Bern. (P.O. Box. 270,
3000 Bern 15).
📞 (31) 352 09 83.
FAX (31) 351-6765.

SERVICES D'INFORMATION TOURISTIQUE

Denpasar
Regional Office of
Tourism, Post and
Telecommunication X, Bali
Komplex Niti Mandala,
Jalan Raya Puputan,
Renon, Denpasar.
📞 (0361) 225 649.
FAX (0361) 233 475.

Java Est
Provincial Tourist Service,
Jalan S Parman, Niti
Mandala, Denpasar.
📞 (0361) 222 387 ou
(0361) 226 313.
FAX (0361) 233 475.

Nusa Tenggara Ouest
Provincial Tourist Service,
Jalam Langko 70,
Ampenan, Lombok.
📞 (0364) 21 730.

Regional Office of
Tourism, Post and
Telecommunication XX,
West Nusa Tenggara,
Jalan Singosari 2,
Mataram,
Lombok.
📞 (0364) 32 723 ou
(0364) 34 800.
FAX (0364) 37 233.

DÉLÉGATIONS ÉTRANGÈRES À BALI

Agence consulaire de France
Jalan Bypass
Ngurah Rai 35,
Sanur 80228.
📞 (0361) 28 54 85.

Alliance française
Jalan Patih Jelantik 3.
Denpasar.
📞 (0361) 22 41 23.

Consulat d'Australie
(représente aussi
le Canada et
les autres pays du
Commonwealth
en cas d'urgence)
Jalan Prof Moh Yamin 51,
Renon, Denpasar.
📞 (0361) 235 092.
FAX (0361) 231 990.
@ ausconbali@denpasar.
wasantara.net.id

BUREAU DE L'IMMIGRATION

Aéroport
Kantor Imigrasi Ngurah
Rai Tuban,
Jalan Raya I Gusti Ngurah
Rai, Tuban.
📞 (0361) 751 038.

Denpasar
Kantor Imigrasi Denpasar,
Jalan Di Panjaitan,
Niti Mandala,
Renon.
📞 (0361) 227 828.

Lombok
Kantor Imigrasi Lombok,
Jalan Imigrasi Lombok,
Jalan Udayana 2,
Mataram,
Lombok.
📞 (0370) 22 520.

CULTE CHRÉTIEN

(Service interconfessionnel
en anglais)

Legian Church
Jalan Patimura,
Kuta.
📞 (0361) 757 925.

Nusa Dua
Nusa Dua Beach Hotel.
📞 (0361) 771 210.

Sanur
Grand Bali Beach Hotel.
📞 (0361) 288 511.

Savoir-vivre

Les contacts avec une population souriante et accueillante constituent un des grands plaisirs d'un voyage en Indonésie, et les visiteurs qui se comportent avec courtoisie à Bali et à Lombok s'y sentent en général les bienvenus. Une connaissance minimale des usages locaux facilite encore davantage les relations.

Balinais en tenue de cérémonie

SAVOIR S'HABILLER

La décontraction est de mise dans les complexes hôteliers et les stations balnéaires, même si certains établissements haut de gamme exigent au dîner une tenue *smart casual* (élégante mais décontractée). Cependant, beaucoup d'Indonésiens trouvent indécents le short et les habits moulants ou laissant les épaules et les bras nus. Songez-y si vous sortez des sentiers battus, en particulier à Lombok. À Ubud, certains visiteurs adoptent le sarong.

Préférez des chaussures faciles à enlever, il vous faudra les laisser à l'entrée si vous êtes invité à pénétrer dans une maison. Pour effectuer une démarche administrative, il est impératif de s'habiller de façon conventionnelle. Un homme portera des pantalons longs, une chemise à manches longues et des chaussettes, une femme une jupe ou une robe descendant au-dessous du genou et un corsage couvrant au moins le haut des bras. Mettez des chaussures fermées, les fonctionnaires indonésiens sont choqués par les tongs en plastique.

COMMUNIQUER

Comme partout, l'anglais est devenu le principal outil de communication dans les lieux touristiques, mais certains guides maîtrisent d'autres langues européennes.

Le bahasa indonesia, la langue nationale indonésienne, découle pour l'essentiel du malais employé depuis des siècles dans l'archipel pour les échanges commerciaux. Sa forme écrite utilise l'alphabet latin. Les verbes prennent des préfixes et des suffixes qui rendent malaisée leur recherche dans un dictionnaire. Pourtant, cette version simplifiée du bahasa indonesia, relativement facile à maîtriser, sert le plus souvent à dialoguer avec les visiteurs.

Les Balinais et les Sasak de Lombok continuent de parler leurs propres langues. Celles-ci possèdent une base commune avec le javanais et leur alphabet dérive du sanskrit.

Touristes vêtus du sarong et du *sash* dans un temple

LE COMPORTEMENT

Dans leurs relations avec les habitants de Bali et de Lombok, les étrangers peuvent causer sans le vouloir de la gêne ou une offense par simple ignorance de certaines règles de conduite en vigueur.

La main gauche sert à la toilette intime et il ne faut jamais l'utiliser pour prendre ou donner quelque chose. On ne tend pas l'index vers quelqu'un, mais plutôt le pouce, de la main droite et de préférence la paume vers le bas. Siège de la spiritualité, la tête est la partie du corps la plus sacrée. La toucher, même lorsqu'il s'agit d'un enfant, correspond à un manque de respect. C'est aussi faire preuve d'impolitesse que de rester debout à dominer une personne assise par terre. Si vous devez passer devant elle, inclinez-vous en murmurant une excuse comme « maa » ou « sorry ». Pôle impur du corps, les pieds ne doivent pas être pointés vers quelqu'un ou un objet sacré.

Le lotus, un symbole de grâce à Bali

Si vous êtes invité chez des Indonésiens, attendez qu'on vous invite à vous asseoir, à boire ou à manger. Vider votre assiette ou votre verre revient à indiquer à vos hôtes que vous voulez qu'ils vous resservent.

Comme dans beaucoup de pays d'Asie, manifester de la colère ou de l'agressivité apparaît comme une faiblesse ou une sottise. Garder une attitude souriante provoquera toujours de meilleurs résultats.

En couple, évitez de vous embrasser ou de vous toucher en public. Ces manifestations d'affection appartiennent à la sphère intime et sont considérées comme très embarrassantes pour les autres.

La difficulté qu'ont les Indonésiens, et de nombreux autres Asiatiques, à dire « non » ou à avouer leur ignorance est une source inépuisable de malentendus. N'insistez pas si votre interlocuteur se contente de répondre d'un sourire à votre question et vérifiez les informations fournies.

S RENCONTRES

'un naturel sociable, les
Indonésiens se montrent
turellement curieux des
angers. Le plus souvent, ils
abordent en leur posant
s questions qui n'ont pas à
rs yeux le caractère indiscret
'elles peuvent revêtir pour
s Occidentaux. Ils trouveront
li que vous-même leur
siez des questions.

doit enlever ses chaussures avant
ntrer dans une maison balinaise

S LIEUX DE CULTE

our les Hindous de Bali et
de Lombok, c'est
bservation des rites qui
tretient l'équilibre de
nivers et ils estiment que les
gles strictes qui permettent de
éserver la pureté spirituelle
s lieux sacrés doivent être
ivies par tout le monde, y
mpris les visiteurs. Ces
escriptions concernent
incipalement la tenue
stimentaire et les conditions
sebel (tabou).
Qu'un temple accueille une
rémonie ou non, il faut
orter une ceinture *(sash)*, et le
us souvent un sarong, pour y
nétrer. Les sanctuaires qui
çoivent régulièrement des
uristes mettent des
cessoires à leur disposition.
plus simple revient toutefois
posséder les siens, de tels
ticles sont partout en vente.
Il n'y a pas de jugement
oral porté sur l'état de *sebel*.
u contraire, reconnaître cet
at constitue une marque
lucidité et de conscience.
ême s'ils heurtent vos
opres croyances religieuses,
us devriez respecter ces
terdits.
Le premier concerne les
mmes en période de
enstruation ou toute
rsonne ayant une plaie

ouverte : on ne doit pas
verser de sang dans un
temple. De même, y
pénétrer avec de la
nourriture entre en
conflit avec les
offrandes. Les autres
restrictions concernent
les fous, les personnes
en état de deuil (pour
les Balinais, jusqu'à
42 jours après la mort
d'un proche) et les
jeunes mères qui ont
accouché depuis moins
de 42 jours (les
naissances attirent
l'attention des esprits).
D'autres prescriptions
s'appliquent localement,
en particulier pendant
les fêtes.
En règle générale, demandez
l'autorisation avant de pénétrer
dans une cour, certaines sont
réservées aux prêtres et aux
objets sacrés, et restez derrière
les dévots à moins qu'on ne
vous invite à vous avancer.
Il faut éviter de toucher aux
offrandes, de grimper sur les
murs ou les autels et de passer
devant une personne en train
de prier ou un prêtre
accomplissant un rite.
Pour pénétrer dans une
mosquée, les visiteurs doivent
déposer leurs chaussures à
l'entrée et porter des vêtements
qui couvrent leurs épaules,
leurs bras et leurs jambes. Une
écharpe cachera les cheveux
des femmes.

LE MARCHANDAGE

S auf dans les boutiques les
plus chic et les grands
magasins, le montant d'un
achat résulte d'une négociation

Marchandage du prix d'un panier

entre le vendeur et le client. Les
Indonésiens trouvent normal
que les touristes, généralement
bien plus riches, paient plus
chers que leurs concitoyens.
Renseignez-vous au préalable
sur les prix pratiqués et gardez
le sourire, cela vous aidera à
réaliser de bonnes affaires.

LES IMPORTUNS

S i vous ne souhaitez rien
acheter à un marchand
ambulant, ni accepter une offre
de « transport », il vous suffira
en général de dire calmement
« non, merci ».
Ne répondez pas aux
sollicitations des enfants.
Si vous avez un petit cadeau
pour eux, remettez le plutôt
à leurs parents.
Les Indonésiens traitent
les femmes avec respect et
il est rare qu'ils importunent
les étrangères. Une tenue
discrète ne nuit pas.

Marchands ambulants faisant l'article sur la plage

Santé et sécurité

Casque de moto

Un séjour à Bali ou à Lombok est normalement peu dangereux : vous risquez au pire d'attraper un coup de soleil ou de souffrir un jour ou deux de troubles digestifs. Les visiteurs doivent toutefois se souvenir que l'adaptation à un climat tropical demande un peu de temps, que le niveau d'hygiène et d'équipement médical est inférieur à ce qu'ils connaissent et qu'ils sont, aux yeux des Indonésiens, incroyablement riches.

La bicyclette offre un moyen pratique de se déplacer en ville

SÉCURITÉ DES BIENS

Les agressions sont très rares à Bali et à Lombok, mais les zones touristiques attirent de petits délinquants et quelques précautions vous éviteront des risques inutiles.

La plupart des hôtels possèdent un coffre. Utilisez-le pour mettre à l'abri vos objets de valeur et vos documents importants. Une bonne précaution consiste à disposer de photocopies de son passeport et de son visa, de sa carte bancaire, de son billet d'avion, de son permis de conduire et du reçu de ses chèques de voyage. Fermez la porte et les fenêtres de votre chambre lorsque vous vous absentez. Prenez garde aux pickpockets au milieu de la foule, en particulier dans les transports publics et les aéroports. Quand vous vous déplacez, gardez votre réserve d'argent et vos papiers dans une pochette ou une ceinture recouverte par vos vêtements. Ne laissez rien de tentant en évidence dans une voiture en stationnement.

Lors d'une opération de change, vérifiez immédiatement devant l'employé qu'il vous a bien remis la somme exacte. Et ne le laissez pas manipuler les billets après que vous les avez comptés. Si vous réglez une dépense avec une carte bancaire, surveillez l'impression du reçu et conservez précieusement le carbone. Une escroquerie courante consiste à imprimer d'autres reçus qui serviront à vous imputer des achats grâce à une signature imitée.

SÉCURITÉ DES PERSONN[ES]

Les habitants de Bali et de Lombok traitent les visiteurs avec égards. Si vou[s] vous promenez la nuit hors des sentiers battus, ceux qu[i] s'intéresseront à vous le feront probablement par souci de votre sécurité. Les femmes seules doivent néanmoins prendre les précautions habituelles. Comme dans tous les endro[its] du monde où règne une vie nocturne animée, à Kuta pa[r] exemple, il faut être vigilant[.]

Des vols à main armée on[t] été signalés dans les régions les plus isolées de Lombok, en particulier autour du Gunung Rinjani. Renseignez[-] vous auprès de la populatio[n] locale avant de vous aventur[er] seul dans cette zone.

Malgré quelques troubles, les tensions politiques et religieuses qui affectent l'Indonésie ont peu concern[é] les touristes à Bali et Lombo[k.] En cas de manifestation, tenez-vous à l'écart.

L'ÉQUIPEMENT MÉDICAL

Il est fortement recommand[é] de souscrire avant le dépar[t] une assurance prévoyant le rapatriement… Et il est vivement déconseillé de subi[r] à Bali ou à Lombok une opération importante. En cas de problème mineur, ou pou[r] recevoir des premiers soins, il existe des centres médicau[x] ouverts 24h/24 dans les principales zones touristiques

Voiture de police

Ambulance

urs prix élevés révèlent
u'ils reçoivent en majorité
s étrangers. Ils comprennent
**Bali International Medical
entre**, la **Bali Nusa Dua
mergency Clinic**, la **SOS
inic**, le **General Hospital** et
Ubud Clinic. Toutes les
pitales régionales abritent un
pital public *(rumah sakit
mum).* Le meilleur se trouve
ns le quartier de Sanglah à
npasar. Les grands hôtels
t un médecin de garde.

S PROBLÈMES COURANTS

es coups de soleil, les
troubles intestinaux, les
ections causées par des
ratignures mal soignées et
écorchures dues à une
ute d'un deux- roues
nstituent les maux les
plus communs subis
par les visiteurs.
Les premières
précautions à
prendre consistent à
porter un chapeau, à
éviter la plage entre
11 h et 14 h et à se
protéger d'une
couche de crème
solaire renouvelée
après chaque
baignade. Résistez à
la tentation de faire
un tour de moto en
maillot de bain. Vous
iterez le ridicule (le port du
sque est obligatoire) et le
sque de laisser sur le bitume
e grands lambeaux de peau.
s climats tropicaux favorisent
s infections. Les plaies les
us superficielles telles que
etites coupures, ampoules ou
ûres de moustique grattées
euvent se transformer en
cères. Lavez- les avec du
von et désinfectez-les avec
n antiseptique.
Un simple régime (riz blanc
thé noir, par exemple)
evrait suffire à régler les
assiques problèmes digestifs

es protections
re le soleil

causés par le dépaysement.
Buvez beaucoup. En cas de
diarrhée sévère et prolongée,
consultez un médecin. Méfiez-
vous des risques de
déshydratation, en particulier
chez l'enfant. En règle
générale, évitez de manger des
fruits épluchés par autrui et
buvez de l'eau en bouteille (le
sceau doit être intact).
Les petits restaurants locaux
servent des mets toujours frais,
mais préparés dans
des conditions d'hygiène
parfois douteuses. Certains
établissements touristiques
accordent une trop grande
confiance à la réfrigération.

**Les pharmacies disposent d'un
large assortiment de médicaments**

LES PHARMACIES

Bien signalées, les
pharmacies *(apotik)*
abondent en ville. Dans
presque toutes, un pharmacien
compétent et parlant au moins
un peu anglais devrait pouvoir
vous recommander un
traitement simple. Les
médicaments importés sont
relativement chers, mais il en
existe souvent des équivalents
génériques.

SERPENTS ET INSECTES

La plupart des serpents *(ular*
en bahasa indonesia, *lelipi*
en balinais) qui vivent à Bali
sont inoffensifs. Seul la
morsure d'une vipère
arboricole, d'un beau vert vif
peut avoir des conséquences
fatales pour un enfant ou une
personne en mauvaise santé.
Portez de bonnes chaussures et
faites beaucoup de bruit si
vous vous risquez dans une
épaisse végétation. Des cobras
ont été aperçus dans des
jardins du sud de Bali.
Les piqûres de scorpion et
de scolopendre risquent de se
révéler très douloureuses,
mais ne présentent
généralement pas de danger.
Même si la malaria n'y sévit
pas comme à Lombok, les

moustiques se montrent
parfois très gênants à Bali,
notamment dans les régions
côtières. Protégez-vous avec
des vêtements couvrants,
un insectifuge efficace et
des spirales antimoustiques
(obat nyamuk).

LES RISQUES NATURELS

Prenez garde aux courants
et aux lames de fond des
côtes sud de Bali et de
Lombok. Les plages
surveillées par des maîtres-
nageurs sont rares et des
noyades surviennent tous les
ans. Évitez de vous baigner
dans les rivières, ou près de
leurs débouchés dans la mer,
elles servent souvent d'égout
et transmettent de
nombreuses maladies.

Banques et monnaie

Pièce ancienne d'un *kepeng*

Depuis la crise financière de 1997, les taux de change de la monnaie indonésienne ont connu de violentes fluctuations, à l'instar des prix pour les visiteurs. Ceux-ci disposent de tous les services bancaires modernes dans les grandes villes et les zones touristiques. En liquide ou en chèques de voyage, le dollar américain reste la devise étrangère la plus facile à changer dans certaines régions reculées et à utiliser, partout, pour effectuer directement des paiements. L'usage des cartes bancaires s'est répandu.

Distributeur automatique de billets (ATM) dans une banque

À Kuta, une agence de la banque indonésienne BCA

LES SERVICES BANCAIRES

Il n'existe qu'une banque étrangère à Bali, l'**ABN Amro.** Les grandes banques indonésiennes ont leurs agences principales à Denpasar et à Mataram et des succursales dans les capitales régionales, ainsi qu'à Kuta, Sanur, Ubud et dans les plus grands hôtels. La plupart permettent de changer des devises et des chèques de voyage et de se faire virer de l'argent en cas de problème.

LES CHÈQUES DE VOYAGE ET LES BUREAUX DE CHANGE

Les chèques de voyage offrent le moyen le plus sûr de transporter de l'argent. En général, ils ne permettent pas d'effectuer des règlements à Bali et à Lombok, mais peuvent être changés dans la plupart des banques et bureaux de change. Ces derniers abondent dans les centres touristiques. Hors de ces zones, mieux vaut disposer d'argent indonésien. Même si des services de change existent, ils proposent souvent des taux moins avantageux. Comptez soigneusement vos billets ; des employés peu scrupuleux peuvent en subtiliser.

LES DISTRIBUTEURS AUTOMATIQUES DE BILLET

Une carte bancaire internationale permet de retirer directement de l'argent aux distributeurs de billets (ATM) qui équipent des banques de Sanur, Kuta, Denpasar, Ubud et Mataram ainsi que les halls d'arrivée de l'aéroport de Bali.

Bureau de change à Seminyak

CARNET D'ADRESSES

CARTES BANCAIRES

American Express
c/o Pacto, Ltd, Grand Bali Beach Hotel, Sanur.
 (0361) 288 449 ou
(0361) 288 511, ext. 1111
(pour les chèques de voyage).

BCA Card Centre
(pour les cartes BCA, Visa, MasterCard et JCB)
Jalan Raya Kuta 55XX, Kuta.
 (0361) 759 010 ou
(0361) 759 011 (pour les cartes Visa volées ou perdues).
 (001) 803 65 6576
(appel gratuit).

SERVICES BANCAIRES

ABN Amro
Jalan Diponegoro, Kompleks Kerta Wijaya ID1A1, Denpasar.
 (0361) 244 277.

Bank Negara Indonesia PT Perseero (BNI)
Jalan Gajah Mada 30, Denpasar.
 (0361) 263 304.

Jalan Legian 359, Kuta.
 (0361) 751 914.

Jalan Raya Ubud, Ubud.
 (0361) 975 986.

Jalan Surapati 52A, Singaraja.
 (0362) 22 648.

Grand Bali Beach Hotel, Sanur.
 (0361) 288 511.

Nusa Dua Beach Hotel, Nusa Dua.
 (0361) 771 906.

CHANGE ET AVANCES DE LIQUIDE

Disponibles dans la plupart des banques en semaine et aux heures habituelles (8h-14h). Les agences suivantes proposent aussi ces services le samedi matin (8h-11h).

Bank Bali
Kuta Square Branch, Kuta Square C-6, Kuta.
 (0361) 758 388.

Menara Branch, Jalan Raya Ubud, Ubud.
 (0361) 978 047.

Poppies Branch, Poppies Lane II, Kuta.
 (0361) 761 921.

Sol In Branch, Jalan Legian 118, Kuta.
 (0361) 754 291.

Bank Negara Indonesia
Jalan Langko 46, Mataram, Lombok.
 (0370) 21 946.

S CARTES BANCAIRES

es cartes bancaires de
réseaux internationaux
mme MasterCard, Visa et
erican Express permettent
régler des dépenses dans
plupart des établissements
a clientèle touristique et
btenir des avances en
uide dans les banques.

LA MONNAIE LOCALE

L'Indonésie a pour monnaie
nationale le rupiah (Rp),
qui a connu de très importantes
fluctuations depuis la crise
financière asiatique de 1997. En
avril 2001, un euro valait
environ 9 500 Rp, plus qu'un
repas dans un petit restaurant
local. Mieux vaut garder sur soi

une quantité suffisante de
petites coupures, car il n'est pas
possible de payer partout avec
de gros billets. La faible valeur
du rupiah rend encombrantes
les liasses reçues dans les
opérations de change. Mais ne
multipliez pas les retraits aux
distributeurs automatiques, car
un prix forfaitaire est perçu à
chaque transaction.

s billets

s billets ont des valeurs de
0 Rp, 500 Rp, 1 000 Rp,
000 Rp, 10 000 Rp, 20 000 Rp,
000 Rp et 100 000 Rp.

1 000 rupiahs

5 000 rupiahs

10 000 rupiahs

000 rupiahs

50 000 rupiahs

100 000 rupiahs

s pièces

existe des pièces de 25 Rp (devenues rares
r presque sans valeur), 50 Rp, 100 Rp,
00 Rp et 1 000 Rp. Certains modèles anciens
rculent encore, telle la grosse pièce de
00 Rp montrée ci-dessous qui reste utilisée
ans les publiphones.

50 rupiahs

100 rupiahs

100 rupiahs

100 rupiahs

500 rupiahs

1 000 rupiahs

Communications et médias

Hello Bali, un magazine touristique

Communiquer avec le reste du monde ne pose pas de problème depuis les centres touristiques de Bali et de Lombok et devient de plus en plus aisé depuis l'ensemble du territoire des deux îles. Telkom, la compagnie de téléphone nationale, offre un accès facile à l'Internet. Les *wartel* ou *warung telkom*, ou « boutiques de télécommunication », sont de petites échoppes privées proposant une large gamme de services. Les coûts des appels internationaux font partie des plus élevés du monde.

Les *wartel* offrent divers service

intitulé d'« I B Md Gunung ».
Des agences comme **Aspe Handphone Rental** proposent des téléphones portables en location.

SE SERVIR DU TÉLÉPHONE À BALI ET À LOMBOK

Les *wartel* et de nombreuses autres boutiques vendent des cartes téléphoniques. Elles se révèlent plus économiques et plus pratiques que les publiphones à pièces, d'autant que certains n'acceptent que les vieilles pièces de 100 Rp *(p. 223)*. Le coût d'un appel local dépend de sa durée. Les *wartel* affichent normalement les

Cartes téléphoniques

tarifs qu'ils pratiquent. L'envoi ou la réception d'un fax comprendra le prix de la communication et un forfait par page. Les annuaires contiennent des informations écrites en anglais et il existe une version anglaise des pages jaunes. En l'absence d'un système standard de classement des noms balinais, une personne appelée Ida Bagus Made Gunung peut très bien être répertoriée au « I » comme au « G » sous le même

LES SERVICES POSTAUX

La poste indonésienne assure un service efficace et une lettre pour l'Europe met cinq à six jours pour atteindre sa destination. La poste centrale de Denpasar tous les principaux bureaux, dont ceux d'Ubud, de Kuta de Singaraja, permettent d'acheter des timbres, d'expédier des colis, d'envoyer des recommandés et des télégrammes et de recevoir du courrier en poste restante *(kantor pos)*. Si vou attendez une lettre et qu'elle paraît égarée, vérifiez qu'elle n'est pas simplement classée en fonction du prénom.

UTILISER UN PUBLIPHONE À CARTE

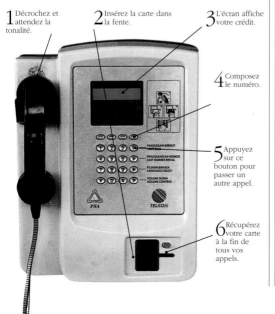

1 Décrochez et attendez la tonalité.

2 Insérez la carte dans la fente.

3 L'écran affiche votre crédit.

4 Composez le numéro.

5 Appuyez sur ce bouton pour passer un autre appel.

6 Récupérez votre carte à la fin de tous vos appels.

OBTENIR LE BON NUMÉRO

L'indicatif national de l'Indonésie est le 62. À l'intérieur du pays, l'indicatif régional doit être précédé d'un 0 pour un appel *interlokal*.

INDICATIFS RÉGIONAUX

Sud de Bali
Régence de Badung : **361**
Centre de Bali
Régence de Gianyar : **361**
Est de Bali
Régence de Bangli : **366**
Régence de Klungkung : **366**
Régence de Karangasem : **363**
Nord de Bali
Régence de Buleleng : **362**
Ouest de Bali
Régence de Tabanan : **361**
Régence de Jembrana : **365**
Lombok : 370

MESSAGERIE RAPIDE

Plusieurs sociétés internationales de messagerie sont à Bali et à Lombok. La plupart se trouvent à Denpasar, mais **FedEx** possède des correspondants à Nusa Dua et Ubud. Toutes les agences promettent un service domicile-domicile, mais il faut parfois se déplacer au bureau.

INTERNET

Il existe plus de cinquante fournisseurs d'accès Internet (ISP) en Indonésie. Le plus simple consiste à passer par le service Instan de **Telkom.** L'utilisateur n'a pas à s'enregistrer et ne paye que le temps de communication. Les cybercafés se sont multipliés à Kuta, Sanur et Ubud. Climatisé, le bureau de **Warnet** situé derrière la poste principale de Denpasar pratique des tarifs intéressants.

TÉLÉVISION

La chaîne nationale (TVRI) et les cinq chaînes privées (ANTeve, Indosiar, RCTI, SCTV et TPI) ne proposent que des programmes en langues locales, mais la réception des bouquets diffusés par satellite se répand rapidement en Indonésie et tous les grands hôtels de Bali et de Lombok en disposent.

Quotidiens du matin

QUOTIDIENS ET MAGAZINES

Vous ne trouverez de journaux en français qu'à l'Alliance française de Denpasar (p. 217). Les quotidiens en anglais diffusé dans tout l'archipel comprennent l'*International Herald Tribune*, le *Jakarta Post* et, le plus conservateur, l'*Indonesian Observer*.

Il existe également plusieurs magazines locaux en langue anglaise. *Hello Bali* est un mensuel gratuit destiné aux touristes et déposé dans les hôtels et les restaurants. Le bimestriel *Bali Echo* apporte des informations touristiques, artistiques et culturelles. Gratuit également, le bimensuel *Bali Advertiser* s'adresse principalement à la communauté des résidents étrangers, mais les renseignements fournis sur des restaurants, des excursions ou des activités peuvent aussi intéresser des visiteurs de passage. *The Poleng* est un audacieux magazine balinais consacré à l'art, la culture et les faits de société. Le bimestriel *Inilah !* s'adresse aux voyageurs découvrant Lombok et l'île voisine de Sumbawa.

CARNET D'ADRESSES

TÉLÉPHONE

Renseignements
☎ 108.

Renseignements
☎ 0809 108 108.

Renseignements internationaux
☎ 102.

Opérateur local
☎ 100.

Opérateur international ☎ 101.

Appels internationaux directs ☎ 001 ou 008.

LOCATION DE TÉLÉPHONES MOBILES

Aspen Handphone Rental
☎ (0361) 730 596.

MESSAGERIE RAPIDE

Eltheha Lombok
Jalan Koperasi 37,
Mataram, Lombok.
☎ (0370) 31 820.

FedEx
Service clientèle de Bali
☎ (0361) 701 727.
Jalan Raya Bypass 100X,
Jimbaran.
☎ 0800 33 33 39
(appel gratuit).
Jalan Sanggingan, Ubud.
☎ (0361) 977 575.

Skypak International (TNT)
Jalan Teuku Umar 88E,
Denpasar.
☎ (0361) 238 043 ou
(0361) 222 238.

United Parcel Service (UPS)
Jalan Imam Bonjol 336-K,
Denpasar.
☎ (0361) 481 370 ou
(0361) 485 431.

ACCÈS À L'INTERNET

Telkom
Connexion sans
enregistrement.
☎ 0809 89 999.
Dans la fenêtre de dialogue, tapez « telkom et @ instan » comme username et « telkom » comme password.
☎ 162 (renseignements).

CYBERCAFÉS

Bali Cyber Café and Restaurant
Jalan Pura Bagus Taruna
(Kuta Palace Road) 4,
Kuta.
☎ (0361) 761 326.

Cyber Spice
Jalan Binaria, Kaliasem,
Lovina Beach, près de
la « grande statue de
dauphin ».
☎ (0362) 41 509.

Goa 2001 Cyber Café
Jalan Raya Seminyak,
Seminyak.
☎ (0361) 731 178.
○ 9h-2h.

Legian Cyber C@fe
Jalan Sahadewa 21,
Legian.
☎ (0361) 752 138 ou
(0361) 761 804.
○ 9h-22h.

Roda Internet Café
Jalan Bisma 3, Ubud.
☎ (0361) 973 325.

Trio Business Centre
Jalan Raya Ubud, Ubud.
☎ (0361) 976 709.
● dim.

Wartel Kambodiana
PT Inti Kambodiana
Computer Services
Kuta Square C18,
Jalan Bakung Sari 1,
Kuta.
☎ (0361) 753 330.
○ 10h-16h lun.-ven.,
10h-13h sam.

Wasantara Net
Près de la poste centrale,
Jalan Raya Puputan,
Renon,
Denpasar.
☎ (0361) 228 290.
W www.bali.wasantara.
net.id

LOCATION ET VENTE D'ORDINATEURS

Harry's Computer
Jalan Teuku Umar 173,
Denpasar.
☎ (0361) 232 470 ou
(0361) 266 773.

Adi Computer
Jalan Tukad Yeh
Penet 2,
Renon,
Denpasar.
☎ (0361) 236 531 ou
(0361) 238 430.

SE RENDRE ET CIRCULER À BALI ET À LOMBO

De nombreuses compagnies internationales desservent l'aéroport international de Bali, mais aucune ne propose de liaison directe depuis la France. En dehors des appareils de la Silkair qui arrivent de Singapour, l'aéroport de Lombok n'accueille que des

Logos de compagnies
indonésiennes

avions de lignes intérieures. Les taxis offrent le moyen l plus simple de rejoindre un ville ou une station balnéaire Des ferries, des vedette rapides et des bateaux d croisière circulent entre Ba et Lombok et les relient à d'autres île de l'archipel indonésien.

Avion se posant à l'aéroport Ngurah Rai de Denpasar

ALLER À BALI EN AVION

Baptisé Ngurah Rai, l'aéroport international de Denpasar, la capitale provinciale de Bali, se trouve sur la commune de Tuban, au sud de Kuta.

Au départ de l'Europe, rares sont les vols directs pour l'Indonésie (il faut compter une douzaine d'heures). La plupart comportent une escale dans un aéroport asiatique. **Thai Airways** propose ainsi une liaison quotidienne entre Paris et Denpasar *via* Bangkok. Londres, Francfort et Amsterdam offrent toutefois plus de choix que la capitale française. **Garuda Indonesia** assure les correspondances en Indonésie des nombreuses compagnies qui ne desservent que Jakarta. Il existe de nombreux vols quotidiens entre cette ville et Denpasar.

Une option parfois intéressante consiste à prendre un billet jusqu'à Singapour et finir son voyage avec une compagnie comme Garuda, **Singapore Airlines, Malaysia Airlines** ou **Qantas Airways.**

Les vols depuis l'Amérique du Nord font souvent escale à Tokyo. Les avions de **China Airlines** et **Cathay Pacific Airways** s'arrêtent respectivement à Taiwan et Hong-Kong.

TARIFS AÉRIENS ET TAXES

Les prix montent pendant la haute saison, mais celle-ci a une définition variable selon les compagnies. Pour **Ansett Australia,** elle correspond surtout à la période des fêtes de Noël qui coïncide avec les vacances d'été dans l'hémisphère Sud. N'hésitez pas à contacter plusieurs agences de voyages pour avoir une large palette d'offres.

Les aéroports imposent une taxe minime pour les vols intérieurs, plus élevée pour les vols internationaux.

LIAISONS DE ET VERS L'AÉROPORT

Plusieurs compagnies de location de voitures ont un comptoir *(p. 229)* à l'aéroport Ngurah Rai. Il se trouve à environ une demi-heure de route de Kuta, Nusa Dua et Sanur. Il faut une heure pour atteindre Ubud. Des taxis et des navettes des hôtels constituent les seules formes de transports publics.

Prendre un taxi n'impose pas un long marchandage. Un kiosque, juste à la sortie du terminal, permet d'acquérir des coupons dont le prix, affiché, varie selon la destination. Comptez entre 15 000 Rp pour Kuta et près de 70 000 Rp pour Ubud. Il est impossible de payer avec des

devises étrangères, mais un bureau de change se trouve à l'intérieur près de la sortie du terminal. L'aéroport abrite auss des distributeurs automatiques de billets dans les halls d'arrivée des lignes intérieures et des vols internationaux.

Une fois la course payée, on vous conduit au véhicule qui vous est assigné. Ce système été mis en place pour éliminer le racolage et à tous les chauffeurs des chances égales. Remettez le coupon au conducteur en arrivant à destination.

Pour rejoindre l'aéroport, à votre départ, vous aurez le choix entre le taxi et les minibus qui assurent des navettes depuis les centres touristiques les plus importants.

Agence de voyages vendant billets et réservations

SE RENDRE DANS LES ÎLES PROCHES DE BALI

Nusa Penida n'est généralement pas considérée comme une destination touristique sauf pour les voyageurs les plus endurcis. Pour gagner Nusa

Taxi de l'aéroport

Penida, il faut prendre de petits bateaux à Padang Bai ou sur les plages de Sanur et de Kusamba.

Nusa Lembongan, au nord-ouest de Nusa Penida, offre plus de possibilités de logement, mais constitue surtout un but de sorties organisées d'une journée. Contactez **Balai Hai Cruises, Bounty Cruises, Island Explorer Cruises, Waka Louka Cruises** et **Kuta Sail Sensations.**

ALLER À LOMBOK EN AVION

Plusieurs compagnies desservent l'aéroport de Mataram. **Merpati Nusantara Airlines** assure les liaisons avec Bali. Les horaires peuvent évoluer avec la demande, mais il existe normalement une dizaine de vols quotidiens. Le trajet dure environ vingt-cinq minutes.

REJOINDRE LOMBOK PAR LA MER

Le ferry qui relie Padang Bai, à l'est de Bali, et Pelabuhan Lembar offre le moyen le moins onéreux de franchir le détroit de Lombok, mais il présente surtout de l'intérêt si vous vous déplacez avec une moto ou une voiture.
Les départs se succèdent jour et nuit à des intervalles de 60 ou 90 min.
La traversée dure 4 h.
Les voyageurs avertis s'accordent le temps de choisir leur navire et retardent si nécessaire leur départ pour éviter les bâtiments les plus anciens et les moins sûrs.
Un billet de première classe donne accès à un salon

Bateaux à Pelabuhan Lembar, le port d'arrivée à Lombok

climatisé, mais celui-ci se révèle moins agréable que le pont.
Il faut acheter sa place au port.

Bounty Cruises propose des navettes quotidiennes avec Lombok et, une ou deux fois par jour, l'hydroptère de **Mabua Express** effectue l'aller et retour entre Pelabuhan Benoa et Lembar. Le trajet dure deux heures et demi. Tout le monde n'apprécie pas les sensations causées par ce type de vedette. Les agences de voyages vous fourniront horaires et tarifs. Il existe des forfaits comprenant le transport jusqu'à un hôtel.

SE RENDRE DANS LES ÎLES PROCHES DE LOMBOK

Une navette partant de Senggigi offre le moyen le plus simple de rejoindre les îles Gili. Vous pouvez retenir votre place depuis Bali. Une autre possibilité, plus coûteuse, consiste à louer une pirogue à balancier à Senggigi ou à Bangsal. Vous pouvez aussi choisir de faire une croisière. Bounty Cruises propose des départs quotidiens.

CARNET D'ADRESSES

INTERNATIONAL AIRLINES

Ansett Australia
(0361) 289 636.

Cathay Pacific Airways
(0361) 753 942.

China Airlines
(0361) 757 258.

Garuda Indonesia
(0361) 254 747 (Denpasar).
(0361) 270 535 (Sanur).
(0361) 751 179 (Kuta).
(0361) 287 915
(Sanur Beach Hotel).

Malaysia Airlines
(0361) 764 995.

Qantas Airways
(0361) 288 331
(Grand Bali Beach Hotel, Sanur).

Singapore Airlines
(0361) 261 666.

Thai Airways
(0361) 768 388.

LIGNES INTÉRIEURES

Merpati Nusantara Airlines
Jalan Melati 51, Denpasar.
(0361) 235 358.

Jalan Selaparang,
Mataram, Lombok.
(0370) 36 745.

CROISIÈRES

Bali Hai Cruises
Pelabuhan Benoa, Bali.
(0361) 720 331.

Bounty Cruises
Jalan Pelabuhan, Pelabuhan Benoa.
(0361) 733 333.

Jalan Raya Senggigi, Senggigi.
(0370) 693 567.

Island Explorer Cruises
Jalan Bypass Ngurah Rai 622,
Suwung, Badung.
(0361) 728 088.

Kuta Sail Sensations
Jalan Pelabuhan 699X, Pelabuhan
Benoa. (0361) 725 864.

Mabua Express
Jalan Pelabuhan, Pelabuhan Benoa.
(0361) 721 212.

Waka Louka Cruises
Pelabuhan Benoa, Bali.
(0361) 723 629.

L'hydroptère de Mabua Express au départ de Lombok

Se déplacer par la route

**Carte routière
de Bali**

La route offre le seul moyen de parcourir l'intérieur de Bali et de Lombok. Des transports publics bon marché comme les bus et les minibus appelés *bemo* circulent presque partout dans les deux îles, mais beaucoup de visiteurs préfèrent louer une moto ou une voiture, avec ou sans chauffeur. Au fil des ans, la circulation devient de plus en plus dense, en particulier dans le sud de Bali et autour d'Ubud.

LES TRANSPORTS PUBLICS

Les transports publics sont très bon marché, mais ils ne sont pas toujours pratiques pour les visiteurs qui, en vacances, ont des besoins différents de ceux de la population locale.

Les minibus appelés *bemo* suivent des itinéraires réguliers. Les plus petits circulent à l'intérieur d'une ville, tandis que les plus gros effectuent des navettes entre localités. Les trajets coûtent de 1 600 Rp pour une course en ville à 4 000 Rp pour une liaison interurbaine… Des tarifs souvent augmentés pour les étrangers. Les *bemo* sont très souvent bondés et mettent parfois plusieurs heures pour parcourir une distance de 15 km.

Les bus assurent des liaisons interurbaines plus rapides car elles comprennent moins d'arrêts. Les lignes principales relient Denpasar à Singaraja, Denpasar à Amlapura et Sweta, près de Mataram, à Labuhan Lombok. Il faut acheter directement les billets au chauffeur ou au receveur.

Les principales gares routières de Bali se trouvent à Denpasar : à Kereneng dans le centre, à Batubulan au nord et à Ubung à l'ouest.

LES TAXIS

Il est possible dans le sud de Bali d'arrêter dans la rue ou de commander par téléphone des taxis climatisés et équipés de compteurs. Malgré ceux-ci, certains chauffeurs essaient de négocier un forfait, ce qui fait monter le prix de la course. Il vous faudra peut-être arriver à un accord particulier si vous désirez vous rendre à Ubud le soir, un moment où votre chauffeur a peu de chance de trouver un client pour le retour.

**Panneaux en bahasia
indonesia et en balinais**

LES NAVETTES TOURISTIQUES

Innovation récente, les shuttles, qui circulent à intervalles réguliers entre des destinations touristiques, proposent un service efficace pour des prix raisonnables et affichés (de 16 000 Rp à 40 000 Rp). Les routards,

en particulier, apprécient ces minibus qui permettent de faire des rencontres. Bien que plusieurs compagnies proposent désormais ce service, il est parfois nécessaire de réserver sa place.

LOCATION DE VOITURES ET DE MOTOCYCLETTES

La location de voitures se généralise à Bali et à Lombok où de nombreuses compagnies internationales ont des agences. Vous obtiendrez souvent de meilleurs tarifs avec des sociétés locales. Pour un petit supplément, une location avec chauffeur vous déchargera des soucis d'assurance, d'orientation et de conduite et vous fournira un guide.

Les loueurs abondent dans les rues principales des grands centres touristiques. Le choix proposé va jusqu'à de puissantes berlines comme les BMW, mais ce sont la Suzuki Jimni, un 4X4 idéal pour deux personnes, et la grosse Toyota Kijang pouvant contenir jusqu'à huit passagers qui ont le plus de succès. Que vous vous adressiez directement au loueur ou que vous passiez par votre hôtel, renseignez-vous précisément sur les prestations offertes pour le prix. Étudiez attentivement votre attestation d'assurance. Si nécessaire, n'hésitez pas à payer un supplément pour qu'elle couvre aussi les tiers. Avant de partir, vérifiez que le véhicule a des pneus, des phares, des freins, des clignotants et un Klaxon en bon état.

La motocyclette était le mode de transport le plus apprécié des étrangers, mais

Taxi

Bemo

Navette touristique

augmentation du trafic l'a rendue moins agréable dans le sud et le centre de Bali. Le port du casque est obligatoire et, comme pour la voiture, il faut un permis international (p. 214).

CONDUIRE À BALI ET À LOMBOK

Les Indonésiens conduisent théoriquement à gauche, mais le code de la route et la pratique quotidienne ne coïncident pas toujours : les motocyclistes doublent d'un côté comme de l'autre et les conducteurs décrochent sans prévenir pour s'insérer dans une file, ils s'attendent à ce que les autres les évitent. La priorité appartient au plus imposant ou au premier qui fait un appel de phares. Les véhicules doivent disputer la chaussée au bétail, aux

La route recèle bien des surprises, ici du riz sèche sur la chaussée

Les motos offrent un moyen très populaire de se déplacer

voitures à bras, aux cyclistes roulant dans le mauvais sens et aux piétons, y compris les processions religieuses. Il faut redoubler de précaution aux croisements. Prévenez toujours d'un petit coup de Klaxon quand vous doublez. La circulation à Lombok est moins dense qu'à Bali, mais il faut s'y méfier des voitures à cheval.

Les rues en sens unique sont de plus en plus fréquentes en ville. Les gardiens qui supervisent le stationnement, notamment près des marchés, perçoivent une petite redevance (en général de 200 à 500 rupiahs selon le véhicule). Ils vous aideront à retrouver votre route.

Il est fortement déconseillé de conduire la nuit à cause des nombreux deux-roues dépourvus d'éclairage. Les Indonésiens se montrent

pour la plupart heureux d'aider quelqu'un en difficulté au bord de la route. Il est de coutume d'offrir un petit dédommagement. Si vous n'avez pas de problème, ne laissez personne toucher à la voiture après vous avoir fait signe d'arrêter. Vous risqueriez une « panne » à la réparation coûteuse.

Des voitures à cheval circulent encore dans les zones rurales

CARNET D'ADRESSES

GARES ROUTIÈRES

Gare de Batubulan
Batubulan.
📞 (0361) 298 526.

Gare de Kereneng
Jalan Hayam Wuruk, Denpasar.
📞 (0361) 226 906.

Gare de Mandalika
Sweta, Lombok.

Gare de Tegal
Jalan Imam Bonjol, Denpasar.

Gare d'Ubung
Jalan Cokroaminoto, Denpasar.
📞 (0361) 237 172.

COMPAGNIES DE TAXI

Bali Taxi
📞 (0361) 701 111.

Ngurah Rai Taxi
📞 (0361) 724 724.

Praja Taxi
📞 (0361) 289 090.

NAVETTES TOURISTIQUES

Danasari
Poppies Lane 1, Kuta.
📞 (0361) 755 125.

Simpatik Shuttle
Jalan Raya Ubud, Ubud.
📞 (0361) 977 364.

LOCATION DE VÉHICULES

Avis Rent-a-Car
Denpasar Airport,
Jalan Raya Uluwatu 8A, Jimbaran.
📞 (0361) 701 770.

Hertz
Grand Bali Beach Hotel, Area Cottage 50, Sanur.
📞 (0361) 281 180.

Toyota Rent-a-Car
Jalan Bypass Ngurah Rai, Jimbaran.
📞 (0361) 703 333.

Jalan Raya Tuban 998, Tuban.
📞 (0361) 763 333.

Aéroport Ngurah Rai, hall d'arrivée des vols internationaux.
📞 (0361) 753 744.

Aéroport Ngurah Rai, hall d'arrivée des vols intérieurs.
📞 (0361) 755 003.

Aéroport de Selaparang, Jalan Adi Sucipto 5, Mataram, Lombok.
📞 (0370) 625 363.

Index

Remerciements

L'éditeur remercie les organismes, les institutions et les particuliers suivants dont la contribution a permis la préparation de cet ouvrage.

AUTEURS

Andy Barski, passionné de moto, a écrit de nombreux récits de voyage dans l'archipel indonésien où il habite depuis 1987.

Bruce Carpenter, dont le premier séjour à Bali date de 1974, est l'auteur de nombreux livres et articles sur la culture et l'art balinais.

John Cooke enseignait la zoologie à l'Oxford University avant de devenir cinéaste, photographe et auteur animalier.

Jean Couteau s'est installé à Bali en 1979. Il écrit des nouvelles et des critiques d'art en français, en anglais et en indonésien.

Diana Darling vit à Bali depuis 1981. Elle est l'auteur de *The Painted Alphabet : a Novel* (1992), basé sur une légende balinaise.

Sarah Dougherty est arrivée à Bali en 1993 pour devenir rédacteur en chef du magazine *Bali Echo*. Elle contribue à de nombreuses publications internationales et travaille à un livre de cuisine.

Tim Stuart est chroniqueur de tourisme et photographe. Il enseigne aussi la communication commerciale. Avec son épouse Rosa, il publie le seul magazine touristique en anglais de Lombok : *Inilah !*

Tony Tilford, journaliste et photographe de la nature, possède une grande expérience de la faune et de la flore indonésiennes. Grand voyageur, il est toujours en quête de sujets courants ou plus exotiques.

POUR DORLING KINDERSLEY

RÉDACTRICE EN CHEF : Anna Streiffert
RESPONSABLE DE LA PUBLICATION : Kate Poole
RESPONSABLE GÉNÉRALE DE LA PUBLICATION : Louise Lang
DIRECTEUR DE LA PUBLICATION : Gillian Allan
PUBLICATION : Douglas Amrine
PRODUCTION : Marie Ingledew, Michelle Thomas
COORDINATION CARTOGRAPHIQUE : Dave Pugh, Casper Morris

COLLABORATION ARTISTIQUE & ÉDITORIALE

Helle Amin, Christine Chua, Hoo Khuen Hin, Kok Kum Fai, Patricia Rozario.

PHOTOGRAPHIES D'APPOINT

Luis Ascui.

VÉRIFICATION

Rucina Ballinger, Anak Agung Gede Putra Rangki, Anak Agung Oka Dwiputra.

CORRECTIONS ET INDEX

Kay Lyons.

AVEC LE CONCOURS SPÉCIAL DE :

Edi Swoboda du parc ornithologique de Bali ; Ketty Barski ; Steve Bolton ; Georges Breguet ; Georjina Chia et Kal Muller ; Lalu Kuspanudin de DIPARDA, Mataram ; Justin Eeles ; Peter Hoe d'Évolution ; Ganesha Bookshop ; David Harnish ; Chris Hill ; Jean Howe et William Ingram ; Rio Helmi d'Image Network Indonesia ; I Wayan Kicen ; Lagun Sari Indonesia Seafood Pte Ltd ; Peter et Made du Made's Warung ; M Y Narima de Marintur ; Rosemarie F Oei du Museum Puri Lukisan ; Jim Parks ; David Stone ; The Vines Restaurant ; Bayu Wirayudha, Made Widana et Luh Nyoman Diah Prihartini.

AUTORISATION DE PHOTOGRAPHIER

L'éditeur exprime sa reconnaissance à tous les responsables des parcs, temples, musées, hôtels, restaurants, magasins, galeries et sites, trop nombreux à citer individuellement, pour leur aide précieuse et pour avoir donné l'autorisation de photographier leur établissement.

CRÉDIT PHOTOGRAPHIQUE

h = en haut ; hg = en haut à gauche ; hgc = en haut à gauche au centre ; hc = en haut au centre ; hd = en haut à droite ; hcg = au centre à gauche en haut ; ch = au centre en haut ; cdh = au centre à droite en haut ; cg = au centre à gauche ; c = au centre ; cd = au centre à droite ; cgb = au centre à gauche en bas ; cb = au centre en bas ; cdb = au centre à droite en bas ; bg = en bas à gauche ; b = en bas ; bc = en bas au centre ; bcg = en bas au centre à gauche ; bd = en bas à droite ; d = détail

L'éditeur exprime sa reconnaissance aux particuliers, sociétés et photothèques qui ont autorisé la reproduction de leurs photographies :

BES STOCK : 208cgh, 208-209c, 210hg, 210-211c, 211bg, 212-213 ; © Alain Evrard 12, 43cgh, 209hg ; © Globe Press 24cd ; BLUE MARLIN DIVE CENTER, LOMBOK : © Clive Riddington 156bc.

EDITIONS DIDIER MILLET : 3c, 17hd, 20bd, 22cg, 25hg, 28hd, 30hg, 32hd, 45bc, 45bcg, 46bg, 47cgb, 48cb, 51hg, 64bd, 83hd, 88bg, 165c, 167hg, 167cdb, 167bd, 194hg, 199hd, 202cgh, 203t ; © Gil Marais 23bg ; © Tara Sosrowardoyo 45ch, 46bc, 46bd.

FOUR SEASONS RESORT : 168cg, 181bg.

HARD ROCK HOTEL : 181cd.

COLLECTION DE PHOTOS ET GRAVURES DU KONINKLIJK INSTITUUT VOOR TAAL-, LAND- EN VOLKENKUNDE (KITLV), LEIDEN : Woodbury & Page, Batavia 48bd, Neeb 49hg, 50hc.

MANDARA SPA : 169hd ; KAL MULLER : 19cdb, 19bd, 210hd, 210cgh, 211hg, 211cdh, 211cdb ; MUSEUM PURI LUKISAN : 14c, 24bd, 34cgh, 34bcg, 34bd, 34-35c, 35cd, 35bg, 35bd, 87bd, *Buhuk Sah et Gagak Aking* I Cokot (1935) 88hd, 92hd, 92cgh, 92bg, 92bc, 93hc, 93cd, 93bg, 97hd.

NASA : Image STS068-160-53 11bd ; NEKA ART MUSEUM : 34hd, 35hd, 44, 96cd, 115hg ; FONDATION NIEUWENKAMP, VLEUTEN : 9c, 49bd, 213c ; NOVOTEL BENOA BALI : 168bc.

JIM PARKS : 16hg ; © PHOTOBANK/TETTONI, CASSIO AND ASSOCIATES PTE LTD : 1, 2-3, 8-9, 18cgh, 18cdh, 18bg, 18cdb, 22hd, 22c, 27bd, 30hd, 30cg, 30bcg, 30bd, 31hd, 31cgh, 31cdh, 31cgb, 31cdb, 31bg, 32-33c, 33hg, 33cd, 33bg, 33bd, 36hd, 37cdh, 37cgb, 37bd, 38cg, 38bg, 38-39c, 48hc, 49cdb, 52-53, 56, 57b, 65hg, 70-71, 78, 79b, 89hg, 91hd, 100, 106cg, 118-119, 124, 125b, 153hd, 153cd, 159bg, 164-165, 198hc, 198c, 198bg, 199hg, 200hd, 200bg, 202bd, 209hd, 209bd. PRIMA FOTO : 30cdh, 205cg.

REEFSEEKERS DIVE CENTRE : 136cgh ; ROBERT HARDING PICTURE LIBRARY : © Gavin Hellier 142 – 143.

© MORTEN STRANGE/FLYING COLOURS : 17bg, 136br.

© TCNATURE : 18hd, 19bg, 81br, 84hg, 84hd, 84cg, 84c, 84bg, 84br, 85hg, 85bc, 85br, 94hg, 94hd, 94cgb, 94bc, 95hd, 95cdb, 109cgh, 109cdb, 109hc, 110bg, 136hg, 136hd, 136cgb, 137ch, 137bg, 138hg, 140cdb, 140bg, 141br, 148hg, 204c, 205hc ; © John Cooke 16hd, 16bg, 16br, 19cdh, 54hg, 109hc, 121hg ; © Tony Tilford 19cgb, 54hg, 85bg, 137br.

ADRIAN VICKERS : 50bg.

Garde de dernière page : toutes photos de commande à l'exception de © PHOTOBANK : hg, hgc, cdh, bg.

Couverture : Première de couverture - A1 PIX : HAGA c ; DK PICTURE LIBRARY : Richard Watson cg ; ROBERT HARDING PICTURE LIBRARY : Gavin Hellier b ; POWERSTOCK PHOTOLIBRARY : David Ball image principale. Quatrième de couverture - DK PICTURE LIBRARY : Richard Watson hg ; GETTY IMAGES : D.R. Austen bd. Dos - Powerstock Photolibrary : David Ball h.

Malgré tout le soin que nous avons apporté à dresser la liste des auteurs des photographies publiées dans ce guide, nous demandons à ceux qui auraient été involontairement oubliés de bien vouloir nous en excuser. Cette erreur sera corrigée à la prochaine édition de l'ouvrage.

Conseils de lecture

HISTOIRE

NAK AGUNG GDE AGUNG I., *Bali in the 19th Century*, Jakarta : Yayasan Obor Indonesia, 1991.

RUHAT J., *Histoire de l'Indonésie*, Paris, PUF, 1976.

AYRAC-BLANCHARD F., *Indonésie, l'armée et le pouvoir. De la révolution au développement*, Paris, L'Harmattan, 1991.

EERTZ C., *Negara : the Theater State in 19th Century Bali*, Princeton University Press, 1981.

AN DER KRAAN A., *Bali at War : a History of the Dutch-Balinese Conflict of 1846-1849*, Monash Asia Institute, 1995.

AN DER KRAAN A., *Lombok : Conquest, Colonization, and Underdevelopment, 1870-1940*, Heinemann Educational Books, 1980.

SOCIÉTÉ ET CULTURE

ali : l'ordre cosmique et la quotidienneté, dirigé par Catherine Basset et Michel Picard, Paris, Autrement, 1993.

ali : Studies in Life, Thought, and Ritual, Foris Publications, 1984.

eing Modern in Bali : Image and Change, sous la direction d'Adrian Vickers, Yale University Southeast Asia Studies, 1996.

EDERROTH S., *A Sacred Cloth Religion : Ceremonies of the Big Feast Among Wetu Telu Sasak*, Nordic Institute of Asian Studies, 1991.

OUTEAU J. et WIRATNAYAT U., *Bali Today : Real Balinese Stories*, Spektra Communications, 1999.

OVARRUBIAS M., *Island of Bali*, Periplus, 1999, première publication en 1937.

EERTZ C., *Bali, interprétation d'une culture*, Paris, Gallimard, 1983.

UERMONPREZ J.-F., *Les Pandé de Bali : la formation d'une caste et la valeur d'un titre*, Paris, École française d'Extrême-Orient, 1987.

OBART A., RAMSEYER U. et LEEMAN A., *The Peoples of Bali*, Blackwell, 1997.

VERNIZZI TETTONI L. et SIMMONDS N., *Bali, Morning of the World*, Periplus, 1997.

OMBARD D., *L'Islam en Indonésie*, Paris, PUF, 1979.

RAZEK R. et FORMAN B., *Bali : les portes du ciel*, Paris, Atlas, 1984.

OHR W. et ZOETMULDER P., *Les Religions d'Indonésie*, Paris, Payot, 1979.

CARD M., *Bali : tourisme culturel et culture touristique*, Paris, L'Harmattan, 1992.

UBINSTEIN R. ET CONNOR L.H., *Staying Local in the Global Village : Bali in the Twentieth Century*, University of Hawaii Press, 1999.

he Food of Bali, sous la direction de Wendy Hutton, Periplus World Food Series, 1999.

ICKERS A., *Bali : A Paradise Created*, Tuttle, 1997.

ARREN C., *Adat and Dinas : Balinese Communities in the Indonesian State*, Oxford University Press, 1993.

ARTS ET ARCHITECTURE

ARTAUD A., *Le Théâtre et son double*, Paris, Gallimard, 1964.

BASSET C., *Musique de Bali à Java, l'ordre et la fête*, Paris, Cité de la musique-Actes Sud, 1995.

BEAUMONT H. et HELD S., *Java Bali : vision d'îles des dieux*, Paris, Hermé, 1997.

BERNET KEMPERS A.J., *Monumental Bali*, Periplus, 1991/1997.

BYFIELD G. et DARLING D., *Bali : aquarelles*, Paris, Éditions du Pacifique, 2001.

CARPENTER B.W., *W O J Nieuwenkamp : First European Artist in Bali*, Archipelago Press, 1998.

CHENEVIÈRE A., *Bali, une île en fête*, Paris, Denoël, 1990.

COUTEAU J., *Museum Puri Lukisan*, Ratna Wartha Foundation, 2000.

HAKS F., *Pre-War Balinese Modernists 1928-1942*, Haarlem, Ars et Animatio.

HAUSER-SCHUBLIN B., NABHOLZ-KARTASCHOFF M.-L. et RAMSEYER U., *Balinese Textiles*, Periplus, 1991/1997.

HELMI R. et WALKER B., *Bali Style*, Times Editions, 1995 ; Thames & Hudson, 1995 ; Vendome Press, 1996.

INVERNIZZI TETTONI L. et WARREN W., *Balinese Gardens*, Periplus/Thames and Hudson, 1996/2000.

HITCHCOCK M. et NORRIS BALI L., *The Imaginary Museum*, Oxford University Press, 1996.

KAM G., *Perceptions of Paradise : Images of Bali in the Arts*, Dharma Seni Museum Neka, 1993.

LANCRET N., *La Maison balinaise en secteur urbain : étude ethno-architecturale*, Paris, Cahier d'Archipel 29, Association Archipel, 1998.

MADE BANDEM I. et EUGENE DEBOER F., *Balinese Dance in Transition : Kaja and Kelod*, Oxford University Press, 1995.

McKINNON J., *Vessels of Life : Lombok Earthenware*, Saritaksu, 1996.

McPHEE C., *Music in Bali*, Da Capo Press, 1976.

PUCCI E., *The Epic of Life : A Balinese Journey of the Soul*, Alfred Van der Marck Editions, 1985.

RAMSEYER U., *L'Art populaire à Bali : culture et religion*, Fribourg, Office du livre, 1977.

WAYAN DIBIA I., *Kecak : The Vocal Chant of Bali*, Hartanto Art Books, 1996.

WIJAYA M. et GINANNESCH I., *At Home in Bali*, Abbeville Press, 1999.

ZURBUCHEN M.S., *The Language of Balinese Shadow Theater*, Princeton University Press, 1987.

NATURE

EISEMAN F., *Flowers of Bali*, Periplus, 1994.

EISEMAN F. et EISEMAN M., *Fruits of Bali*, Periplus, 1994.

HOLMES D., *The Birds of Java and Bali*, illustrations Stephen Nash, Oxford University Press, 1989.

MASON V. et JARVIS F., *Birds of Bali*, Tuttle, 1994.

ROCK T., *Diving and Snorkeling Guide to Bali and the Komodo Region*, Pisces, 1996.

SINGIAN W., PICKEL D., *Bali - Periplus Action Guide*, Periplus, 2000.

WHITTEN T., *The Ecology of Java and Bali*, Oxford University Press, 1997.

RÉCITS DE VOYAGE

BARLEY N., *L'anthropologue mène l'enquête*, Paris, Payot, 2000.

BEAULIEU A. DE, *Mémoires d'un voyage aux Indes orientales*, Paris, Maisonneuve et Larose, 1996.

DJELANTIK A.A.M., *The Birthmark : Memoirs of a Balinese Prince*, Periplus, 1998.

INGRAM W., *A Little Bit One O'Clock*, Ersania Books, 1998.

JORDIS C., *Bali, Java, en rêvant*, Paris, Rocher, 2001.

KRAUSE G., *Bali : People and Art*, White Lotus, 2000.

MATTHEWS A., *The Night of Purnama*, Jonathan Cape, 1965.

KOKE L.G., *Our Hotel In Bali… A Story of the 1930s*, January Books, 1987.

McPHEE C., *A House in Bali*, Tuttle/Periplus, 2000.

MICHAUX H., *Un barbare en Asie*, Paris, Gallimard, 1986.

POWELL H., *Bali : the Last Paradise*, Oxford University Press, 1930/1989.

VICKERS A., *Travelling to Bali : Four Hundred Years of Journeys*, Oxford University Press, 1995.

WIJAYA M., *Stranger in Paradise : the Diary of an Expatriate in Bali 1979-1980*, Wijaya Words, 1984.

FICTION

Bali Behind the Seen : Recent Fiction From Bali, traduction et direction de Vern Cork, Darma Printing, 1996.

BARANAY I., *The Edge of Bali*, Angus & Robertson, 1992.

BAUM V., *Sang et volupté à Bali*, Paris, 10/18, 1985.

DARLING D., *The Painted Alphabet : a Novel Based on a Balinese Tale*, Tuttle, 2001 ; Graywolf, 1994 ; Houghton Mifflin, 1992.

EYLAN C., *L'Île en transe (Bali)*, Paris, Plon, 1932.

FABRICIUS J., *Démons à Bali*, Paris, Éditions du Pavois, 1945.

Le Mahabharata, Paris, Garnier Flammarion, 1986.

Bali Behind the Seen : Recent Fiction From Bali, traduction et direction de Vern Cork, Darma Printing, 1996.

PUTU OKA SUKANTA, *The Sweat of Pearls : Short Stories About Women of Bali*, traduction Vern Cork, Darma Printing, 1999.

TOER PRAEMOEDYA A., *Corruption*, Paris, Éditions Philippe Picquier, 1991.

WIJAYA P., *Télégramme*, Paris, Éditions Philippe Picquier, 1992.

Glossaire

ARCHITECTURE

atap : toit en palme
bale : pavillon
candi bentar : portail fendu
gedong : pavillon fermé
kori : portail toituré
kori agung : portail de cérémonie
kulkul : tour de guet
meru : autel à étages multiples
padmasana : trône de la divinité suprême
pelinggih : maison des esprits
pura : temple
puri : palais, maison de la noblesse
rumah : maison
wantilan : pavillon public à double toit
warung : petit restaurant ou magasin

ART ET ARTISANAT

geringsing : « double ikat »
ikat : tissage au fil de chaîne teint de couleurs différentes
kayu : bois
lontar : palmier dont la feuille sert de support d'écriture
lukisan : peinture
mas : or
pande : forgeron
paras : tuff volcanique utilisé pour la construction et la statuaire
patung : statue
perak : argent
prada : tissu doré
songket : tissu incorporant du fil d'or ou d'argent
tapel : masque
tenunan : tissage

MUSIQUE ET DANSE

arja : opéra balinais
baris : danse d'un homme seul
baris gede : danse sacrée interprétée par des groupes d'hommes
Barong : esprit protecteur à l'effigie animée par deux hommes
belaganjur : orchestre de percussion processionnel
gambuh : ancienne danse de cour
gamelan : orchestre de percussion
gangsa : instrument à lames de bronze
kebyar : style de musique vigoureux, danse tonique
kendang : tambour
keris : kriss, dague sacrée
legong : danse classique interprétée par trois fillettes
prembon : programme mixte
Rangda : sorcière qui s'affronte à Barong

rejang : danse sacrée interprétée par des femmes
suling : flûte de bambou
tari : danse
topeng : danse masquée basée sur des récits généalogiques
trompong : instrument composé de 8 à 12 gongs
wayang kulit : théâtre d'ombres
wayang wong : danse masquée basée sur des épopées hindoues

VÊTEMENTS

baju : jupe, robe
baju kaus : T-shirt
destar : turban porté par les hommes
gelungan : coiffure recherchée
jilbab : voile des musulmanes
kain : tissu, long pagne non cousu
kebaya : veste féminine traditionnelle
peci : coiffe des musulmans
sarong : long pagne cousu
selendang : ceinture cérémonielle
sepatu : chaussures

RELIGIONS ET COMMUNAUTÉ

banjar : association villageoise
hari raya : toute fête religieuse
karya : travail, notamment travail rituel collectif
mesjid : mosquée
odalan : anniversaire d'un temple
pedanda : grand prêtre
pemangku : prêtre de temple
penjor : perche de bambou festonnée
pura dalem : temple des morts
pura desa : temple du village
pura puseh : temple des origines
sebel : tabou
sunat : rite musulman de circoncision
tirta : eau sacrée
yadnya : rituel hindou (générique)

NOURRITURE

air minum : eau potable
ayam : poulet
babi guling : cochon de lait rôti
babi : porc
bakar : grillé
bebek tutu : canard cuit à la vapeur
buah-buahan : fruit
cumi-cumi : poulpe
daging : viande
gado-gado : plat végétarien servi avec une sauce à l'arachide
garam : sel
goreng : frit
gula : sucre
ikan laut : poisson
jeruk nyepis : citron vert
jeruk : orange, agrume

kelapa : noix de coco
kopi : café
makan : manger
mie : nouilles
minum : boire
nasi : aliment, riz, plat de riz
pedas : pimenté
pisang : banane
roti : pain
sambal : condiment pimenté
sapi : bœuf
sate, sate lilit : petites brochettes
susu : lait
teh : thé
telur : œuf
udang : crevette

NATURE ET PAYSAGES

bukit : colline
burung : oiseau
danau : lac
gunung : montagne
hujan : pluie
jalan : route
laut : mer
mata hari : soleil
pantai : plage
pohon : arbre
sawah : rizière
subak : association pour l'irrigation
sungai : cours d'eau
taman : jardin, parc
tanah : sol

TRANSPORTS

bemo : minibus public
cidomo : voiture à cheval dotée de pneus (à Lombok)
dokar : voiture à cheval
jukung : pirogue à balancier
mobil : voiture
sepeda motor : motocyclette

DIVERS

adat : loi coutumière
bagus : bon, beau
baik : bien
Bapak : terme de politesse pour un homme
bayar : payer
cantik : joli
dingin : froid
Ibu : terme de politesse pour une femme
mahal : cher
murah : bon marché
panas : chaud
pariwisata : tourisme
puputan : combat à mort
roko : cigarette
sakit : blessé, malade
selamat jalan : bon voyage
terima kasih : merci
tidak : non, pas
tidur : dormir
uang : argent

PAYS

AFRIQUE DU SUD • ALLEMAGNE • AUSTRALIE • CANADA
CUBA • ÉGYPTE • ESPAGNE • FRANCE • GRANDE-BRETAGNE
IRLANDE • ITALIE • JAPON • MAROC • MEXIQUE
NOUVELLE-ZÉLANDE • PORTUGAL, MADÈRE ET AÇORES
SINGAPOUR • THAÏLANDE • TURQUIE

RÉGIONS

BALI ET LOMBOCK • BARCELONE ET LA CATALOGNE
BRETAGNE • CALIFORNIE
CHÂTEAUX DE LA LOIRE ET VALLÉE DE LA LOIRE
ÉCOSSE • FLORENCE ET LA TOSCANE • FLORIDE
GRÈCE CONTINENTALE • GUADELOUPE • HAWAII
ÎLES GRECQUES • JÉRUSALEM ET LA TERRE SAINTE
MARTINIQUE • NAPLES, POMPÉI ET LA CÔTE AMALFITAINE
NOUVELLE-ANGLETERRE • PROVENCE ET CÔTE D'AZUR
SARDAIGNE • SÉVILLE ET L'ANDALOUSIE • SICILE
VENISE ET LA VÉNÉTIE

VILLES

AMSTERDAM • BERLIN • BRUXELLES, BRUGES, GAND ET ANVERS
BUDAPEST • DELHI, AGRA ET JAIPUR • ISTANBUL
LONDRES • MADRID • MOSCOU • NEW YORK
NOUVELLE-ORLÉANS • PARIS • PRAGUE • ROME
SAINT-PÉTERSBOURG • STOCKHOLM • VIENNE • WASHINGTON

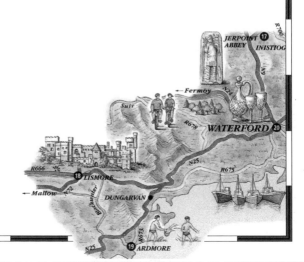

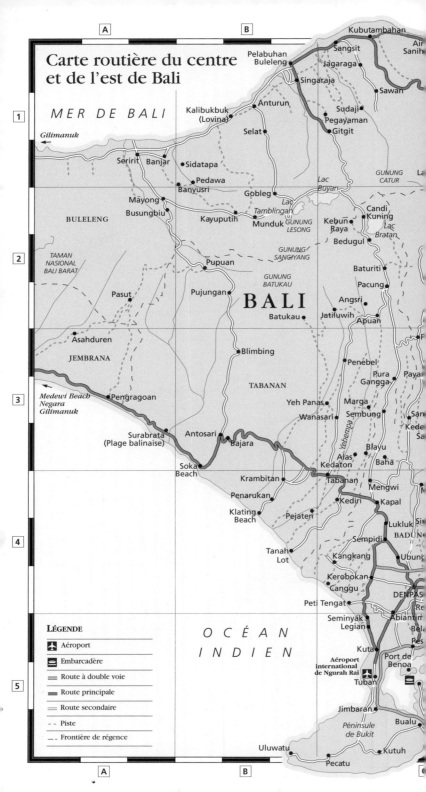

Carte routière du centre et de l'est de Bali

MER DE BALI

Gilimanuk

Kubutambahan
Air Sanih
Sangsit
Jagaraga
Pelabuhan Buleleng
Singaraja
Sawan
Anturun
Kalibukbuk (Lovina)
Sudaji
Pegayaman
Selat
Gitgit
Seririt • Banjar
Sidatapa
GUNUNG CATUR
La
Pedawa
Banyusri
Gobleg
Lac Buyan
Mayong
Lac Tamblingan
Candi Kuning
Busungbiu
Kayuputih
Munduk
Kebun Raya
Lac Bratan
BULELENG
GUNUNG LESONG
Bedugul
GUNUNG SANGIYANG
TAMAN NASIONAL BALI BARAT
Pupuan
Baturiti
GUNUNG BATUKAU
Pacung
Pasut
Pujungan
BALI
Angsri
Batukau
Jatiluwih
Apuan
Asahduren
Blimbing
JEMBRANA
Penébel
Pura Gangga
Paya
TABANAN
Medewi Beach Negara Gilimanuk
Pengragoan
Yeh Panas
Marga
San
Wanasari
Sembung
Kede
Sa
Surabrata (Plage balinaise)
Antosari
Bajara
Blayu
Alas Kedaton
Baha
Soka Beach
Krambitan
Tabanan
Mengwi
Penarukan
Kediri
Kapal
Klating Beach
Pejaten
Lukluk
Si
BADUN
Sempidi
Tanah Lot
Kangkang
Ubun
Kerobokan
Canggu
DENPAS
Peti Tengat
Re
Seminyak
Abiantin
Legian
Bel
OCÉAN
Pes
INDIEN
Kuta
Port de Benoa
Aéroport international de Ngurah Rai
Tuban
Jimbaran
Bualu
Péninsule de Bukit
Uluwatu
Kutuh
Pecatu